Baudenkmale der Moderne

Scharoun. Haus Schminke

Die Geschichte einer Instandsetzung

Löbau, im Oktober 2002
[signature]

Wüstenrot Stiftung Ludwigsburg

Baudenkmale der Moderne

Scharoun. Haus Schminke

Die Geschichte einer Instandsetzung

Herausgegeben von Berthold Burkhardt

Karl Krämer Verlag Stuttgart

Das Umschlagbild zeigt das Haus Schminke nach seiner Instandsetzung
im Jahr 2001 und den Zustand vor der Sanierung (Rückseite)

© 2002 Wüstenrot Stiftung, Ludwigsburg, und
Karl Krämer Verlag Stuttgart
Alle Rechte vorbehalten. All rights reserved
Printed in Germany

ISBN 3-7828-1514-9

Inhalt

Vorworte:
Georg Adlbert, Wüstenrot Stiftung — 6
Dietrich Schulte, Stadt Löbau — 9
Hans-Joachim Meyer, Freistaat Sachsen — 10
Berthold Burkhardt, Herausgeber — 12

Public Privacy: Privatsphäre und Öffentlichkeit in der Entwicklungsgeschichte des modernen Wohnhauses — 14
Wolf Tegethoff
Der Entwurf zum Landhaus Schminke — 40
Klaus Kürvers
Die Moderne zwischen Handwerk und Industrialisierung — 56
Berthold Burkhardt
„Das Haus das mir das liebste war ..." Neues Bauen – Befreites Wohnen — 68
Christine Hoh-Slodczyk
Das Haus unserer Familie – Ein persönlicher Rückblick — 88
Helga Zumpfe, Erika Inderbiethen
Das Haus der Jugend im Haus Schminke — 94
Peter Hesse
Abbildungsteil: Impressionen von dem sanierten Haus Schminke aus dem Jahr 2001 — 98
Haus Schminke – ein Kulturdenkmal zwischen Monument und Dokument — 110
Ulrich Rosner
Bauklimatische Aspekte, Heizungs- und Lüftungskonzept — 120
Klaus Graupner, Falk Lobers
Restauratorische Untersuchungen am und im Haus Schminke — 136
Helmut F. Reichwald
Die Instandsetzung — 154
Christine Hoh-Slodczyk, Helge Pitz, Christiane Kluge
Der Garten – Geschichte und Erhaltungskonzept — 178
Annette Haufe
In die Jahre gekommen – die Erhaltungsstrategie — 192
Sabine Schmidt-Rösel

Anhang:
Lebenslauf und Werkverzeichnis von Hans Scharoun — 200
Literatur — 204
Anmerkungen — 206
Abbildungsnachweis — 213
Beteiligte Firmen, Gutachter — 214
Autoren — 216

Vorworte

**Georg Adlbert
Wüstenrot Stiftung**

Für Architekturkritik und Fachwelt gehört Hans Scharouns Haus Schminke in Löbau – neben dem Haus Tugendhat von Mies van der Rohe in Brünn, dem Haus Schröder von Gerrit Rietveld in Utrecht oder etwa Le Corbusiers Villa Savoye in Poissy – zu den bedeutenden und wegweisenden 'Wohnhausklassikern' im 20. Jahrhundert. Scharoun konnte 1932/33 mit dem Haus Schminke alle Prinzipien der architektonischen Moderne an einem einzelnen Gebäude verwirklichen, Vorstellungen, die er einige Jahre zuvor schon im Zusammenhang mit der Konzeption und Realisierung der Weißenhofsiedlung in Stuttgart formulierte. Mit der Fabrikantenfamilie Fritz und Charlotte Schminke hatte er kongeniale Bauherren gefunden. Die Schminkes wünschten sich ein familiäres, fantasievolles und vor allem kinderfreundliches Haus mit einer den Bedürfnissen des Haushalts angepassten Organisation der Raumfunktionen bei ganzheitlicher Gestaltung von Haus und Garten mit direktem Bezug zur umgebenden Landschaft. Man sieht es dem Gebäude heute noch an, auf welche großzügige Weise es der individuellen Lebensführung und zugleich kommunikativen Vielfalt der Beziehungen Rechnung getragen hat.

Nach dem Einsteinturm ist das Haus Schminke ein weiteres herausragendes Baudenkmal der Moderne, dessen Sanierung und Instandsetzung die Wüstenrot Stiftung im Rahmen ihres eigenen Denkmalprogramms in Angriff genommen und vollendet hat. Bereits Mitte der neunziger Jahre unterbreitete die Wüstenrot Stiftung der Stadt Löbau als 'Erbin' und neuer Eigentümerin des Hauses ein Angebot umfassender Hilfe zur Revitalisierung für das zunehmend vom baulichen Verfall gezeichnete Gebäude. Es gelang der Stiftung, den für die Förderung zuständigen Bundesminister des Innern sowie den Freistaat Sachsen für die ergänzende hälftige Finanzierung zu gewinnen und in das Vorhaben einzubinden. Damit waren die übergeordneten Voraussetzungen geschaffen.

Das Besondere an der Denkmalarbeit der Wüstenrot Stiftung dokumentiert sich ja darin, dass sie nicht nur finanziell-fördernd wirkt, sondern durch die Übernahme der Bauherreneigenschaft eine inhaltliche und damit in der Sache umfassende Verantwortung für das Gelingen des Vorhabens übernimmt. Zu Beginn jeder einzelnen Maßnahme stellt die Stiftung ein 'Team' zusammen, in dessen Mittelpunkt ihr wissenschaftlicher Beirat, die Projektsteuerung und das ausgewählte und in Denkmalfragen besonders qualifizierte Architekturbüro steht. Dieser 'fachliche Kern' wird im Projektverlauf ergänzt mit Spezialisten für besondere Untersuchungs- und Planungsleistungen sowie den beauftragten Handwerksfirmen und Unternehmen für die Erbringung der Bauleistungen.

Mit dieser bewährten Konstellation und erprobten prozesshaften Vorgehensweise ('Work in progress') hat die Wüstenrot Stiftung als 'operative Bauherrin' inzwischen ein gutes Dutzend Denkmalvorhaben in den neuen Bundesländern durchgeführt. Professionalität in der Sache und ein unbedingter Qualitätsanspruch sind die leitenden Handlungskriterien. Zu unterscheiden sind dabei grundsätzlich drei unmittelbar aufeinander bezogene Regelkreise.

Erstens ein verbindlicher Handlungsrahmen: Festlegung der rechtlichen und wirtschaftlichen Bedingungen der Maßnahme, unter anderem der Bauherrenvertrag mit dem Eigentümer und Abgrenzung der Aufgaben, Kompetenzen und Zuständigkeiten bis hin zur geplanten Nutzung des instandgesetzten Gebäudes. Die Nutzungsvereinbarung ist für die Wüstenrot Stiftung von entscheidender Bedeutung, zumal hierüber die allgemeine Zugänglichkeit des Gebäudes gewährleistet wird. Die von der Stiftung investierten Mittel sind im Hinblick auf ihre gemeinnützige Zweckverwirklichung abzusichern. Für den Fall, dass die vereinbarte Nutzung nicht gewährleistet oder das instandgesetzte Gebäude veräußert wird, behält sich die Stiftung vor, die investierten Mittel zurückzufordern.

Zweitens die fachliche Konzeption: Das heißt Formulierung und Festlegung einer denkmalpflegerischen Zielsetzung und eines Maßnahmenkatalogs in Abstimmung mit der jeweiligen Denkmalbehörde. Dabei vertritt die Wüstenrot Stiftung mit ihrem wissenschaftlichen Beirat die Position einer 'klassischen Baudenkmalpflege', die sich um die Instandsetzung, die 'Reparatur' und um das 'Wiederinordnungbringen' des Baudenkmals bemüht und sich in aller Regel Versuchungen einer Rekonstruktion von nicht mehr existierender Bausubstanz enthält. Eine rekonstruierende Wiederherstellung wäre mit der Wüstenrot Stiftung nur möglich, wenn das Bauwerk im Kern noch vorhanden und eine wissenschaftlich hinreichende und empirisch gestützte Befundlage gegeben ist. Allgemeines Ziel der Stiftung ist es, ein Maximum an Originalsubstanz unter Berücksichtigung der Spuren der Bau- und Nutzungsgeschichte zu erhalten, Schäden und deren Ursachen dauerhaft zu beseitigen und das Gebäude einer denkmalverträglichen Nutzung zuzuführen.

Drittens Management: Gemeint ist hier das weite Feld der Steuerung der Planungs- und Bauleistungen aller Beteiligten, von der Bauforschung und Zielsetzung, Beauftragung und Vergabe bis hin zum Controlling von Kostenbudgets, Zeitdauern und Qualität der Leistungserbringung einschließlich Objektüberwachung. Konsequenz dieser Vorgehensweise ist, dass jeder einzelne Vertrag, jede einzelne Submission und jede einzelne Rechnung über den 'Tisch der Stiftung läuft' und dort entschieden wird, was die inhaltliche und wirtschaftliche Wahrnehmung der Bauherrenrolle nachhaltig unterstreicht.

Diese strukturierte Vorgehensweise war auch bei der 'Revitalisierung' von Haus Schminke Grundlage und zugleich Handlungsrahmen. Nach gut zweijähriger Planungs- und Bauzeit ist das Haus Schminke Ende 2000 an die Stadt Löbau wieder übergeben worden. Der Kultur- und Freizeitverein Haus Schminke e. V. kümmert sich um die Nutzung. Das Baudenkmal ist ein 'Haus der Begegnung' für alle Bürger Löbaus. Entsprechend dem Vermächtnis der Erben Schminkes steht es vor allem den Kindern und Jugendlichen für eine aktive Freizeitgestaltung zur Verfügung. Angeregt durch eine außerordentlich positive überregionale und internationale Berichterstattung wurde das Haus Schminke Ziel von Fachbesuchern aus aller Welt. Allein 2001 haben über 6000 Interessierte das instandgesetzte Gebäude besichtigt.

Integraler Bestandteil der Denkmalarbeit der Wüstenrot Stiftung ist die Evaluierung und kontinuierliche Qualitätsverbesserung sowie die Weitergabe der Erkenntnisse und Erfahrungen. Dazu dient auch die Buchreihe 'Denkmale der Moderne', die mit einer Darstellung des Einsteinturms eröffnet wurde und nach dem vorliegenden Buch mit einer Publikation über das Meisterhaus Muche/Schlemmer fortgesetzt wird.

Die Wüstenrot Stiftung dankt allen Autoren für ihre qualifizierten Beiträge in diesem Band. Besonderer Dank gilt dem Herausgeber, Herrn Prof. Berthold Burkhardt, für die Koordinierung sowie dem Karl Krämer Verlag für die wie immer professionelle Herstellung. Möge die kritische Darstellung von Prozess und Ergebnis der 'Revitalisierung' des Hauses Schminke die Diskussion in der Denkmalpflege und in der Fachwelt in Bezug auf den richtigen Umgang mit Bauten der Moderne weiter sensibilisieren und bereichern.

Dietrich Schulte
Die Stadt als Bauherr

Mit der Nutzungsübergabe des Hauses Schminke am 14. Dezember 2000 steht der Stadt Löbau nunmehr wieder ein Gebäude zur Vefügung, welches in seiner einzigartigen Bauweise wohl zu den bedeutendsten Wohnbauten des 20. Jahrhunderts zählt.

Erbaut in den Jahren 1931 bis 1933 und voll auf die Bedürfnisse und Wünsche des Fabrikanten Schminke und dessen Familie zugeschnitten, wurde die Stadt Löbau am 17. März 1993 Eigentümerin des Gebäudes, nachdem bereits seit 1951 das Nutzungsrecht bestand.

Ob Wohnhaus der Familie Schminke oder öffentliche Einrichtung der Stadt Löbau, immer wurde das Haus durch die intensive Nutzung von Kindern geprägt. Dies ist auch nach der Sanierung ein Hauptnutzungszweck. Das Geborgensein in der Gemeinschaft, in der Familie, die Einbeziehung aller, entspricht den Zielen und Idealen der Familie Schminke und deren Nachkommen.

Der Stadt Löbau standen in den Jahren vor der Wiedervereinigung nur geringe Geldmittel für den Unterhalt und die Instandsetzung des Hauses zur Verfügung. Diese wurden überwiegend für dringend notwendige Reparaturen der schlimmsten Schäden eingesetzt. Diese Mittel reichten jedoch zu keiner Zeit aus, um die Gebäudesubstanz unter den denkmalpflegerischen Gesichtspunkten zu erhalten.

Deshalb wurde das Angebot der Wüstenrot Stiftung im Jahr 1996 zur gemeinsamen Sanierung des Hauses im Rahmen einer Bauherrengemeinschaft dankbar angenommen. Es dauerte jedoch noch drei Jahre, um alle Hürden aus dem Weg zu räumen und den Startschuss zum Sanierungsbeginn zu geben.

Die enge Zusammenarbeit zwischen dem Wissenschaftlichen Beirat der Wüstenrot Stiftung, dem Architekturbüro Pitz & Hoh, der am Bau Beteiligten und der Stadt Löbau hat ein Gebäude wieder entstehen lassen, welches ganz den Idealen und Zielen des Architekten Professor Hans Scharoun und der Bauherren Fritz und Charlotte Schminke entspricht. Es sei allen versichert, dass die Stadt Löbau alles unternehmen wird, um den heutigen baulichen Zustand zu erhalten.

Das Haus Schminke steht allen offen, ob Firmen, Institutionen oder Bürgern, Architekturstudenten oder Touristen. Möge immer Frohsinn und Lachen, vor allem im Sinne unserer Kinder, der zukünftigen Generation, vorherrschen.

Hans-Joachim Meyer
Landesregierung des Freistaates Sachsen

Hans Scharouns Villa für die Fabrikantenfamilie Schminke in Löbau gehört zu den wichtigsten Zeugnissen der Architektur des 20. Jahrhunderts. Sie wurde nicht nur als ein Wohnhaus, sondern auch als ein 'Kommunikationszentrum' für eine kinderreiche Familie konzipiert und stellt einen für die Zeit des Entstehens einmaligen Umgang mit offenen Räumen in Kombination mit einer gelungenen Einbettung in die Landschaft dar.

Wir sind der Wüstenrot Stiftung zu großem Dank verpflichtet, dass sie mit der jetzt zu Ende geführten Restaurierung dieses Zeugnisses der Moderne einen weiteren wichtigen Beitrag zum denkmalpflegerischen Umgang mit historischen Bauten des 20. Jahrhunderts geleistet hat. Die Wüstenrot Stiftung setzte damit ein Engagement im Freistaat Sachsen fort, das zu Beginn der neunziger Jahre mit ihrem Einsatz bei der Erhaltung und Revitalisierung des Festspielgeländes Hellerau bei Dresden und mit Entwicklungsprojekten in Auterwitz und Kohren-Sahlis begann und in den folgenden Jahren sich mit der Entwicklung einer großen Zahl von Wohn- und Stadtplanungskonzepten manifestiert hat.

Dass die Wüstenrot Stiftung nunmehr mit dieser Dokumentation der Restaurierungsmaßnahmen an der Villa Schminke in Löbau einen Rechenschaftsbericht vorlegt, der die geleistete Arbeit im denkmalschützerischen Bereich belegt, muss als Zeichen der Bemühung um Nachhaltigkeit bei den Projektplanungen der Wüstenrot Stiftung besonders gewürdigt werden. Es gibt in der Bundesrepublik Deutschland eine Unzahl von denkmalgerechten Restaurierungen, aber nur selten eine Dokumentation dessen, was als geistiger Hintergrund für diese Restaurierungsmaßnahme gedacht und umgesetzt worden ist. Solche Dokumentationen sind aber von Wichtigkeit, nicht nur als historische Erinnerung an Überlegungen und technische Umsetzungen denkmalschützerischer Aufgaben, sondern auch als Anregung für private und öffentliche Investoren im Bereich des Denkmalschutzes. Die Arbeit an der Restaurierung der Villa Schminke hat erneut den Beweis erbracht, dass gerade der Umgang mit Bauten der Moderne Probleme mit sich bringt, die dem historischen Denkmalschutz, der sich im Wesentlichen der Zeit vor dem 19. Jahrhundert widmet, wegen der angewandten Werkstoffe und Materialien nicht immer bekannt sind. Allerdings bezieht sich diese Dokumentation natürlich nicht nur auf die materiellen Aspekte der Denkmalpflege, sondern auch auf die geistigen Inhalte der Architektur des frühen 20. Jahrhunderts.

Bei den Überlegungen der Wüstenrot Stiftung haben von Anbeginn der ursprüngliche Wille der Bauherren und das von ihnen dem Architekten vermittelte Nutzungskonzept für das Haus eine wesentliche Rolle gespielt. Es musste darum gehen, dieses Nutzungskonzept auch bei der Restaurierung im Auge zu behalten und sicherzustellen, dass das wiederhergestellte Gebäude nicht nur vom Materialeinsatz, sondern auch von der Raumnutzung her wieder in einen Zustand versetzt wird, der der ursprünglichen Intention des Architekten und der Auftraggeber entspricht.

Das Resultat der Bemühungen der Wüstenrot Stiftung ist aus meiner Sicht überzeugend, weil nicht nur eine äußere Hülle wiederhergestellt worden ist, sondern sie darauf geachtet hat, dass das Haus als Jugend- und Kommunikationszentrum genutzt werden kann, und zwar in einem weitaus stärkeren Maße als dies ursprünglich aus technischen Gründen möglich war. Die Verstärkung des Bauherrenwillens durch die Restauration unter Nutzung der heutigen technischen und planerischen Möglichkeiten bestätigt damit die Zielsetzung eines Architekturentwurfs des 20. Jahrhunderts und gibt ein Signal für das Weiterdenken im 21. Jahrhundert.

Berthold Burkhardt
Herausgeber

Mit dem Bericht über die Fabrikantenvilla Schminke in Löbau von Hans Scharoun liegt nach dem Einsteinturm von Erich Mendelsohn der zweite Band in der Reihe 'Baudenkmale der Moderne. Geschichte einer Instandsetzung' vor. Damit rückt nicht nur ein weiteres experimentelles und innovatives Baudenkmal der Moderne in den Blickpunkt, sondern auch das Thema Wohnen, ein zentrales Anliegen der Architekten dieser Zeit.

Mit der Instandsetzung des Hauses Schminke konnte erneut der Beweis angetreten werden, dass Bauten der Moderne auch im Lebensalter von über siebzig Jahren denkmalgerecht saniert und dadurch erhalten werden können. Dazu bedarf es besonderer Vorgehensweisen und Anstrengungen aller Beteiligten, in der Forschung, in der Planung, wie in der praktischen Umsetzung. Das soll in diesem Band, der eher ein Werkstattbericht ist, vermittelt werden.

Viel ist über den Architekten Hans Scharoun und sein Werk bekannt. Vieles kann uns aber nur das Gebäude selbst sagen und vermitteln: über sein Entstehen, über sein Alter, seine Schäden und frühere Reparaturen. Nicht mehr Erkennbares kann unter Schichten wiedergefunden und entdeckt werden. Anderes wird verloren und nicht mehr, oder zunächst nicht zu klären sein. Die Fülle unterschiedlichster, auch sich widersprechender Daten – von der Farbe bis zur Bauphysik, von der Beleuchtung bis zu den Möbeln – zeigt, dass Sanierungskonzepte nicht eindeutig, aber schlüssig und begründet sein müssen. Wie aus den Berichten der Fachdisziplinen in diesem Buch zu entnehmen ist, gehen mit diesen Entscheidungsprozessen viele Abwägungen einher.

Doch nicht nur das Materielle gilt es zu ergründen, sondern auch die Geschichte der unterschiedlichsten Menschen, die das Haus über siebzig Jahre mit Leben füllten, die auch die Bausubstanz jeweils so gut es ging für sich und die Nachfolgenden erhalten haben.

Was wäre das Haus Schminke ohne seinen wundervoll gestalteten Garten, seine Beziehung von Innen und Außen. In Löbau bot sich die seltene Gelegenheit, ein Gebäude der Moderne mit dem Garten architektonisch und denkmalpflegerisch als Einheit zu sehen und zu behandeln. Um so mehr sind Voruntersuchungen nötig, in die das Zyklische und Veränderliche der Natur als Parameter einfließen.

Denkmalgerecht sanieren heißt nicht, nur restauratorisch, planerisch und handwerklich sorgfältig ein Gebäude und einen Garten in Stand zu setzen. Der Erhalt und der weitere Betrieb wollen finanziert sein. Auch dieser Aspekt kommt im Bericht zur Sprache, nicht zuletzt mit dem Hinweis, dass intensive Vorbereitungs- und Planungsphasen auch Kostensicherheit bringen und in Einzelbereichen sogar zu Kostenersparnis führen können.

Niemand hat gezählt, wie viele Fachleute, Handwerker, Nutzer, Bauherren und Berater an dem Gelingen des Projekts beteiligt waren. Bei jedem Baustellenbesuch konnte man Engagement, die Begeisterung und die Identifikation mit dem Werk spüren; vielleicht kann der vorliegende Bericht auch davon etwas vermitteln.

Public Privacy
Privatsphäre und Öffentlichkeit in der Entwicklungsgeschichte des modernen Wohnhauses

Wolf Tegethoff

Das Curtain Wall House des japanischen Architekten Shigeru Ban in Tokyo-Itabashi von 1995 thematisiert in lustvoller Überspitzung die miteinander in Widerstreit liegenden öffentlichen und privaten Aspekte des modernen Wohnhauses.[1] Ähnlich der vitruvianischen Urhütte des Abbé Laugier, der cabane rustique aus seinem Essai sur l'architecture von 1753, ist hier der Baukörper auf den der Straße zugewandten Seiten auf Dach und Eckpfosten, auf tragende Stützen und Deckenplatten reduziert. Bei aufgeschlagenen Vorhängen exponiert sich das Innenleben ungeschützt den Blicken von Nachbarn und Passanten; geschlossen wirkt es vollkommen abgeschirmt und gewinnt beinahe höhlenartigen Charakter. Als sprichwörtlich dritte Haut des Menschen definiert das Haus einen erweiterten Schutzraum gegen die Um- und Außenwelt, über den seine Bewohner im weitesten Sinne allein und uneingeschränkt verfügen. Als Garant und Inbegriff des Privaten verschließt es sich gegen die Öffentlichkeit, der es Einblick und Zutritt verwehrt. Als Ort der Begegnung mit Freunden und Bekannten und als unübersehbares Zeichen für Stellung und Rang seines Besitzers ist es dennoch zugleich auch wieder nach außen orientiert, wobei der Grad der Öffentlichkeit in einem Falle eingeschränkt und

Shigeru Ban: Curtain Wall House, Tokyo-Itabashi (1995)

mehr oder weniger intimer Natur ist, im anderen Falle aber oberflächlich bleibt und einen ausgesprochen demonstrativen Charakter trägt.

Tadao Ando beschritt zwanzig Jahre zuvor mit seinem Haus Azuma in Osaka einen gegenläufigen Weg. In bewusster Abkehr von westlichen Vorbildern greift er einen traditionellen japanischen Haustypus wieder auf, den er durch Übersteigerung der vorgegebenen Grundform aufzuwerten und architektonisch zu nobilitieren sucht. Der zweigeschossige Baukörper aus Stahlbeton ist einer geschlossenen Kastenform einbeschrieben, die die schmale Parzelle vollständig besetzt. Die nackte, gerade knapp dreieinhalb Meter breite Straßenfront wird nur durch den hochrechteckigen Einschnitt des Windfangs unterbrochen, wobei die Haustür seitlich hinter der linken Mauerwange verborgen bleibt. Die Wohn- und Schlafräume nehmen jeweils das vordere und hintere Drittel des schmalen Rechtecks in Beschlag und kommunizieren im Obergeschoss über eine stegartige Brücke, die den dazwischen liegenden, nicht überdachten Innenhof frei überspannt. Von der Außenwelt vollkommen abgeschottet, ist der Bewohner genötigt, sich bei Wind und Wetter den Elementen auszusetzen, wenn er von einem Teil des Hauses in den anderen gelangen will. Die Doppelfunktion des Schützens und Bergens ist damit in radikaler Weise zum Ausdruck gebracht. Das Haus negiert jedwede Form von Öffentlichkeit zugunsten einer introvertierten, zentoistischen Zwiesprache mit der Natur, die als radikale Absage an die verbreitete Übernahme nordamerikanisch-europäischer Wohnverhältnisse durch die zeitgenössische japanische Gesellschaft gedeutet werden muss. In einem frühen Kommentar hat Ando selbst die Autonomie der Privatsphäre zum obersten Grundsatz seiner Architektur erklärt: „Ich propagiere die Schaffung einer Wand, die aus dem unüberschaubaren Lebensumfeld unserer normierten Gesellschaft einen menschlichen Bereich ausgrenzt, wo sich der freie Wille des Individuums [ungehindert] entfalten kann. Der Raum ist primitiv [im positiven Sinne des Wortes]. Indem er die Materialien in direkte Wechselbeziehung zu den Naturphänomenen wie Licht, Wind und Regen setzt, kann er die Beziehung zwischen den Menschen und den Dingen symbolhaft zum Ausdruck bringen." [2]

Die beiden Beispiele aus Japan bestätigen in gleichsam extremer Formulierung die kulturübergreifende Aktualität eines Themas, das mit Beginn des 19. Jahrhunderts erstmals zum Gegenstand eingehender Erörterungen wurde und das jenseits aller Stilgeschichte zentrale Triebkräfte der architekturhistorischen Entwicklung aufzudecken vermag. Dass dieser sich über zwei Jahrhunderte erstreckende und noch keineswegs abgeschlossene Prozess von grundlegenden gesellschaftlichen Veränderungen getragen und begleitet war, steht außer Frage. Insgesamt gesehen jedoch – so viel sei immerhin vorweggenommen – erweisen sich die motivierenden Beweggründe als erstaunlich konstant, so dass zumindest in dieser Hinsicht gegenüber einer allzu voreiligen Fortschrittseuphorie Skepsis geboten erscheint. 'Public Privacy' bezeichnet die miteinander im Widerstreit liegenden öffentlich-repräsentativen und privaten Aspekte des Hauses. Der private Charakter kann dabei mehr oder weniger stark ausgeprägt sein, ist aber grundsätzlich immer gegeben. Im anderen Fall ist zwischen einer eingeschränkten Öffentlichkeit, die sich aus dem gesellschaftlichen Umgang der Bewohner, aber auch aus der Beschäftigung von Hausangestellten ergibt, und

Tadao Ando: Haus Azuma, Osaka-Sumiyoshi (1976), Verbindungsbrücke zwischen den Schlafräumen im Obergeschoss

einer anonymen Form von Öffentlichkeit zu unterscheiden, die an die Außenwirkung des Hauses und seine Stellung im 'öffentlichen Raum' gebunden bleibt. Das Problem wird erst da virulent, wo das Wohnhaus als Bautypus auf allgemeineres Interesse stößt und damit zunehmend in das Blickfeld der Architekten rückt, was vor 1800, als Entwurf und Ausführung noch weitgehend handwerklichen Konventionen folgten, de facto nur äußerst selten der Fall war. Die zahlreichen Fachveröffentlichungen und Vorlagewerke aus der ersten Hälfte des 19. Jahrhunderts, mit denen die Geschichte des modernen Einfamilienhauses ihren eigentlichen Anfang nahm, müssen auch vor diesem Hintergrund gelesen und betrachtet werden: Der dort nahezu stereotyp wiederholte Vorwand, ein sorgfältig geplantes und bis in alle Einzelheiten durchdachtes Wohngebäude brächte dem zukünftigen Besitzer zahlreiche Vorteile im Hinblick auf Nutzen, Bequemlichkeit, Ästhetik und Kosten, zeugt nicht zuletzt von dem Versuch der Architekten, in einem noch bis an die Schwelle zum 20. Jahrhundert rein unternehmerisch dominierten Markt Fuß zu fassen.[3] Auch dieser Gesichtspunkt hat zur Ausprägung des Typus maßgeblich beigetragen und der Bauaufgabe bis heute ihr innovatives Potenzial in Teilen bewahrt.

Die Frage nach den prägenden Aspekten des modernen Wohnhauses zielt nicht in eine sozial- oder kulturgeschichtliche Richtung. Sie gilt vielmehr ausschließlich den Bemühungen der Architekten und Architekturtheoretiker, mithin also nicht den tatsächlich gegebenen Wohnverhältnissen, sondern den mehr oder weniger utopischen Vorstellungen und Entwürfen, wie die Aufgabe unter den gegebenen Umständen und mit zumeist deutlichem Blick auf die Zukunft gestaltet werden könnte. Im Zentrum steht dabei das freistehende Einfamilienhaus, wie es als Typus im ersten Drittel des 19. Jahrhunderts in England entstand und bis heute als Idealbild in allen Schichten der Gesellschaft unvermindert die Vorstellungen beherrscht. Eine typologiegeschichtliche Untersuchung steht nach wie vor aus und kann auch in diesem Rahmen nicht einmal ansatzweise geleistet werden. Nikolaus Pevsner hat in seiner 'History of Building Types' auf eine eingehende Behandlung verzichtet, da diese aufgrund der Komplexität des Themas eines eigenen Bandes bedurft hätte. Bei ungebrochener Aktualität des eingangs aufgezeigten Konfliktpotenzials zwischen den privaten und öffentlichen Aspekten des Wohnhauses sollte es aber damit nicht sein Bewenden haben. Es soll daher im Folgenden versucht werden, mögliche Wege aufzuzeigen, wie eine spätere umfassende Aufarbeitung angelegt sein könnte.

Die bürgerliche Wohnung in ihrer Idealform als freistehendes Einfamilienhaus, wie sie sich von England ausgehend an der Wende zum 19. Jahrhundert herauszukristallisieren beginnt, hat viele und tief reichende Wurzeln, die in den einzelnen europäischen Ländern unterschiedliche Prägungen erkennen lassen. Für die gängige, wenn auch weitgehend nicht hinterfragte Vorstellung, dass diese Prägung in erster Linie von oben nach unten erfolgte, sich also das aufstrebende Bürgertum vor allem an den aus dem 18. Jahrhundert überkommenen Vorbildern des Adels orientierte, können dabei zumindest für den deutschen Sprachraum einige wichtige Belegstellen angeführt werden. So folgt Johann Michael Voit im 4. Band seiner 1829 erschienenen Land-Baukunst mit seinen Vorgaben zur „Einrichtung eines großen Gebäudes für einen angesehenen und reichen Eigenthümer, den Bedürfnissen der Großen angemessen" noch ganz den Kriterien einer aristokratischen Lebensführung, wie sie mehr als hundert Jahre zuvor von Frankreich aus Verbreitung gefunden hatten:

„Das Hauptgeschoß zerfällt in zwei Abtheilungen oder Appartements. Das eine bewohnt die Frau, das andere der Herr vom Hause. Beide sind durch Thüren und Zimmerreihen miteinander verbunden. [Zum Appartement der Frau vom Hause] gehören in der Regel a) Ein großes Empfangs-Zimmer (Salon), b) Ein Kabinett. c) Ein Wohnzimmer. d) Ein Schlafzimmer mit Allem, was dazu gehört. e) Garderobe. f) Zimmer für Kammerfrau oder Kammerjungfrau." Er fährt an anderer Stelle fort: „In Hinsicht der Lage des Schlafzimmers gegen andere Gemächer muss sich der Baumeister nach Landessitten und Gewohnheiten richten. In Frankreich zum Beispiel ist das Schlafzimmer der Frau vom Hause in der Reihe der Zimmer, und stößt sogar gewöhnlich an den Salon. Es steht immer offen, wenn Besuche angenommen werden. Diese Einrichtung findet man aber auch häufig im südlichen Teutschland, dagegen im nördlichen nur mit seltener Ausnahme."[4]

Voit, der erkennbar nicht zu den innovativen Geistern seiner Epoche zählte, steht mit seinem Traktat noch ganz in der Tradition der älteren 'Anleitungen zur Civil-Baukunst', die aus dem 18. Jahrhundert in zahlreichen Varianten überkommen sind. Um die Realität in einem Deutschland an der Schwelle zum Industriezeitalter dürfte es auch damals schon anders bestellt gewesen sein. Dennoch tritt hier ein Ideal zum Vorschein, das noch weit über die Jahrhundertmitte hinaus Bestand haben sollte und erst im Zuge der bürgerlichen Emanzipationsbewegung und hier nicht zuletzt unter dem Druck der wirtschaftlichen Verhältnisse allmählich abgelegt wurde.

Wie weit aber derartige Vorstellungen noch nachzuleben vermochten, zeigt eine von der Forschung bislang kaum wahrgenommene Abhandlung von Wenzel Herzig, die 1873 in Leipzig erschien, wohl letztlich aber Wiener Ursprungs ist. Unter dem hochgestochenen Titel 'Die angewandte oder praktische Aesthetik oder die Theorie der dekorativen Architektur' verbirgt sich im Grunde nichts anderes als eine aus der Praxis entwickelte Gebrauchsanweisung für die Disposition und Einrichtung von Gebäuden aller Art, die aber gerade deshalb für die vorliegende Fragestellung von weitreichender Bedeutung ist. Herzigs Wohnideal, das nach wie vor auf getrennten Appartements für Mann und Frau besteht, unterscheidet primär zwischen Wohn-, Repräsentations- und Wirtschaftsräumen und zeigt im Einzelnen folgende Gestalt: „Eine jede nur einigermaassen bequeme Familienwohnung besteht dem Zwecke nach aus drei verschiedenen Theilen, und zwar: aus den Wohn-, Gesellschafts- und Oekonomie-Räumen. Die Wohnräume, welche für die wohnliche Bequemlichkeit und Behaglichkeit einzurichten sind und eine nicht besonders prunkvolle aber doch elegante Ausstattung fordern, bestehen, bei grosser Bequemlichkeit, die hohe und reiche Personen beanspruchen, aus dem: Empfangs-, Sitz- und Speisesalon, aus dem Tag-, Arbeits-, Bibliothek-, Ankleide-, Toiletten-, Schlaf-, Kinder- und Garderobe-Zimmer, und aus einem Badekabinet in Verbindung mit dem Kloset; die Gesellschaftsräume, welche für die Abhaltung gesellschaftlicher Unterhaltungen bestimmt, sowohl der Würde des Bewohners als der Würde der sich unterhaltenden Personen angemessen anzuordnen sind, und eine elegante, reiche und prunkvolle Ausschmückung beanspruchen, bestehen aus: einem Tanzsaale, welcher von mehreren Salons, als: vom Gesellschafts-, Spiel-, Billiard-, Blumen und Rauchsalon umgeben und durch diese Räume mit dem Speisesaal und der Wohnung in Verbindung gebracht sein soll; und endlich die Oekonomieräume, welche nur für häusliche Zwecke, und zwar für die Verrichtung wirthschaftlicher Arbeiten zu dienen haben und eine einfache aber nette der Hausfrau würdige Ausstattung bedingen, bestehen: aus den verschiedenen Küchen, als: Koch-, Brat-, Back- und Waschküche; aus den Speisevorrathskammern, die gern im Souterrain untergebracht werden; aus den Wohnpiecen für die Dienerschaft, und aus dem Wein-, Bier-, Fleisch-, Milch-, Gemüse-, Holz- und Eiskeller."[5]

Dass diese auch „nur einigermaassen bequeme Familienwohnung" durchaus nicht dem damals selbst in gehobeneren Kreisen üblichen Standard entsprach, ist Herzig dabei durchaus bewusst. Ähnlich Robert Kerr, auf den noch zurückzukommen sein wird, formuliert er hier zunächst einmal ein Maximalprogramm, das dann durch „Hinweglassen" der nicht so unbedingt benötigten Räumlichkeiten den jeweiligen wirtschaftlichen Möglichkeiten angepasst werden kann. Den Maßstab bildet also nach wie vor die traditionell verhaftete Palastarchitektur des Hochadels, als deren abgemagerte Version die großbürgerliche Wohnung der Ringstraßenära als nächstes ins Blickfeld rückt, um schließlich bei den „wenigen Piecen" des „schlichten Bürgers" zu enden, der „eine einfache [und] täglich sich gleichbleibende Lebensweise führt und sich in dieser behaglich fühlt".[6] Einzelne Details des Raumprogramms lassen dabei eine direkte Rezeption englischer Quellenschriften vermuten, wobei in erster Linie an Kerrs Hauptwerk 'The Gentleman's House; or, How to Plan English Residences' zu denken ist, das in erster Auflage bereits 1864 erschienen war und Herzig bekannt gewesen sein dürfte. Ganz und gar 'un-englische' Elemente sind dagegen die Einteilung in getrennte Appartements und die Anlage von offiziellen Repräsentationsräumen wie Vorzimmer, Salons und Tanzsaal, die dort bereits vollkommen aus der Mode gekommen waren. Und während Voit schon ein knappes halbes Jahrhundert zuvor den charakteristischen Eigenheiten des Landsitzes immerhin einige etwas ausführlichere Erörterungen widmet, findet diese für die Genese des modernen Wohnhauses entscheidende Vorstufe bei Herzig nicht einmal am Rande Erwähnung. In der Wiener Perspektive des Jahres 1873 dominieren noch ganz und gar die Elemente einer städtisch-aristokratisch geprägten Lebensform. Wie sehr dabei die öffentlichen Aspekte des Wohnens im Zentrum des Interesses stehen, mag abschließend durch zwei weitere Belegstellen aus Herzigs Werk bestätigt werden: „In allen Ständen gibt es Sitten, Gebräuche und Höflichkeitsformen, 'Etiquette' genannt, welche die Artigkeit und Achtung für Besuchende und Fremde ausdrücken. Selbst der Ärmste, der sich nur die nothwendigsten Piecen für seine Wohnung schaffen kann, hat ein Sopha, das er an den schönsten Platz des Raumes stellt, um dem Besuchenden einen angenehmen Aufenthalt zu bieten; der Wohlhabendere, der schon eine grössere Wohnung innehat, verwendet hierzu einen grösseren Raum, den sogenannten durch Sopha, Fauteuils, Sessel und Tisch gebildeten Sitzplatz, und in einer Wohnung von 4 bis 5 Zimmer ein Zimmer, das sogenannte Sitzzimmer, das auf das Prächtigste ausgestattet wird, um dem Fremden durch das Elegante der Ausstattung den Grad seiner sozialen Stellung zu zeigen und durch den angenehmen Aufenthalt seine Achtung zu beweisen; und der Reiche und hohe Adel empfängt seine Besuche in prachtvollen Salons. Diese beiden Faktoren, nämlich Bedürfnis und Etikette, haben auf die Anordnung der Wohnung einen wichtigen Einfluss."[7]

Bedürfnis und Etikette bezeichnen hier in zeitgenössischer Terminologie die privaten und öffentlichen Interessen der Bewohner, die sich zwischen dem Wunsch nach freier persönlicher Entfaltung und den von außen an sie herangetragenen gesellschaftlichen Ansprüchen bewegen. Der Grad der dadurch erzeugten Öffentlichkeit ist variabel und erfährt nach den jeweiligen Umständen verschiedene Abstufungen: „Die beiden Vorsäle sowie der Empfang- und Sitzsalon haben [...] einen öffentlichen Charakter und sind gleich den Gesellschaftsräumen reich und elegant anzuordnen. Wird der Besuchende von dem Bewohner aus freundschaftlichen Beziehungen in seine weiteren Wohngemächer geleitet, so tritt derselbe aus dem Sitzsalon in das Tagzimmer, das für den gewöhnlichen Aufenthalt und für den konversationellen Verkehr mit Freunden bestimmt ist und die Trennung der Wohn- und Empfangsräume bewirkt, und aus diesem weiter in das Arbeitszimmer, das ein Bibliothekzimmer und ein Raritätenkabinett zur Seite hat und mit dem Ankleidezimmer in Verbindung steht."[8]

Herzigs Schrift erschien im Jahr der Wiener Weltausstellung, die die erste weltweite Wirtschaftskrise auslösen sollte. Mit dem erst in den achtziger Jahren einsetzenden Wiederaufschwung war auch in Deutschland und den angrenzenden Ländern eine breite bürgerliche Mittelschicht entstanden, die sich in ihren Wohnvorstellungen zunehmend an angelsächsischen Vorbildern orientierte. Die Begeisterung für das 'Englische Haus' erreichte um die Jahrhundertwende ihren absoluten Höhepunkt und fand kurz darauf in Hermann Muthesius' gleichnamigem dreibändigen Werk ihren kanonischen Niederschlag. „[Es] ist nichts unerhört Staunenswertes mehr, in Ungarn irgendwo ein englisches Cottage mit Hall und Pantry aufzustöbern", schreibt W. Fred in seinen 1903 erschienenen Ausführungen über 'Die Wohnung und ihre Ausstattung', und fährt an späterer Stelle fort: „In der großen Wohnung, im eigenen Hause, das nun schon zum Cottage wird, gibt es einen neuen Mittelpunkt des Lebens, das ist die große Halle, die im Zentrum des Hauses angelegt gleichzeitig Ansatz des Stiegenhauses und großes Wohn- und Empfangszimmer ist."[9] Die Adaption erfolgt also nicht zuletzt vor dem Hintergrund gewandelter gesellschaftlicher Repräsentationsbedürfnisse, mit denen sich die endgültige Abkehr vom aristokratischen Vorbild vollzieht. Damit einher geht eine neue Begrifflichkeit, die die Bedeutungsverschiebung auch äußerlich ablesbar werden lässt: „Es ist höchst bezeichnend," fasst 1907 Hermann Muthesius seine früheren Ausführungen nochmals zusammen, „wie sich mit dieser Änderung der Anschauung die Bedeutung des Wortes 'Villa' in England geändert hat. 'Villa' hatte im Englischen früher dieselbe Bedeutung wie jetzt [noch] bei uns. Heute hat es einen verächtlichen Sinn und wird nur noch für jene erbärmlichen kleinen Häuser gebraucht, mit denen der Unternehmer die Vorstädte der ärmeren Stadtgegenden bedeckt. Der Engländer nennt heute seine Wohnstätte mit Stolz wieder 'house'. Er bildet nicht mehr in Nachahmung des italienischen Palazzo, sondern eher im Sinne der heimischen Bauernhütte. [...] Wie die fortschreitende Kultur nach Vereinfachung und Veredelung drängt, wie auch wir nach dem zweifelhaften Durchgangsstadium, in welchem sich Deutschland infolge des plötzlichen Zuflusses von Mitteln jetzt befindet, doch hoffentlich bald auf eine Abstreifung der Äußerlichkeiten und einen Verzicht auf die repräsentativen Hohlformen kommen werden, so kann uns das englische Haus ein Anreger und Förderer im Erstreben desjenigen Zieles werden, das wir dann für die Umgestaltung unserer häuslichen Umgebung aufstellen müssen."[10]

„Nicht mehr in Nachahmung des italienischen Palazzo, sondern eher im Sinne der heimischen Bauernhütte" – hier ist eine Umkehrung des Prinzips einer Prägung von oben nach unten ausgesprochen, die, so sie denn zuträfe, das Wohnhaus der Neuzeit nun in der Tat als eine revolutionäre Errungenschaft der bürgerlichen Gesellschaft kennzeichnen würde. Was in Muthesius' Ausführungen den Eindruck einer vergleichsweise jungen und für Deutschland damals noch keineswegs abgeschlossenen Entwicklung erweckt, nahm de facto gut hundert Jahre zuvor in England seinen Anfang. Das 'Cottage' – denn nichts anderes ist mit dem Hinweis auf die 'heimische Bauernhütte' gemeint – entsteht als architektonischer Typus im Kontext des 'Picturesque Movement' und dient dort zunächst als ästhetische Staffage für die parkartig gestalteten Landsitze der englischen Hocharistokratie. John Nashs 'Blaise Hamlet' von 1811, errichtet für John Hartford of Blaise Castle in Gloucestershire, gibt dafür ein frühes Beispiel. Neben der reinen Staffagefunktion spielt jedoch auch der philantropische Aspekt von Anfang an mit hinein, der durch Verbesserung der äußeren Lebensbedingungen für die abhängige Landbevölkerung auf eine moralische Hebung der unteren Schichten abzuzielen sucht. Beide Motive sind untrennbar ineinander verwoben, was durch zahllose Literaturstellen belegt werden kann. So führt bereits William Mitford in seinen 1809 anonym erschienenen 'Principles of Design in Architecture' aus, dass die verbreitete Bestrebung, Landsitze durch die Errichtung von 'Cottages' zu verschönern, erste Erfolge zeitige. Ihre Anlage solle einfach und von gesundem Menschenverstand bestimmt sein. Übertriebener Aufwand, wie ihn der Typus des 'Cottage ornée' verkörpere, erschiene hier nachgerade absurd. Im Vordergrund habe die Bequemlichkeit in der Raumeinteilung („convenience within") zu stehen. Dabei sei insbesondere den Regeln des Anstands („decencies") genüge zu leisten, zumal die unteren Bevölkerungsschichten darin mitunter eine gewisse Nachlässigkeit an den Tag zu legen neigten.[11]

Noch deutlicher wird der Zusammenhang in John Papworths 'Rural Residences' von 1818, wo die soziale Einstellung des Grundherrn nun ihrerseits zum Teil der Selbstinszenierung erhoben wird: Unter der Voraussetzung, dass ihre Anordnung nicht wahllos und mit gebührender Rücksicht auf die landschaftlichen Gegebenheiten erfolge, seien kleinere bauliche Anlagen wie die Unterkünfte der Landarbeiter und Hausangestellten ideal geeignet, um zur Verschönerung eines Landsitzes beizutragen. Ordentlich, sauber und in gutem Zustand bezeugten sie die liberale und verantwortungsbewusste Einstellung des Grundherrn gegenüber seinen Untergebenen, die schon immer zu den herausragenden Eigenschaften eines britischen Gentleman gehört habe.[12]

Schließlich sei auch noch Francis Goodwin aus seinen 'Rural Architecture' zitiert, die 1835 bereits in zweiter Auflage erschienen waren und zu den seinerzeit verbreitetsten Vorlagebüchern gerechnet werden dürfen: Bei der Betrachtung eines Landsitzes wirke nichts erfreulicher als der beständige Eindruck von Ordnung und Schicklichkeit, der bezeuge, dass der Eigentümer Eleganz, Bequemlichkeit und gesellschaftliche Vergnügungen nicht nur unter seinem eigenen Dach zu pflegen wisse, sondern dass er seine Wohltätigkeit und seinen guten Geschmack gleichermaßen auch den nicht im Haus selbst wohnenden Angestellten zugute kommen ließe. Bequeme Unterkünfte im Blickfeld des Hausherrn und seiner Gäste förderten einen ordentlichen und reputierlichen Lebenswandel der Bewohner, während eine versteckte Lage niederen Gewohnheiten und Verwahrlosung Vorschub leiste.[13] Die Errichtung komfortabler Wohnstätten für seine Landarbeiter und Kleinpächter entspränge damit keineswegs allein romantischen Vorstellungen, sondern läge nicht zuletzt im eigenen Interesse des Besitzers, da sich die tagtägliche Umgebung positiv

John Papworth:
A Cottage Ornée (1818), Gartenansicht und Grundriss des Erdgeschosses

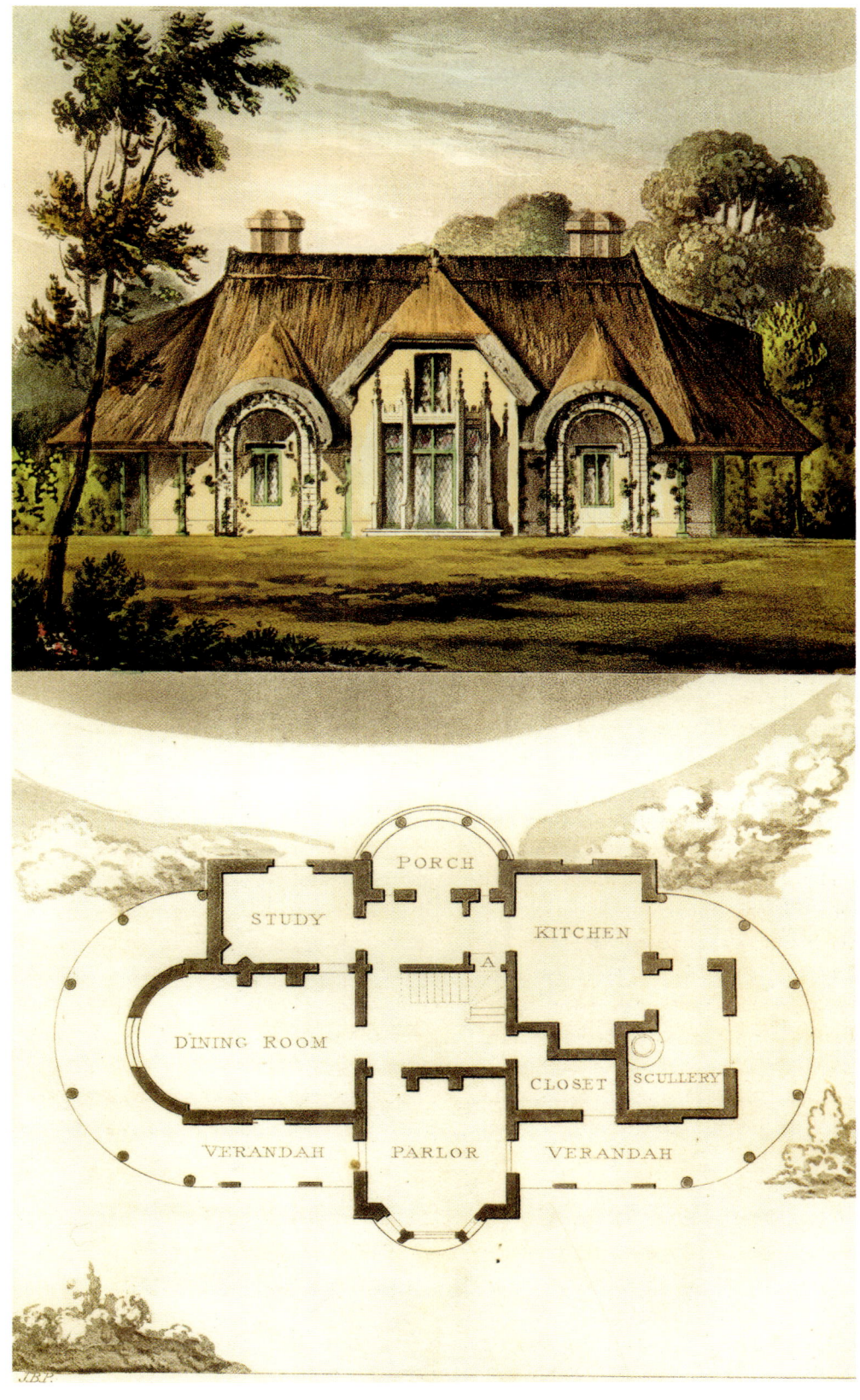

oder negativ auf die Moral der von ihm Abhängigen auswirken müsse. In einer freudlosen, verkommenen und elenden Kate werde sich niemand heimisch fühlen. Sie sei daher auch kaum geeignet, die Bindung ihrer Bewohner an ihren Dienstherrn zu fördern.[14]

Die über den Landsitz verstreuten Cottages der Hintersassen sind somit Teil des öffentlichen Aspekts, durch den der Besitzer eines herrschaftlichen Wohnhauses seinen Rang, seinen Geschmack und seine Fürsorge gegenüber den ihm anvertrauten Untergebenen vor den Augen seiner Gäste und Besucher dokumentiert. Dass es sich dabei jedoch alles in allem nur um einen Nebenaspekt handelt und sich der Begriff des 'Cottage' in der Realität bereits längst von seiner ursprünglichen Bedeutung als einer bescheidenen Behausung für die einfache Landbevölkerung gelöst hatte, bestätigen Goodwins Ausführungen zum letzten seiner Entwürfe, die eine Reihe von Landarbeiterhäusern – Labourers' Cottages – beschreiben und denen auch der zweite Teil des vorangegangenen Zitats entnommen ist. Goodwin fühlt sich hier bemüßigt vorauszuschicken, dass es sich dabei nun in der Tat um Cottages im ursprünglichen Wortsinne handele: "bona fide what their name implies – evidently the habitations of labouring people". Diese aber seien nun abzugrenzen von solchen Wohngebäuden, die mit allen Annehmlichkeiten des Überflusses und der Eleganz versehen nur unter der Verkleidung eines 'Cottage' daherkämen ("those which, being intended as the abodes of affluence and elegance, merely assume a cottage guise").[15] Der hier vielleicht noch andeutungsweise erkennbare Skrupel vor einer romantisch verbrämten Übernahme bestimmter Charakteristika einer aus Not und Armut entstandenen Bautradition sollte indes nicht darüber hinwegtäuschen, dass genau darin das eigentliche Anliegen der 'Rural Architecture' und aller verwandten Traktate und Vorlagenbücher besteht.

Für den daraus entstandenen Typus des Wohnhauses hatte sich seit der Wende zum 19. Jahrhundert der Begriff 'Cottage ornée' eingebürgert, den Papworth 1818 wie folgt definiert: „Das Cottage ornée stellt innerhalb der Wohnhausarchitektur einen neuen Bautypus dar, der in Bezug auf Angemessenheit und Schicklichkeit [fitness and propriety] eigenen Gesetzen unterliegt. Es ist nicht die Behausung des Arbeiters, sondern die Wohnstätte des Begüterten, des Wissenschaftlers und Gelehrten, und [damit nicht zuletzt] ein Ort der Entspannung. Es verkörpert nicht selten den Inbegriff häuslicher Zufriedenheit. Eine einfache Bauernkate dagegen dürfte in dieser Zeit vollendeter Kultiviertheit wohl kaum mit den sich daraus ergebenden Anforderungen in Deckung zu bringen sein. Der Rasen, die Staudenbeete und Kieswege, wie auch die gesamte, sorgsam in Szene gesetzte Gartenanlage verlangen nach einem Gebäude, das in jeder Hinsicht diesem geschmackvollen Aufwand entspricht. Die bescheidenen Ausmaße des Gebäudes, das höchstens zwei Stockwerke umfassen sollte, entsprechen dem Wesen des Typus. Auch ergeben sich daraus die Forderungen nach einer angemessenen und natürlichen Einbindung in seine Umgebung, durch die es sich von den grobschlächtigen und schematisch ausgeführten Auswüchsen in der Umgebung von London unterscheidet, die als Bastardgebilde, als illegitime Abkömmlinge von Stadt und Land betrachtet werden müssen."[16]

Damit sind erstmals wesentliche Eigenheiten des 'Englischen Landhauses' benannt, wobei insbesondere auf die Nutzung abgehoben wird, die alle Elemente einer gehobenen Lebensführung (Reichtum, Müßiggang, Ausübung geistiger, nicht körperlicher Tätigkeiten, "elegant re-

Francis Goodwin: A Villa
in the Cottage Style
(Design No. 8; ca. 1835),
Vorderansicht und
Grundrisse des Erd- und
Obergeschosses

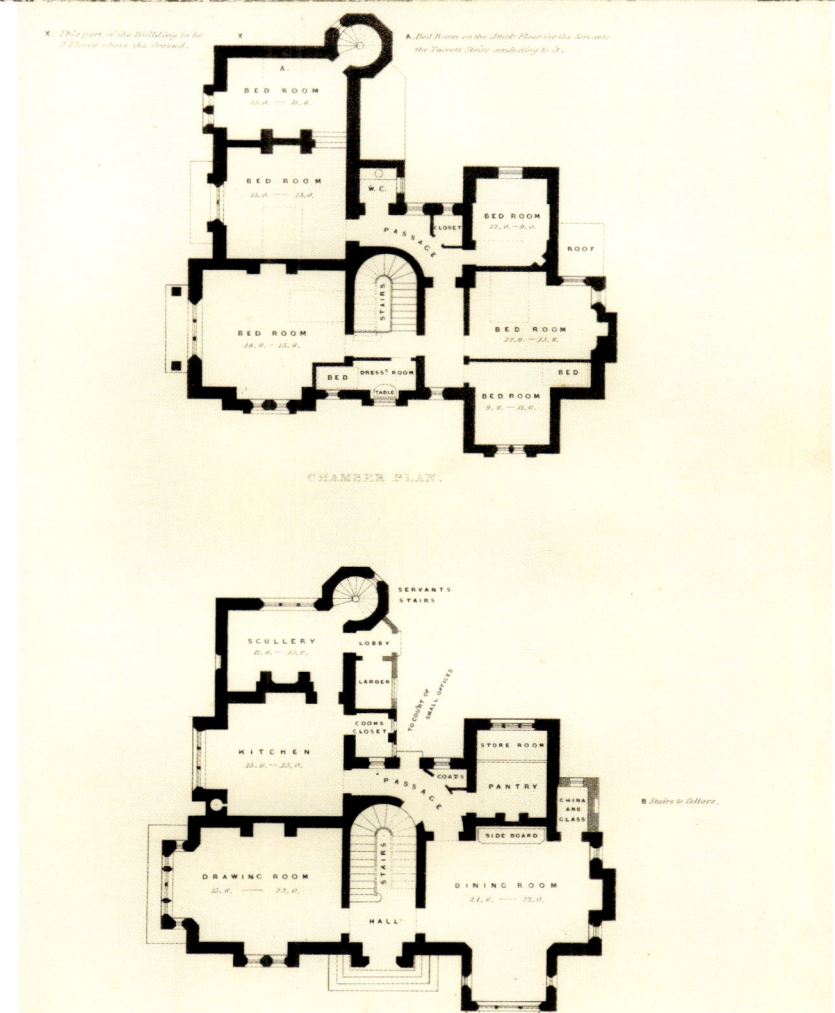

finement") akribisch auflistet und die im Schlüsselbegriff der häuslichen Behaglichkeit („domestic comfort") ihre sinnfällige Zuspitzung findet. Stilistisch bleibt der Typus merkwürdig unbestimmt; laut Goodwin definiert sich sein Charakter durch die freie Disposition des Baukörpers („irregularity") mit unmittelbarem Bezug zur umgebenden Landschaft, die niedrigen Außenwände mit vergleichsweise kleinen Fensteröffnungen, die hohen Kamine und die weit heruntergezogenen Dächer.[17] Entscheidend dabei ist aber, dass hinter all diesen entlehnten Eigenschaften – „the disguise it purposely assumes" – dem Cottage eine gewisse Verfeinerung („certain indications of refinement") in Disposition und Ausführung gegeben sein muss. Die Übergänge zwischen diesem 'Cottage Style' im engeren Sinne und typologisch verwandten, wenn auch äußerlich zunächst völlig andersartigen Lösungen sind fließend, was nicht zuletzt in scheinbar so inkongruenten Bezeichnungen wie 'A Villa in the Cottage Style' oder 'Cottage ornée in the Swiss Style'[18] zum Ausdruck kommt.

Auf der Suche nach den genealogischen Wurzeln des Typus sind im Wesentlichen drei unterschiedliche Entwicklungsstränge auszumachen, was im Folgenden nur angedeutet werden kann. Entscheidende Impulse verdanken sich zum einen der ländlich-bäuerlichen, von Elementen der Hochkultur weitgehend unberührten Bauweise aus den verschiedenen Regionen der Britischen Inseln und des europäischen Kontinents, wofür hier beispielhaft die Ausführungen in Ruskins 'Poetry of Architecture' stehen mögen.[19] Der dafür post factum geprägte Begriff des 'Vernacular' findet sich zwar bereits 1864 bei Kerr in einer sprechenden Charakterisierung der zeitgenössischen englischen Wohnhausideologie, bleibt aber in dieser Verwendung zunächst ein Einzelfall.

Eine zweite, wichtige Quelle wurde durch das 'Picturesque Movement' und die Architekten des englischen Landschaftsgartens erschlossen, die aus den Darstellungen ländlicher Bauten in den Gemälden Claude Lorrains und Nicolas Poussins, später auch aus venezianischen Landschaftsbildern, Stichen und Zeichnungen des 16. Jahrhunderts wesentliche Anregungen bezogen.[20] Schon bald aber gaben sich die Architekten damit allein nicht mehr zufrieden, sondern suchten, wie Karl Friedrich Schinkel auf seinen Italienreisen, die direkte Begegnung mit den entsprechenden Bauten vor Ort. Für den in freier Adaption weiterentwickelten Stilmodus wählte Goodwin in strikter Abgrenzung gegen den Palladianismus des 17. und 18. Jahrhunderts den Begriff des 'modern Anglo-Italian'. Zu den ausdrücklichen Vorzügen rechnete er die darin zugestandene gestalterische Freiheit und Ungezwungenheit, ja die wie selbstverständliche allgemeine Heiterkeit des Ausdrucks, die auf keine formalen Vorschriften Rücksicht zu nehmen habe, wogegen ihm der englische Palladianismus nur mehr als eine schwerfällige, wortklauberische und unterkühlte Imitation erschien.[21]

Robert Kerr geht eine Generation später in seiner Vereinnahmung noch einen Schritt weiter: „Der bezaubernde Charakter der unregelmäßigen italienischen Villa gab bislang die Geschmacksrichtung vor. Er ließ sich derart leicht auf die Verhältnisse in England übertragen, dass sich dieser Stil hier inzwischen vollkommen eingebürgert hat. Faktisch lässt sich dieser ländliche italienische Stil [Rural-Italian] unmittelbar aus der palladianischen Architektur her ableiten. Er verkörpert nichts anderes als eine modifizierte, rationalisierte, vereinfachte und auf die alltäglichen Bedürfnisse hin zugeschnittene Form des Palladianismus, der dadurch neuerlich an Akzeptanz gewonnen hat. Rural-Italian bezeichnet im Wesentlichen nichts anderes als pittoreske Massendis-

Francis Goodwin: Labourers Cottages (Design No. 18; ca. 1835), Ansichten und Grundrisse des Erd- und Obergeschosses

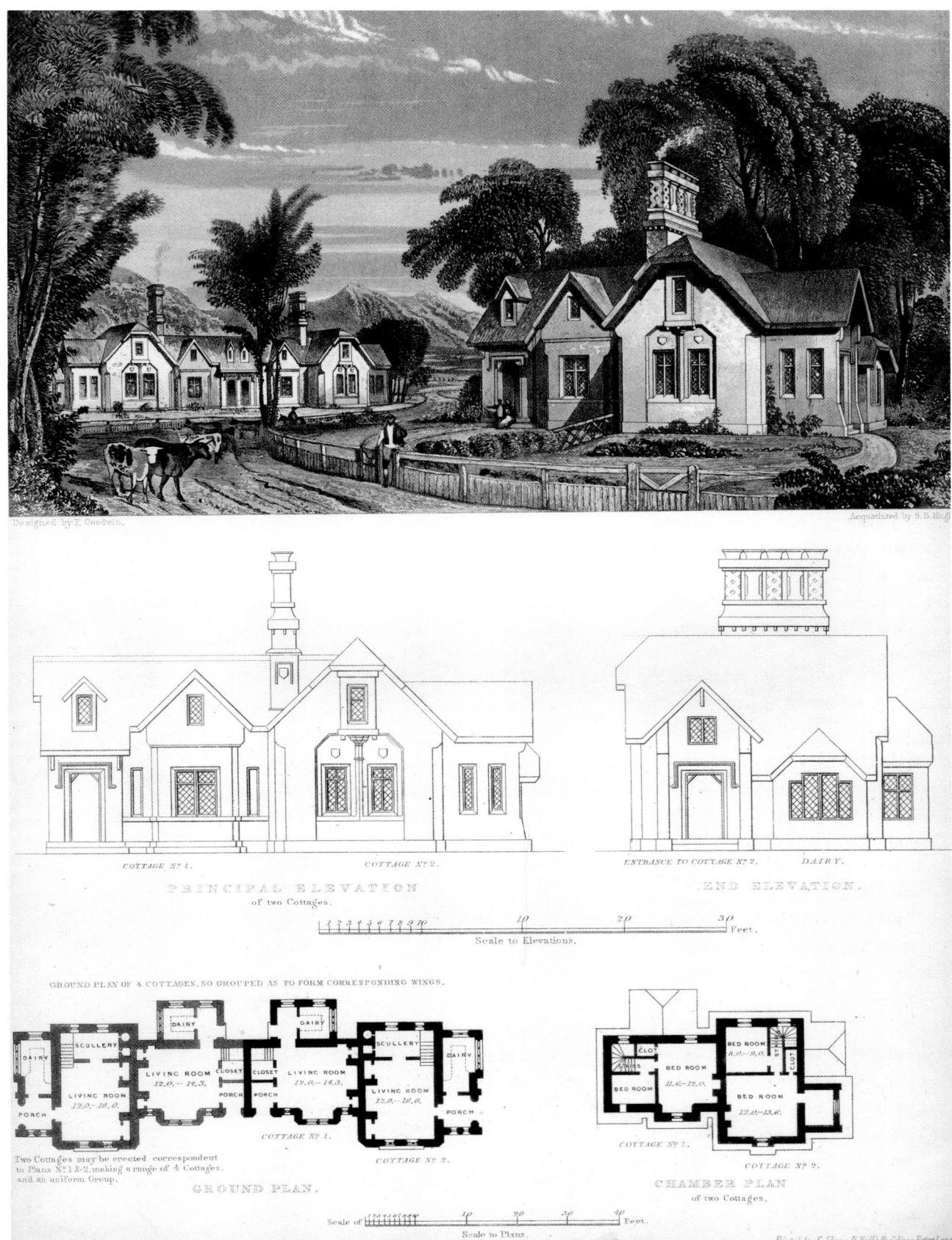

position in Verbindung mit palladianischen Einzelformen. [...] In seiner bescheideneren Variante nähert sich das Rural-Italian dem unprätentiösen Cottage Style, am anderen Ende der Skala verbindet es sich mühelos mit dem Typus des italienischen Palazzo [Palatial-Italian], wobei der jeweilige Bau auf Kosten der sublimeren Reize [piquancy] an Würde gewinnt. [...] Unser so genannter italienscher Stil ist in Wahrheit der bodenständige englische (und in der Tat europäische) Stil der modernen Wohnhausarchitektur."[22]

'Cottage Style' und 'Rural-' oder auch 'Anglo-Italian' mutieren hier zu einer universalen Architektursprache für das moderne Einfamilienhaus, was in der Tat die spätere Entwicklung in groben Zügen vorwegzunehmen scheint. Noch aber sind die aufgewendeten Kriterien ausschließlich äußerlicher Natur, ohne dass nur ein einziges Wort über das zugrundeliegende Raumprogramm und die diesem angemessene Grundrissdisposition verloren wäre. Dies erfolgt in einem dritten Strang, der an die englische Herrenhausarchitektur des 14. und 15. Jahrhunderts anzuknüpfen sucht. Für Goodwin ist der 'Cottage Style' „the Tudor or Elizabethan in their undress"[23], mithin also eine ihrer aristokratischen Hoheitsformeln beraubte bürgerliche Variante der einheimischen Wohnhausarchitektur in ihrer letzten Blütephase vor der Palladianischen Revolution. 'Perpendicular Pointed Gothic', 'Tudor' und 'Elizabethan' besitzen in den Augen der Zeitgenossen nicht zuletzt den entscheidenden Vorzug, dass sie „exclusively English"[24] seien und daher gegenüber einer als fremdländisch und gekünstelt empfundenen höfischen Kultur des 17. und 18. Jahrhunderts die wahren Werte des englischen Nationalcharakters in nuce verkörperten. Wie aber Loudon in seiner Einleitung zur 'Encyclopedia of Rural Architecture' unmissverständlich ausführt, liegt der eigentliche Vorbildcharakter nicht in den stilistischen Besonderheiten der jeweiligen Epoche, sondern in dem spezifischen Beitrag, den der dort vorgegebene Typus im Hinblick auf eine optimale Zweckerfüllung der Architektur zu leisten verspricht: „Nach den zuvor dargelegten Prinzipien erscheinen der griechische und der gotische Stil als nur mehr zufällige Erscheinungsformen der Architektur, als Sprachmodi, in denen der Architekt seinen Ideen Gestalt verleiht. Erstes und wichtigstes Kriterium für die Schönheit des Gebäudes ist, dass der Zweck, für den es errichtet wurde, zum Ausdruck gebracht wird. Dieses aber erweist sich als vollkommen unabhängig von irgendeinem spezifischen Stil, so wie sich in der Sprache der Inhalt nicht an die Form der Vermittlung gebunden zeigt. Denn, wie wir bereits gesagt haben, Grundlage aller wahren und bleibenden Schönheit ist die Zweckmäßigkeit."[25]

In ähnlichem Sinne äußert sich Kerr, der 1864 die voraufgegangene Stildiskussion nochmals zusammenfasst: „Bevor man auch nur versucht hatte, Raumdisposition und Konstruktion als Grundlagen des architektonischen Entwurfs zu begreifen, wurde kurzerhand die bloße oberflächliche Erscheinungsform historischer Beispiele herangezogen und mit einer Blindheit imitiert, die in [unseren] Zeiten eines gewachsenen archäologischen Verständnisses nachgerade unverständlich scheint. [...] Nachdem nun alles dies allmählich wieder aus Gebrauch gekommen und der Lächerlichkeit anheimgegeben ist, haben sich jedoch gewisse Eigenheiten des Elizabethanischen Vorbildes als grundlegend und weiterhin fruchtbringend erwiesen: [Den Bauten der Elizabethanischen Zeit] ist ein ausgeprägt nationaler Zug zu eigen. Sie erscheinen als das von außen unbeeinflusste Produkt der heimatlichen Erde, das in voller Blüte stand, als es der palladianischen Revolution weichen musste."[26]

Die Beweisführung im Einzelfall bleibt problematisch, zumal wenn man bedenkt, dass nicht wenige der von Kerr angeführten Grundrissbeispiele aus der Elisabethanischen Ära auf Adaptionen des 18. Jahrhunderts zurückgehen, ohne dass die ursprüngliche Nutzung der Räumlichkeiten damals noch bekannt gewesen wäre. Für die Entwicklung der Wohnhausarchitektur im 19. Jahrhundert ist jedoch der Grad der archäologischen Exaktheit am Ende kaum von Belang; entscheidend bleibt allein die Art der Fragestellung an die Vergangenheit, die in der Folge zu neuen und wegweisenden Lösungen im Hinblick auf die gestellte Ausgangsproblematik führte.

Nach Papworth verdienen bei der Errichtung eines Wohnhauses zwei Aspekte bevorzugt Beachtung: Zum einen muss den Bedürfnissen der Familie Genüge geleistet werden, worunter auch die Pflege der gesellschaftlichen Verpflichtungen zu verstehen ist, wie sie sich durch Stand („education") und Gewohnheit eingeprägt haben. Zum zweiten ist der Respektabilität der Bewohner gebührend, doch in geschmackvoll zurückhaltender Weise Ausdruck zu verleihen.[27] Beide Aspekte berühren mehr oder weniger öffentliche Aspekte des Hauses. In einem Falle wird der intimere Umgang mit Freunden und Bekannten innerhalb der eigenen vier Wände angesprochen, während im anderen die Außenwirkung ganz allgemein im Vordergrund steht, die Heiterkeit, Behaglichkeit und angemessene Eleganz auszustrahlen habe. Zwischen persönlichen und gesellschaftlichen Bedürfnissen sieht Papworth kaum einen nennenswerten Unterschied. Glanz und Pracht („splendour and magnificence") haben hinter den stilleren Freuden des häuslichen Glücks zurückzustehen; der angenehme Umgang („friendly intercourse") mit Seinesgleichen und ein vernünftiges Maß an Zurückgezogenheit werden als die auch international anerkannten Vorzüge des englischen Hauses herausgestellt.[28] Privatsphäre mag impliziert sein, findet jedoch keine ausdrückliche Erwähnung.

John Claudius Loudon argumentiert in seiner ‚Encyclopedia of Rural Architecture' von 1833 ähnlich, wenn auch insgesamt weniger zurückhaltend: Villa und Cottage, das auch in seiner bescheidensten Form alle Bequemlichkeiten der ersteren vorweisen solle, dienen dem Lebensgenuss und der Erholung und nicht, oder zumindest nicht vorrangig, dem Broterwerb. Die Villa, die ihrerseits nur eine vergrößerte Version des Cottage darstelle, erlaube darüber hinaus, Wohlstand und Geschmack entfalten zu können und daraus zusätzliche Befriedigung zu ziehen.[29] Hierauf sei insbesondere bei der Anlage des Eingangsportals Rücksicht zu nehmen, das als Aushängeschild diene und unabhängig von seinem wahren Nutzen dem Besucher und Fremden die Würde und Bedeutung des Hauses anzuzeigen habe. Aus gleichem Grunde empfehle sich die Anlage eines öffentlichen Fußweges auf dem Grundstück, denn nichts sei freudloser als die abgeschiedene Erhabenheit, die den Armen verbiete, auch nur einen Fuß in die Nähe ihres Ausstrahlungsbereiches zu setzen.[30] Es mag diese Einstellung gewesen sein, die Ruskin kurz darauf zu seiner beißenden Kritik veranlasste: „Wealth is worshipped in France as the means of purchasing pleasure; in Italy, as an instrument of power; in England, as the means ‚of showing off'. It would be a very great sacrifice indeed, in an Englishman of the average stamp, to put his villa out of the way, where nobody would ever see it, or think of him; it is in his ambition to hear everyone exclaiming, ‚What a pretty place! Whose can it be?'."[31] Das sprichwörtliche englische Understatement gehörte also offenbar noch nicht gerade zu den herausragenden Charaktereigenschaften der Klientel jener Jahre. Der Umstand, wie allenthalben immer wieder betont wird, dass bei allem berechtigten Anspruch auf eine dem Rang und dem Reichtum des Bauherrn gemäßen Prachtentfaltung es nicht dem Wesen des Engländers entspräche, diese übertrieben zur Schau zu stellen, lässt den Verdacht aufkeimen, dass insbesondere in dieser Hinsicht noch viel Überzeugungsarbeit zu leisten war.

Loudons im Weiteren sehr ausführliche Anleitungen zur Anordnung, Einrichtung und Nutzung der diversen Räumlichkeiten tangieren den Aspekt des Privaten zumeist nur am Rande. So müsse, um unliebsame Störungen durch fremde Besucher auszuschließen, der Ausgang zur Gartenterrasse ausschließlich den Bewohnern vorbehalten bleiben (S. 793). Das Arbeitszimmer des Hausherrn („his private room"), wo dieser auch Geschäftsbesuche empfange, wäre zweckmäßig abseits der Wohnräume und des normalen Familienbetriebes in unmittelbarer Nähe des Personaleingangs anzulegen (S. 800). In einem Falle werde die Treppe zu den Schlafzimmern im Obergeschoss zwar nur selten von Besuchern benutzt, sei jedoch aufgrund ihrer Anordnung im Blickwinkel des Eingangsbereiches dennoch entsprechend aufwendig anzulegen (S. 907). Bei vielen Gästezimmern empfehle es sich dagegen, diese mit Nummern zu versehen, um den Besuchern die Orientierung zu erleichtern (S. 801). Die Nutzung der Wohnräume entspricht im wesentlichen den eingespielten Konventionen: So ist der 'Drawing-room' der bevorzugte Aufenthaltsort und Rückzugsbereich der Damen, während sich die männlichen Hausbewohner und Gäste tagsüber in der 'Library' bewegen, wo der eine oder andere vielleicht durchaus einmal ein Buch zur Hand nehmen mag (S. 786, 798). Im 'Drawing-room' findet man sich auch vor den Hauptmahlzeiten ein, um dann gemeinsam zum Speisezimmer zu schreiten, und – so kein gesonderter 'Morning-room' zur Verfügung steht – wird dort auch der Nachmittagstee eingenommen. Die männlichen und weiblichen Hausangestellten verfügen ebenfalls über getrennte Aufenthaltsräume, die aber, wie der 'Still-room', zumeist zur Verrichtung der üblichen Hausarbeiten dienen. An dieser Grundeinteilung sollte sich in den nächsten hundert Jahren nur wenig ändern; es ist dies im Wesentlichen die gleiche Raumdisposition, wie sie Hermann Muthesius zu Beginn des Jahrhunderts als charakteristisch für das englische Haus beschrieb.

Robert Kerrs 'The Gentleman's House', drei Jahrzehnte nach der ersten Auflage von Loudons 'Encyclopedia' verfasst, bildet neben den Bauten selbst die umfangreichste Quelle zur englischen Wohnhausarchitektur des 19. Jahrhunderts. Kerrs Ansatz, der jeder auch noch so nebensächlichen häuslichen Verrichtung eine eigene und nur ihr vorbehaltene Räumlichkeit zuzuweisen trachtet, zeigt mitunter manische Züge, ist aber symptomatisch für eine Epoche, die durch Sichtung und Ordnung des Vorhandenen die Welt systematisch in den Griff zu bekommen suchte. Die eigentliche Schwierigkeit beginnt für Kerr naturgemäß dort, wo es gilt, dieses überaus differenzierte Raumprogramm in eine sinnvolle Abfolge zu bringen und damit in einen funktionsfähigen Organismus umzusetzen. Das Ergebnis, der moderne Grundriss des Wohnhauses, zieht, laut Kerr, die Summe aus einem über Jahrhunderte sich erstreckenden Entwicklungsprozess, wobei die entscheidenden Grundlagen in der Elisabethanischen Ära gelegt worden wären. Haupttriebkraft sei dabei der Wunsch nach „domestic privacy" gewesen. Heutzutage, also 1864, werde dem vor allem in zweifacher Hinsicht Sorge getragen: Zum einen durch eine klare räumliche Scheidung zwischen 'Familie' und Bediensteten, zum anderen durch die noch weitergehende Absonderung („retirement") der weiblichen Hausbewohner.[32] Das Haus eines englischen

John Claudius Loudon: Cottage Villa für General St. John in Chailey, Sussex, Frontansicht und Grundriss des Erdgeschosses

COTTAGE, FARM, AND VILLA ARCHITECTURE.

sliding doors; and the bays in all these rooms may be shut out at night by curtains, to retain the heat. The veranda is shown at *i i i i*; *l* is a lobby, having folding glass doors, to the water-closet, *m*; *n* is a business-room, or gentleman's dressing-room; *o*,

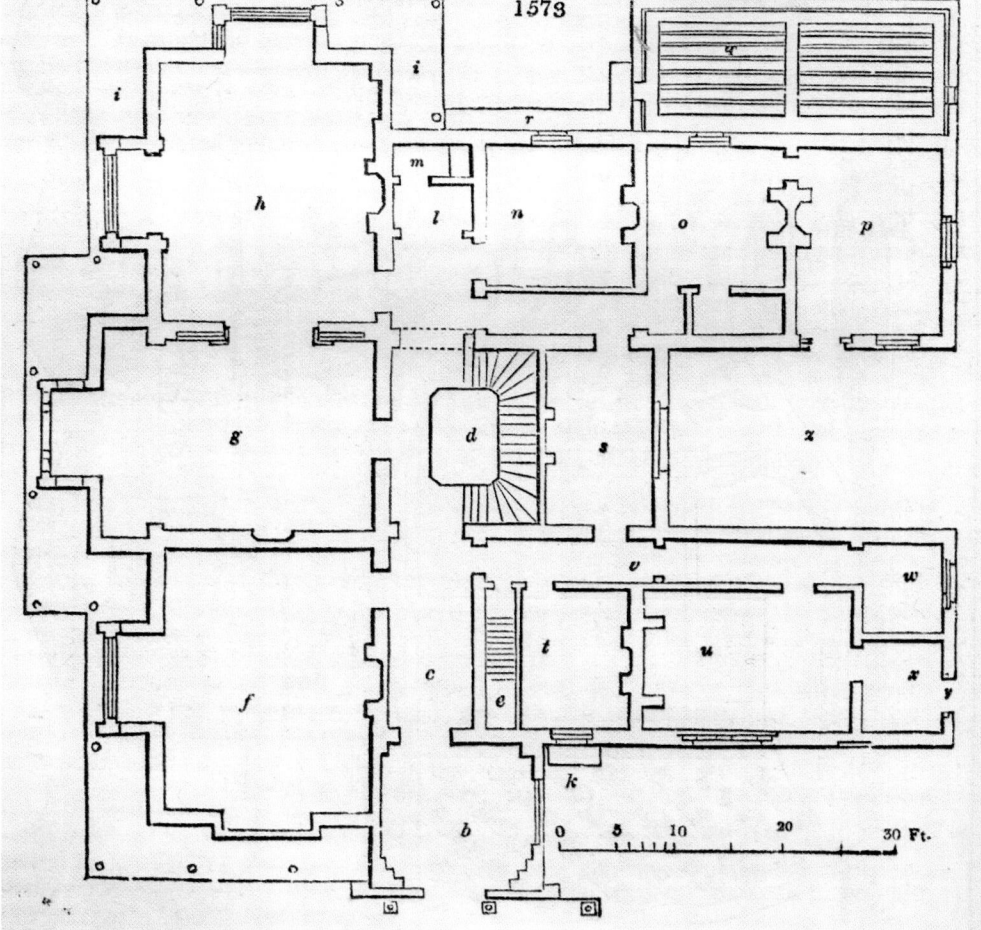

a Unterfahrt (porch)
b Eingangshalle
c Vestibül (lobby)
d Haupttreppe
e Dienstbotentreppe
f Speisezimmer
g Billardzimmer
h Wohnzimmer (drawing-room)
i Veranda
k Falltür zum Keller
l Vorraum zum WC
m WC
n Herrenzimmer (business room, or gentleman's dressing-room)
o Zimmer der Haushälterin
p Waschküche
q Gewächshaus
r Gedeckter Gang zum Gewächshaus
s Aufenthaltsraum des Personals (servants' hall)
t Anrichte (butler's pantry)
u Küche
v Schwingtür um Essensgerüche abzuhalten
w Speisekammer (larder)
x Spülküche (scullery)
z Wirtschaftshof

Gentleman gliedere sich demnach in zwei Bereiche, nämlich in den der Familie und den der Angestellten. Zwar sei diese Einteilung in bescheideneren Haushalten wie Bauern- und Handwerkerhäusern weniger ausgeprägt, doch bilde sie eine unabdingbare Voraussetzung für eine gesellschaftlich akzeptable Lebensführung, die mit wachsendem Ansehen der Familie zu einer immer weiter verfeinerten Ausdifferenzierung führe.[33]

Als Hauptanliegen des Bauherrn nennt Kerr im Einzelnen: eine angenehm-ruhige und behagliche Umgebung für seine Familie und Gäste („quiet comfort"), eine durchwegs praktische Einteilung für die Hausangestellten („thorough convenience") und eine vornehme und anspruchsvolle Ausgestaltung ohne falschen Prunk („elegance and importance without ostentation"). Privaten Charakter haben insbesondere die Wohnräume und die dazu gehörigen Erschließungsbereiche („family rooms and family thoroughfares"). Um dies zu gewähren rät Kerr, auch bei kleineren Anwesen den Wirtschaftstrakt vom Haupthaus zu trennen, so dass, was immer in einem der beiden Bereiche vor sich geht, es den Augen und Ohren im anderen verborgen bleibe. Das Wirken der Dienstboten in Haus, Hof und Garten möge für die anwesenden Bewohner und Besucher nach Möglichkeit unsichtbar vonstatten gehen, wie auch umgekehrt Personal- und Wirtschaftsräume so anzulegen seien, dass von dort aus Wohnbereich und Garten nicht eingesehen werden könnten. Das zugrunde liegende Prinzip ist mit Kerrs Worten einfach erklärt: Die Familienangehörigen (und ihre Gäste) bilden eine Gemeinschaft, das Personal eine andere. „Whatever may be their mutual regard and confidence as dwellers under the same roof, each class is entitled to shut its door upon the other and be alone."[34]

Die Trennung der Geschlechter vollzieht sich entgegen der eingangs aufgestellten These – und gewiss zum Leidwesen des um systematische Klarheit bemühten Autors – vergleichsweise weniger strikt. Der Drawing-room als wichtigster Raum des Hauses bleibt im Prinzip die Domäne der Frauen, wo ihnen aber zunehmend häufiger die Männer Gesellschaft leisten, was ihm praktisch schon die Funktion eines gemeinsamen Wohnzimmers verleiht. Kerr weist daher der Dame des Hauses ein eigenes 'Boudoir' als Rückzugsmöglichkeit zu, das als 'Schmollstube' (so ein deutscher Autor der Jahrhundertwende) von den eigentlichen Wohnräumen getrennt in der Nähe ihres Schlafzimmers zu liegen kommt (S. 114). Die 'Library' dient als morgendlicher Aufenthaltsort der Männer, die sich zum Rauchen – „the pitiable resources to which some gentlemen are driven" (S. 129) – in das Billardzimmer oder, besser noch, in einen gesonderten 'Smoking-room' zurückziehen. Die Kinderzimmer, wiewohl geräumig, luftig und hell anzulegen, bilden ähnlich den Dienstbotenräumen einen eigenen, in sich abgesonderten Bereich. „The principal of Privacy [...] has a similar application here; that is to say, the main part of the house must be relieved from the more immediate occupation of the Children" (S. 143). Der Nachwuchs bleibt bis zur Oberschulreife, die dann in der Regel einen Wechsel ins Internat beinhaltet, weitgehend der Obhut des Personals anvertraut. Allerdings versäumt hier Kerr nicht zu bemerken, dass keine englische Mutter, nicht einmal eine Herzogin, ihre Kinder völlig aus der Hand geben würde und daher eine gewisse Nähe zu den eigenen Schlafräumen immer angebracht ist (S. 144). Vor allem aber – und damit mag auch dieses Kapitel zum Abschluss gebracht werden – ist bei der Unterbringung der Hausangestellten auf strikte Trennung der Geschlechter zu achten. Die Quartiere sind, nach Möglichkeit, über gesonderte Treppen und Korridore zu erschließen. Über die Einhal-

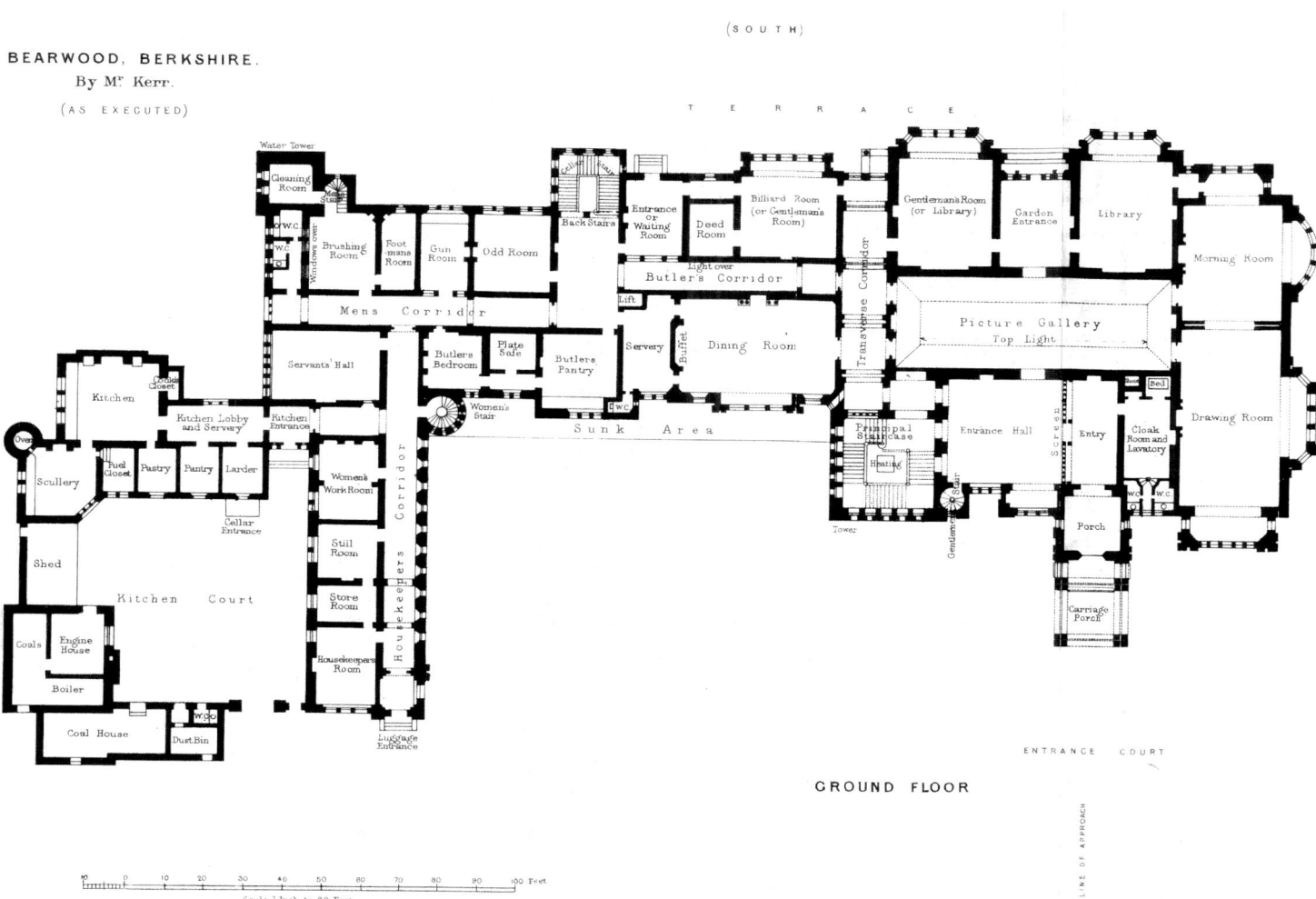

Robert Kerr: Bearwood, Berkshire (1865–1870), Grundriss des Erdgeschosses

tung der Sitten haben Haushälterin und Butler oder, so vorhanden, der Hausverwalter (Steward) zu wachen, deren Wohnräume die Zugangswege kontrollieren.[35]

Kerr hat bei seinen Ausführungen ohne Zweifel vor allem das Wohnen der englischen Oberschicht vor Augen. Ein großer Teil der angezeigten Konflikte, die ihm bei der Grundeinteilung Kopfzerbrechen bereiten und letztlich zu völlig hypertrophen Lösungen führen, ist durch die damaligen sozialen Verhältnisse bedingt. So gehört zu einem standesgemäß geführten Haushalt das reichliche Vorhandensein von dienstbaren Geistern, die aber weitestgehend unsichtbar zu bleiben haben. Gerade hierin zeigt sich ein moderner Zug, der auf seine Weise den Wandel mit beschleunigt hat. Der Schutz der Privatsphäre vor den neugierigen Blicken Fremder, zu denen auch die Hausangestellten, noch nicht aber die Gäste und Bekannten der Familie zählen, wird zum obersten Leitsatz der Wohnhausarchitektur erhoben. Im Detail deuten sich weitere Veränderungen an: So hat Kerr keinerlei Einwände gegen die Verwendung des vulgären Begriffes 'Parlour' für das eigentliche Wohnzimmer der Familie, die der in jedem Falle noch übleren Bezeichnung 'Sitting-room' vorzuziehen sei, da hierin der familiäre und anheimelnde („homely") Raumcharakter in einfacheren Wohnhäusern zum Tragen käme.[36] Desungeachtet war aber auch der

'Sitting-room' inzwischen schon weitgehend salonfähig geworden, wie sich aus zeitgenössischen Beschreibungen hin und wieder entnehmen lässt.

Manches an Kerrs Ausführungen (und denen seiner Vorgänger) mag heutigen Lesern obsolet erscheinen, doch blieben die aufgestellten Maximen bis weit ins 20. Jahrhundert prägend für die Wohnvorstellungen der oberen Schichten. Es mag somit durchaus den Versuch lohnen, die Villenbauten der klassischen Moderne einmal nicht ausschließlich am Aspekt ihrer formalen Fortschrittlichkeit zu messen, sondern unter Anlegung der Maßstäbe des 19. Jahrhunderts zu befragen. Voraussetzung dafür ist allerdings eine analytische, von Stilfragen weitgehend freie Zugriffsweise, bei der der Raumorganismus als Folie gesellschaftlicher und privater Umgangsformen im Zentrum der Untersuchung steht. Den Weg dahin haben bereits vor mehr als 150 Jahren die englischen Theoretiker vorgezeichnet, indem sie, um noch einmal Loudon zu zitieren, den Stil zu einer eher nebensächlichen Erscheinung der Architektur deklarierten.[37] Stil verkörpere allein nur die Sprache, in der der Architekt seine Gedanken zum Ausdruck brächte. Entscheidend sei dagegen, wie er dem Zweck des Gebäudes Gestalt verleihe. Die daraus resultierende ästhetische Wirkung – „the first and most essential beauty" – aber stehe in keiner unmittelbaren Abhängigkeit von einer wie auch immer gearteten Stilvorgabe.[38]

Loudons Ansatz von 1833 deckt sich weitgehend mit den Ausgangsforderungen der architektonischen Avantgarde im ersten Drittel des 20. Jahrhunderts, wie sie gemeinhin unter dem Begriff des Funktionalismus subsummiert werden. Überraschenderweise hat dies jedoch für die kunsthistorische Beurteilung der jeweiligen Bauten bislang kaum Folgen gezeitigt, die über weite Strecken im formaltheoretischen Diskurs befangen blieb. Die stilgeschichtlich überwiegend belanglose, für die Typenbildung jedoch überaus wichtige Landhausarchitektur des 19. Jahrhunderts bedarf daher noch in vielfacher Hinsicht der Grundlagenforschung.[39] Umgekehrt sind aber auch die entsprechenden Schlüsselwerke der Moderne dahingehend zu untersuchen, ob sie dem dezidiert vorgetragenen Anspruch, einem neuen Lebensgefühl Rechnung zu tragen, nicht letztlich doch bloß in ästhetischer Beziehung entgegengekommen sind. Es kann dies in diesem Rahmen nur exemplarisch erfolgen, wobei die Frage nach dem Verhältnis zwischen den privaten und den öffentlich-repräsentativen Funktionen des Wohnhauses erneut aufzuwerfen ist.

Für Frank Lloyd Wright bedeutet das in der Verfassung garantierte Recht auf freie Entfaltung der Persönlichkeit ein unveräußerliches Grundprinzip der amerikanischen Demokratie, dem der Architekt uneingeschränkt Rechnung zu tragen habe: „Amerika bietet mehr als andere Nationen ein neues architektonisches Problem. Sein Ideal ist die Demokratie, und in demokratischem Geiste sind seine Einrichtungen unverhohlen ausgedacht. Das heißt, dass es eine Lebensprämie auf Individualität setzt [...] Dies bedeutet größeres individuelles Leben und mehr Zurückgezogenheit! Lebensinteressen, welche ganz privater Natur sind. Es bedeutet ein in größerer Unabhängigkeit und Abgeschiedenheit gelebtes Leben [...]."[40] Die Schaffung einer individuellen Privatsphäre wird damit zur vorrangigen Aufgabe der Wohnhausarchitektur. „Absolute privacy", bei gleichzeitig größtmöglicher Freiheit der Grundrissgestaltung im Inneren, ist ihrerseits Ausgangsbedingung für ein harmonisches Familienleben, in dem sich für Wright die tragende Stütze der demokratisch verfassten Gesellschaft verkörpert.[41] Die Fassade als Schnittstelle des Hauses zum öffentlichen Außenraum weicht einer freien Massengruppierung des Baukörpers, die ganz der

Frank Lloyd Wright: Ward Willits Haus (1902/03), Highland Park, Illinois. Zugangsseite und Grundriss

inneren Raumaufteilung zu folgen scheint. Damit einher geht der Verzicht auf eine repräsentative Eingangslösung, wie sie noch in der axialsymmetrisch gestalteten Frontseite des Winslow-Hauses von 1893 deutlich angelegt war. Der Zugang zu Wrights späteren Prairiehäusern liegt in der Regel seitlich und hinter vorspringenden Baugliedern versteckt und ist daher für Nichteingeweihte zunächst nur mühsam auszumachen. Vorspringende Terrassenbrüstungen und Scherwände schützen die großflächig verglasten Innenräume vor den neugierigen Blicken der Passanten; die bleiverglasten Fenster gewähren zusätzliche Intimität selbst dort, wo eine direkte Einsichtnahme kaum noch möglich ist.[42] Dennoch vermittelt das Äußere

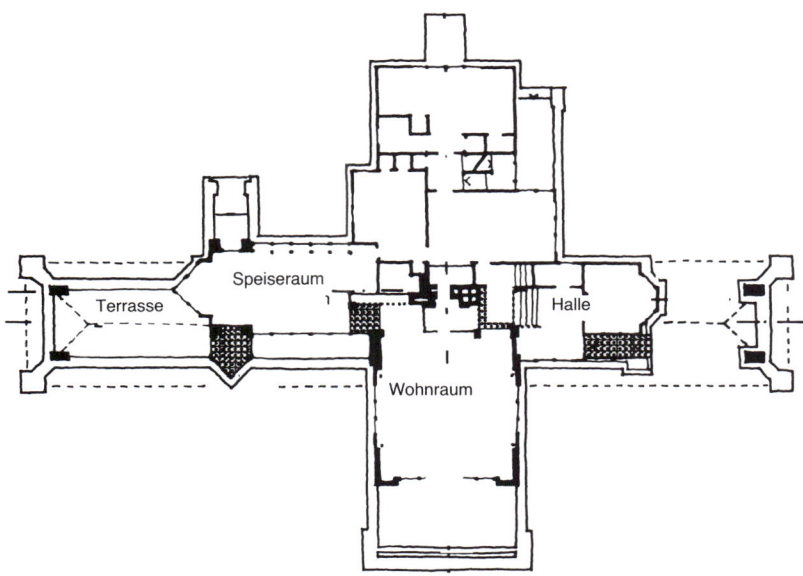

dieser Häuser keineswegs den Eindruck hermetischer Abgeschlossenheit. Die vorgelagerten Veranden, durchgehenden Fensterbänder und weit auskragenden Dachflächen erzeugen eine geradezu gegenteilige Wirkung, die allerdings immer uneingelöst bleibt. Die suggerierte Transparenz und damit Öffentlichkeit kennzeichnet ein wichtiges Element der Wrightschen Wohnhausarchitektur, wobei allerdings im Hinblick auf die repräsentativen Aspekte des Hauses eine nachhaltige Verschiebung ins Innere stattgefunden hat, das durch großzügige Weite und freie Durchblicke zwischen den einzelnen Funktionsbereichen ausgezeichnet ist. Die Raumeinteilung zeigt sich dabei im Wesentlichen kaum verändert: Wohn- und Esszimmer bilden nach wie vor eigene räumliche Schwerpunkte, gehen nun aber fließend ineinander über.[43] Ihnen wird in der Regel eine Empfangszone vorgeschaltet, die eher förmlichen Charakter trägt. Die Schlafzimmer liegen für Besucher und Gäste unzugänglich streng abgeschirmt im Obergeschoss, das somit auch weiterhin ausschließlich der Familie vorbehalten bleibt. Küche, Wirtschaftsräume und, so vorhanden, Dienstbotenzimmer sind ebenfalls strikt abgesondert und oftmals in einem separaten Nebentrakt untergebracht. Als „sanctuary for familial intimacy"[44] verkörpert der Typus des Prairiehauses ein Idealbild des amerikanischen Mittelstandes, dessen ideologische Wurzeln noch tief im 19. Jahrhundert verankert waren und dessen innere Widersprüche hier ihren unmittelbaren Niederschlag fanden: Äußere Eleganz und intime Behaglichkeit, Transparenz und Abgeschiedenheit, offene Weltzugewandtheit auf der einen und der unterschwellige Drang zum Rückzug in den Schoß der Familie auf der anderen Seite kennzeichnen die paradoxen Züge der tragenden Gesellschaftsschicht an der Schwelle zum 20. Jahrhundert, die in Frank Lloyd Wright ihren kongenialen Interpreten gefunden hatte.[45]

Die europäische Avantgarde der zwanziger Jahre hatte seinem Oeuvre wichtige Impulse zu verdanken, ging aber in entscheidender Hinsicht eigene Wege.[46] Zwar tritt auch hier der öffentlich-repräsentative Anspruch zunehmend hinter den Wunsch nach einem ungestörten Privatleben zurück, doch bleiben einzelne Elemente einer großbürgerlichen Wohnkultur weiterhin prägend für den Gesamtorganismus des Hauses. So verzichten weder Le Corbusier noch Mies van der Rohe bei ihren Villenbauten auf aufwendige Zugangslösungen, die häufig als Vorfahrt oder Vorplatz gestaltet sind, wobei der Haupteingang durch ein schützendes Vordach zusätzlich aufgewertet wird. In Mies van der

Ludwig Mies van der Rohe: Landhaus in Eisenbeton (Projekt, 1923), Modellansicht mit Wirtschaftshof und Eingangshalle

Ludwig Mies van der Rohe: Haus Tugendhat in Brünn (1930), Vorplatz und Eingangssituation

Rohes Projekt gebliebenem 'Landhaus in Eisenbeton' von 1923 ist die offene Eingangshalle formal dem Wohntrakt angeglichen und hat auch annähernd gleiche Dimensionen. Die weit vorkragende Dachplatte greift in den Straßenraum aus, wodurch sie sich dem ankommenden Besucher in demonstrativer Geste entgegenwendet. Die breit gelagerte Freitreppe setzt unmittelbar am Gehweg an und kennzeichnet den Aufstieg in das leicht über Straßenniveau erhöhte Wohngeschoss, das auf diese Weise eine zusätzliche Nobilitierung erfährt. Die konventionelle Einteilung in ein vorwiegend zu Wohn- und Empfangszwecken dienendes 'piano nobile' und ein den Privat- und Schlafräumen vorbehaltenes oberes Stockwerk bleibt für mehrgeschossige Bauten weiterhin verbindlich und wird selbst dort beibehalten, wo wie beim Tugendhat-Haus (1929-30) oder dem Projekt zum Haus Gericke (1932) die steil abfallende Geländesituation eine andere Anordnung nahegelegt hätte. Küche und Wirtschaftsräume sind entsprechend im Erdgeschoss oder Souterrain, mitunter auch in einem Nebentrakt untergebracht.

Für Le Corbusier steht die 'belle étage' gleichfalls nicht zur Disposition: Sie findet sich deutlich ausgeprägt in der Villa Stein-de Monzie (1926-28), aber ebenso auch bei der Villa Savoye in Poissy (1928-30) – hier allerdings mit den Schlafräumen auf gleicher Ebene, was einer spezifisch französischen Tradition entspricht. Das Raumprogramm im Einzelnen unterscheidet sich in allen genannten Fällen nicht wesentlich von jenen Vorgaben, wie sie bereits die Theoretiker des 19. Jahrhunderts für vergleichbar aufwendige Bauten erstellt hatten: Dem eigentlichen, über Treppen oder Rampen erschlossenen Wohntrakt ist ein Vestibül oder Empfangsraum vorgelagert; der Wohnbereich selbst wiederum umfasst Salon, Bibliothek und Speisezimmer, wozu im Bedarfsfall noch ein separates Arbeitszimmer oder Damenzimmer hinzukommen kann. Diese Grundeinteilung nach den verschiedenen Wohnfunktionen bleibt selbst dann noch gewahrt, wenn wie im Tugendhat-Haus die traditionelle

Le Corbusier: Villa Stein-Monzié in Garches (1928), Pförtnerhaus und Zufahrt zur Villa

Zimmerflucht zugunsten eines einheitlichen Raumkontinuums aufgegeben wird.[47]

Die Bewirtschaftung von Häusern dieser Größenordnung ist ohne entsprechendes Personal kaum zu bewerkstelligen, worin wiederum ein entscheidender Unterschied zu amerikanischen Verhältnissen zu sehen ist. Während man sich dort bereits weitgehend mit Aushilfskräften zu begnügen pflegte,[48] gehörten in Europa ein bis zwei ständig im Hause wohnende Dienstmädchen noch bis in die dreißiger Jahre hinein zur Norm einer gut bürgerlichen Haushaltsführung, auf die man auch in wirtschaftlich beengten Zeiten kaum verzichten zu können glaubte. Bei 'gehobenen Ansprüchen' war ferner für die Unterbringung von Köchin, Chauffeur und gegebenenfalls weiterer Angestellter Sorge zu tragen, was das Privatleben der Familie in vielfacher Weise tangierte und daher entsprechende Vorkehrungen in der Grundrisseinteilung notwendig machte. Auch hatte sich hier die Trennung von Berufs- und Privatleben noch nicht in ähnlicher Schärfe wie in den Vereinigten Staaten vollzogen. Die aus dem 19. Jahrhundert überkommene Gepflogenheit, Geschäfts- und Anstandsbesuche in den eigenen vier Wänden zu empfangen, was nach der Regel am späteren Vormittag erfolgte, setzte eine stärkere Abgrenzung des Privatbereichs von den Eingangsräumlichkeiten voraus, wofür wiederum das Tugendhat-Haus ein beredtes Beispiel liefert.[49]

Die Ablösung von den prägenden Vorbildern des 19. Jahrhunderts hat sich ungleich langsamer vollzogen, als es die formal radikalen Villenbauten der zwanziger Jahre auf den ersten Blick glauben machen. „Die Wohnung unserer Zeit gibt es noch nicht," so Mies van der Rohe in seiner Eingangserklärung zur Berliner Bauausstellung von 1931, die sich ihre Entwicklung zum Thema gesetzt hatte. „Die veränderten Lebensverhältnisse aber fordern ihre Realisierung. Voraussetzung dieser Realisierung ist das klare Herausarbeiten der wirklichen Wohnbedürfnisse. Die heute bestehende Diskrepanz zwischen wirklichem Wohnbedürfnis und falschem Wohnanspruch [...] zu überwinden, ist eine brennende wirtschaftliche Forderung und eine Voraussetzung für den kulturellen Aufbau. [...]"⁵⁰ Bedarf und Anspruch sind von gesellschaftlichen Konventionen bestimmt; sofern nicht äußere Faktoren eine Anpassung erzwingen, behalten diese auch dann noch Gültigkeit, wenn der ursprüngliche Sinn und Zweck ihrer Einrichtung schon lange nicht mehr gegeben ist. Die repräsentative Auffahrt des Tugendhat-Hauses wurde, wenn überhaupt, wohl nur selten von Gästen genutzt. Unangemeldete Besucher, die in der Eingangshalle ihre Visitenkarte überreichten, um dann, nach gebührender Wartezeit, vom Personal 'hereingebeten' zu werden, dürften sich kaum noch eingestellt haben. Und offizielle Empfänge, auf die der riesige Wohnbereich mit seinem für bis zu 24 Personen ausgelegte Esszimmertisch zugeschnitten scheint, entsprachen ganz und gar nicht dem zurückgezogenen Lebensstil der Bewohner. Dennoch hat hieran niemand direkten Anstoß genommen. Statt dessen gerieten gerade die innovativen Aspekte von Mies van der Rohes Ausgangskonzept ins Sperrfeuer der zeitgenössischen Kritik. Der Vorwurf, dass die Zusammenfassung der unterschiedlichen und bis dahin sorgsam getrennten Funktionen zu einem einheitlich Raumkontinuum ein exponiertes „Ausstellungswohnen" erzwinge, so Justus Bier in seiner Besprechung des Hauses von 1931,⁵¹ unterstellt ein Publikum und damit eine Form von Öffentlichkeit, die dem privaten Charakter des Hauses diametral widerspricht. Schwerer wiegt da schon die vor allem von Seiten der progressiven tschechischen Kritik aufgeworfene Frage, inwieweit der Typus der Villa in einer Zeit drängender sozialer Probleme auf dem Wohnungsmarkt überhaupt noch Vorbildlichkeit für sich in Anspruch nehmen dürfe.

Das Personalproblem hat sich im Zuge des Zweiten Weltkriegs endgültig erledigt, nachdem schon seit der Jahrhundertwende ein stetiger Rückgang in diesem Arbeitssektor zu verzeichnen war.⁵² Die Emanzipation der berufstätigen Frau, die sich in den bürgerlichen Schichten zum Teil erheblich langsamer vollzog als in der Arbeiterklasse, hat weitere Veränderungen nach sich gezogen, wobei auch hier der Schnitt eher nach als vor dem Zweiten Weltkrieg anzusetzen ist. Die Kleinfamilie, erst selbst ein Produkt des 19. Jahrhunderts und nicht länger das allgemein verbindliche Lebensmodell, steht im Prozess der weiteren Ausdifferenzierung. Kinder beginnen ungleich früher auch ihrerseits Distanz zu entwickeln und ein Recht auf die eigene Privatsphäre einzufordern. Der Anteil der Einpersonenhaushalte nimmt weiterhin zu, was alternative Wohnformen zum freistehenden Einfamilienhaus begünstigt, woran auch der zumal in den Großstädten unverhältnismäßig hohe Anstieg der Bodenpreise einen maßgeblichen Anteil hat. Japan hat diese Entwicklung, die in Europa Jahrhunderte in Anspruch nahm, in nicht einmal zwei Generationen vollzogen. Grundsätzlich aber, dies sollte mit den eingangs erwähnten Beispielen gezeigt werden, pendelt dabei auch hier der konzeptionelle Ansatz im Wohnhausbau zwischen den Polen 'privat' und 'öffentlich'. Als ein dem Wesen der Bauaufgabe immanenter und daher niemals endgültig zu lösender Konflikt wird das Problem der 'Public Privacy' die Architekten auch weiterhin beschäftigen und damit das Thema auf Dauer lebendig erhalten.

Das neue Lebensschiff liegt unter Dampf. Es diene Euch bestens zu frischem fröhlichem Kampf!

Hans Hans Scharoun

Der Entwurf zum Landhaus Schminke

Klaus Kürvers

Hans Scharoun (31. Mai 1933): Karikatur für das Gästebuch der Familie Schminke

Am 10. April 1930 hatte der Teigwarenfabrikant Fritz Schminke aus Löbau einen ersten Brief an den Architekten Hans Scharoun geschrieben, mit der Anfrage, ob dieser Interesse habe, für ihn und seine Familie ein Wohnhaus zu planen. Scharoun sagte zu und so konnte am 31. Mai 1933 der Umzug der sechsköpfigen Familie in das neugebaute Haus gefeiert werden.

Von den im Laufe von drei Jahren von Hans Scharoun entworfenen Plänen ist nur ein Bruchteil erhalten geblieben, die zum Teil in der Bauakte der Löbauer Baupolizei, zum überwiegenden Teil aber in den Nachlässen des Bauherrn und des Architekten überliefert sind. Die beiden letzteren Planbestände sind inzwischen im Archiv der Berliner Akademie der Künste unter der Werkverzeichnisnummer Wv-124 des Scharoun-Archivs zusammengefasst. Zur Rekonstruktion des Planungsprozesses stehen neben diesen insgesamt 181 Plänen ein umfangreicher Briefwechsel und weitere schriftliche Aufzeichnungen zur Verfügung.

Für Hans Scharoun war das 'Landhaus Schminke', wie er es auf den Plänen bezeichnet und das er 1967 im Rückblick auf sein Werk als „das Liebste" seiner Einfamilienhäuser bezeichnet hat[1], das erste Projekt, das er gemeinsam mit einem Bauherrn entwerfen konnte. Bis 1930 hatte er ausschließlich Ausstellungsbauten und Großwohnhäuser realisieren können, bei denen die späteren Nutzer unbekannt waren.

Der realisierte Entwurf

Wenn wir versuchen, uns die 1933 realisierten Grundrisse vor Augen zu führen, so ist zunächst festzustellen, dass keiner der überlieferten Grundrisse exakt mit dem ausgeführten Bau übereinstimmt. Pläne waren für Scharoun in erster Linie ein Hilfsmittel zur Verständigung mit dem Bauherrn und den Ausführenden während der Planungs- und Bauphase und nicht zur Dokumentation des fertigen Bauwerks vorgesehen. Dabei legte Scharoun größten Wert auf die Dokumentation seiner Bauten. Die erfolgte jedoch nicht zeichnerisch, sondern fotografisch. So finden sich im Nachlass Scharouns allein zum Landhaus Schminke 56 Fotografien, welche die Fotografin Alice Kerling nach speziellen Anweisungen Scharouns im August 1933 von dem Neubau aufgenommen hat. Für die Veröffentlichung dieser Fotografien hat Scharoun dann zwei stark vereinfachte Grundrisse der beiden Hauptgeschosse zeichnen lassen.

Die Pläne – Grundrisse, Ansichten und Schnitte im Maßstab 1:100 und 1:50 – ließ Scharoun während des Planungs- und Bauprozesses nach seinen eigenen Handskizzen von einem in seinem Büro angestellten Mitarbeiter – beim Projekt für das Landhaus Schminke war das der junge Architekt Erich Harendza – mit Bleistift und Lineal auf Transparentpapier zeichnen. Davon wurden Lichtpausen angefertigt, auf denen Scharoun danach mit Buntstiften Änderungen einzeichnete. Diese Änderungen wurden daraufhin auf das Transparent übertragen und neue Lichtpausen gezogen. Die Pausen erhielten dabei in der Regel Fassungsnummern. Tatsächlich wurde aber nicht bei allen Änderungen die Beschriftung im Plantitel geändert, sondern erst die Lichtpausen wurden handschriftlich als neue Fassungen kenntlich gemacht, zum Teil nur auf der Rückseite. Dieser fließende Planungsprozess war bei Baubeginn nicht abgeschlossen, sondern lief weiter bis zur Fertigstellung des Gebäudes. Es gehört dabei zu den Erfahrungen Scharouns, erkennen zu müssen, wie riskant eine solche Arbeitsweise ist, zumal bei der Entfernung zwischen dem Planungsbüro in Berlin und der Baustelle in Löbau und nur telefonischem und brieflichem Kontakt zwischen Scharoun und dem Bauherrn, der sich mit dem Bauunternehmer Walter Vetter die Bauleitung teilte. Es kam vor, dass Planfassungen verwechselt wurden und die Änderungen dann nicht mehr mit dem Radiergummi, sondern zeit- und kostenaufwendig mit der Spitzhacke vor Ort vorgenommen werden mussten. Scharoun entwickelte jedoch gleichzeitig die Fähigkeit, improvisatorisch auf Fehler zu reagieren und Änderungen direkt auf der Baustelle zu verabreden.

Von den Grundrissen des Hauses sind ausschließlich die zunehmend verblassenden und kaum noch reproduktionsfähigen Lichtpausen erhalten geblieben. Die Originalzeichnungen sind 1943 während der Luftangriffe auf Berlin im Büro Scharouns vernichtet worden. Um eine der Ausführung entsprechende Planfassung zu rekonstruieren und zugleich den Charakter der Scharounschen Pläne zu erhalten, habe ich, anstatt neue Zeichnungen anzufertigen, von den letzten Grundrissfassungen Transparentpausen ziehen lassen und diese rückseitig bearbeitet. Dabei wurden zum einen alle Änderungen eingearbeitet, zum anderen die kaum sichtbaren Linien verstärkt und die Wände geschwärzt, um so eine verkleinerte Reproduktion zu ermöglichen.

Eine Beschreibung dieses unglaublich differenziert und subtil gestalteten Hauses

Hans Scharoun: Haus Schminke, Grundrisse Keller-, Erd- und Obergeschoss. Rekonstruktion der Ausführung vom Mai 1933. Bearbeitung der Pläne „Fassung 6/neu" vom September 1932 durch Klaus Kürvers

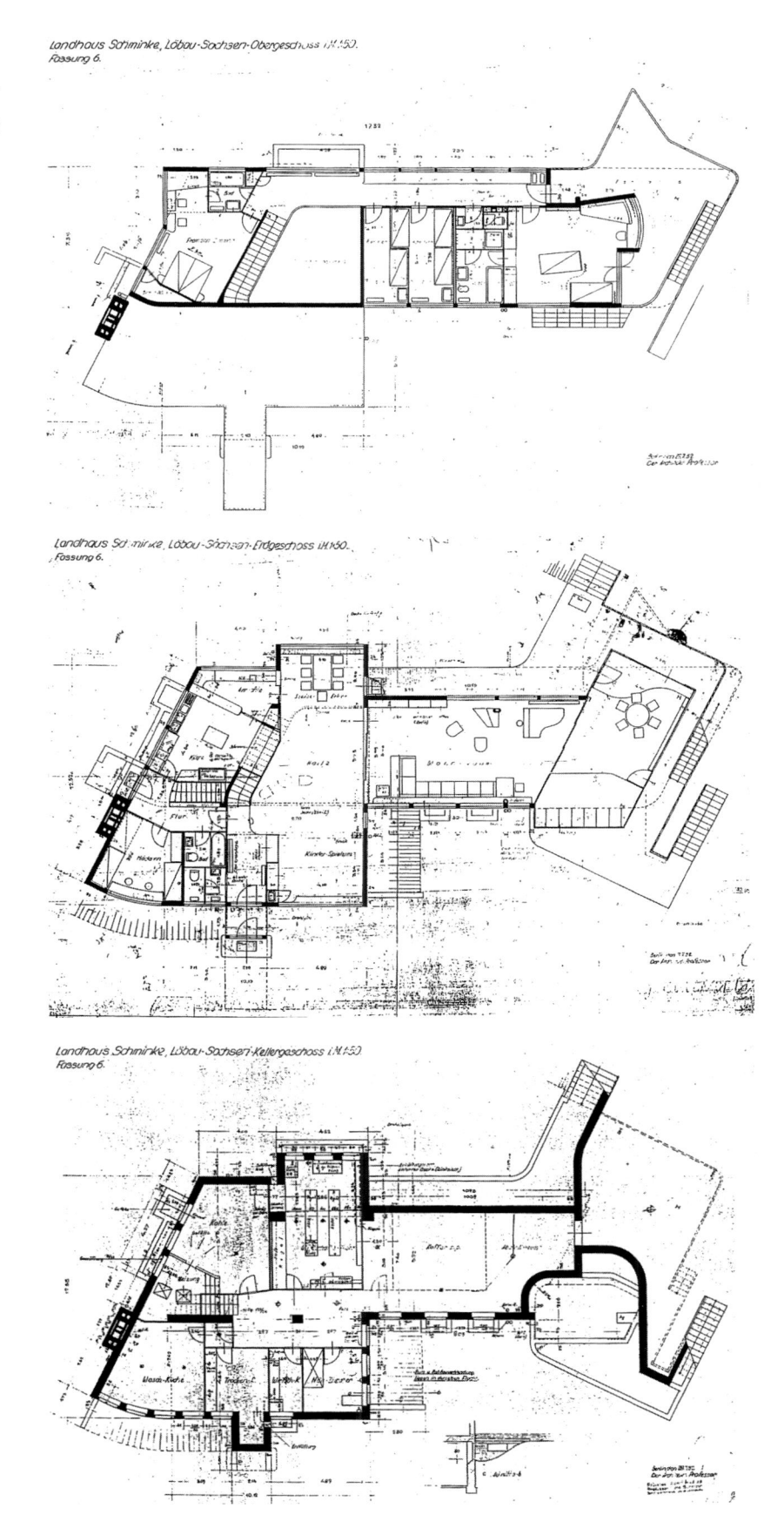

ist jedoch auch mit Hilfe dieser Grundrisse nur unzureichend möglich. Eine solche wäre nur mit Hilfe der Fotografien möglich, da für die von Scharoun geplanten Räume ihre Dreidimensionalität, die Materialien, die Farbigkeit und Gestaltung der Oberflächen, der Einfall und die Bewegung des natürlichen Lichts oder die Veränderung der Räume durch Vorhänge und künstliches Licht bei Nacht von entscheidender Bedeutung ist. Eine solche Beschreibung würde jedoch den hier zur Verfügung stehenden Rahmen sprengen. Es soll hier vor allem um den Entwurfsprozess des Grundrisses gehen.

Die Pläne mit den rekonstruierten Grundrissen sind genordet und das Gebäude ist exakt nach den Himmelsrichtungen ausgerichtet. Die Grundrisse lassen die funktionale Gliederung des Hauses erkennen: die Wohnräume im Erdgeschoss, die Schlaf- und Ruheräume im Obergeschoss, Lagerräume im Keller. Dazu kommen die Wirtschaftsräume, die sich auf das Erd- und Kellergeschoss verteilen. Wegen der Besonderheit des Grundstücks liegt der Garten im Norden, der Haupteingang im Süden. Durch ihn betritt man das Haus, gelangt durch einen Windfang in einen Garderobenraum, von dem ein WC-Raum abgetrennt ist, und weiter in die zweigeschossige 'Halle', den räumlichen Mittelpunkt des Hauses. Von der Halle durch eine verschiebbare Wand getrennt liegt östlich der beidseitig natürlich belichtete Wohnraum mit dem für Scharouns Wohnhäuser so typischen großen Sofa, von dem aus der Blick durch die raumhohen Fenster in den Garten und das dahinter liegende Tal im Norden fällt. Zur festen Raumausstattung gehören außer dem Sofa ein eingebautes Regal, der freistehende Kamin und der Flügel. Weiter östlich schließt sich hinter einer ebenfalls raumhohen, verschiebbaren Glaswand ein allseitig verglaster Wintergarten an, der im Süden ein Pflanzbecken aufweist und von dem aus Türen im Osten und Westen sowie eine Glasschiebewand im Norden auf die umlaufende Gartenterrasse führen. Auf den nördlich des Wohnraums liegenden und vom Obergeschoss wie eine Galerie überdachten Teil der Terrasse gelangt man außerdem durch eine Tür von der die Eingangshalle nördlich abschließenden Nische mit dem Essplatz aus. Dieser Essnische liegt im Süden das von der Halle durch einen Vorhang abtrennbare Kinderspielzimmer gegenüber. Diese beiden nischenartigen Erweiterungen der zweigeschossigen Halle sind eingeschossig. Durch zwei Türen von Halle und Essplatz abgetrennt liegen die Hauswirtschaftsräume mit direktem Ausgang zu einem Wirtschaftshof im Westen des Hauses: Küche und Anrichte, ein Wohnraum und ein Bad für das Hauspersonal und über die Treppe zum Keller erreichbar das gut belichtete Nähzimmer, die Waschküche, Lagerräume und der Raum mit der Zentralheizung.

Von der Eingangshalle führt eine offene Treppe mit anschließender Galerie ins Obergeschoss. Oberhalb der Treppe gelangt man linker Hand in ein großzügiges Gästezimmer mit angeschlossenem Badezimmer. Rechts führt ein langer Gang auf eine verglaste Tür zu, durch die man auf eine große, balkonartig nach Norden erweiterte Terrasse mit Blick auf den Garten gelangt. Von ihr führt eine Außentreppe hinunter auf die untere Terrasse und eine weitere Treppe bis in den tiefer liegenden Teil des Gartens. An dem langen Gang im Obergeschoss liegt nach Norden ein Wandschrank mit einem schmalen Fensterband darüber, das Lüftung und ausreichende Belichtung gewährleistet. An der Südseite des Ganges liegen die Türen zu den beiden Schlafkammern der Kinder, dem Badezimmer sowie dem Schlaf- und Ruheraum der Eltern. Dieser hat wiederum direkte Türverbindungen zum Badezimmer und hinaus auf die Terrasse.

Bereits die Grundrisse lassen erkennen, dass die von Scharoun mitentworfene 'Möblierung' untrennbar mit den Räumen verbunden und kaum veränderbar ist. Ebenso festgefügt ist die Verbindung des Hauses mit dem umgebenden Garten. Diese Verbindung des Hauses mit der Umgebung greift optisch sogar weit über das Grundstück hinaus. Einerseits reichte 1933 der Blick noch ungestört durch Nachbarbebauungen und zu hohe Vegetation weit hinaus über das Tal im Norden, und nach Süden hin war der funktionale Zusammenhang mit der benachbarten Anker-Teigwarenfabrik des Hausherrn nicht nur räumlich, sondern auch durch die gelben Ziegel erkennbar, die sowohl bei der Fabrik wie beim Wohnhaus verwendet wurden. Das Landhaus Schminke fügte sich 1933 organisch in seine Umgebung zwischen Industrie und Landschaft am Stadtrand von Löbau ein und vermittelte den Übergang zwischen diesen bis dahin schroff entgegengesetzten Bereichen.

Im Folgenden soll nachvollzogen werden, wie es zu diesem ungewöhnlichen Entwurf gekommen ist.

Der Auftrag
Die Beziehung zwischen dem Fabrikanten Fritz Schminke und dem Architekten Hans Scharoun geht zurück auf einen Brief vom 10. April 1930, worin Schminke seine Absicht erklärt, in Löbau ein Einfamilienhaus für sich und seine Familie bauen zu lassen und fragt, ob Scharoun einen Auftrag zum Entwurf dieses Haus annehmen wolle. Dreißig Jahre später erinnert sich Fritz Schminke, wiederum in einem Brief an Scharoun, daran, wie es zu dieser Kontaktaufnahme kam: „Charlotte und ich haben uns schon lange vor Bau des Hauses für moderne Architektur interessiert. Wir besaßen eine ziemlich reichhaltige Bibliothek und lasen auch Fachzeitschriften wie die 'Innen-Dekoration', 'Moderne Bauformen' und 'Die Bauwelt'. Auch besuchten wir die damaligen Bauausstellungen in Breslau und Stuttgart, wobei uns in Breslau Dein Junggesellenheim besonders interessierte und gefiel. Aufgrund aller dieser Anregungen kam der Kontakt mit Dir zustande."[2]

Scharoun ergänzt diese Erinnerung: „Er hatte sich auf zwei Leute konzentriert: Pölzig und Scharoun. Da Pölzig auf seine Anfrage nicht antwortete, trat er dann an mich heran."[3]

Der Brief vom 10. April 1930 an Scharoun ist verlorengegangen. Fritz Schminke erinnert sich aber, dass er bereits einige Angaben zum Raumprogramm enthielt: „Ein modernes Haus für 2 Eltern, 4 Kinder und gelegentlich 1 – 2 Gäste; da der Garten zur Hauptsache nördlich des vorgesehenen Bauplatzes lag, sollte der Blick nach dort wohl frei sein, jedoch sollten die Wohnräume auch Südsonne haben; leichte Bewirtschaftung, nur eine Gehilfin für die Hausfrau; praktische Fußböden, einfach und leicht zu reinigende Bäder, Schlaf- und Washräume; Wohn-, Wasch- und Baderaum für die Hausgehilfin; Möglichkeiten zur Blumenpflege, an der die Hausfrau besonders interessiert war; die zur Verfügung stehenden Mittel wurden genannt und sollten nach Möglichkeit nicht überschritten werden."[4]

Die Höhe dieser Summe geht aus Scharouns Antwortschreiben vom 15. April 1930 hervor, worin er auch seine Honorarvorstellungen sowie die von ihm zu erbringenden Leistungen und den gewünschten Verlauf der Entwurfsarbeit erklärt: „Das Honorar würde sich nach der Gebührenordnung für Architekten bei ca. 70.000,00 Mark Baukosten auf ca. 3.000,00 Mark stellen, wenn zu leisten sind: Vorentwurf, Entwurf, Bauvorlagen, Ausführungszeichnungen und Einzelzeichnungen, sowie die baukünstlerische Oberleitung. [...] Als Arbeitsvorgang habe ich, da ja jede Aufgabe ihre Sonderlösung erfordert, den Bauherren gern folgenden vor-

45

geschlagen: Nach den mir bereits bekannt gewordenen Angaben, die noch durch einen ungefähren Lageplan des Grundstücks (mit Nordpfeil) zu ergänzen wären, würde ich Ihnen einen Vorschlagsplan aufstellen. Anhand dieses Planes würde dann eine Aussprache an Ort und Stelle erfolgen und sodann der Plan anhand dieser Aussprache nochmals überarbeitet werden. Diese Arbeiten würden die als 'Vorentwurf' bezeichneten Leistungen umfassen, für die anteilmäßig als Honorarsumme 450,00 Mark zahlbar wären. Sollte dieser Vorentwurf nicht so gestaltet werden können, wie Sie und ich es wünschen, kann dann noch auf die weitere Bearbeitung beiderseits verzichtet werden."[5]

Den gewünschten Lageplan mit Nordpfeil schickt Schminke am 22. April 1930 nach Berlin und bemerkt dazu: „Aus der Ihnen zugehenden Zeichnung ersehen Sie, dass das Grundstück als Garten bereits fertig ausgebaut ist. Ungünstig wirkt sich hierbei aus, dass das Haus südlich des eigentlichen Gartens angelegt werden muss. Naturgemäß bietet der Grundriss keine gute Übersicht über die Lage des Grundstücks selbst und über seine Umgebung. Deshalb möchte ich beinahe vorschlagen, Sie kämen vor Ausarbeitung eines Entwurfs einmal nach hier, um sich die Örtlichkeit anzusehen. Auch könnten wir an Ort und Stelle einmal die Anordnung der Zimmer, die Größe der Räume und sonstige Details besprechen, die ja den Entwurf maßgebend beeinflussen dürften. Die Ihnen angegebenen Einzelheiten umfassten ja nur ganz roh unsere Wünsche, die im Übrigen durch Vorschläge Ihrerseits manche Änderung erfahren könnten."[6]

Der Brief lässt erkennen, dass der Bauherr offenbar sehr genau wusste, was er wollte. In einem Brief aus dem Jahr 1961 bestätigt Scharoun die Annahme, dass der Entwurf wesentlich vom Bauherrn, und zwar vor allem von Charlotte Schminke bestimmt worden ist: „Die Voraussetzungen für den Entwurf ergaben sich aus der Bekanntschaft und aus dem allmählichen Kennenlernen der Wohnbedürfnisse und bestehenden oder gewünschten Lebensführung. Daraus ergaben sich Funktionen und Grundrisslösung. Der natürliche Mittelpunkt für Familie, Hauswirtschaft usw. (Charlotte Schminke) hatte eine große Ausstrahlungskraft und unmittelbare gestalterische Voraussetzungen in sich. Deshalb das Ineinanderfließen der Räume und Raumteile für die Bedürfnisse der Kinder, des gesellschaftlichen Lebens, für die Mittagspause usw. geordnet, distanziert und ermöglicht durch das klare aber lautlose 'Walten der Hausfrau'. Sie musste und wollte alles zur Hand haben und so auch die Blumen, für welche viel Raum im Wintergarten war. Zur Aufgabe der Hausfrau gehörte außerdem die Betreuung des umfangreichen Gartens und der kleinen Viehwirtschaft, eine umfängliche Korrespondenz und anderes mehr – alles unterstützt durch die dem Praktischen, aber auch wieder dem Gestalterischen zugewandte Wesensart des Hausherrn (die er bestens ja auch in seinem Betriebe verwirklichte). Es war immer viel Leben im Haus mit den Schminke-Kindern (einem Jungen und drei Mädels) und deren Freunden und Freundinnen. Frau Schminke war von Bedingungen klimatischer Art sehr abhängig – bis zu depressiven Zuständen, welche sich in der verhältnismäßig 'dunklen' Stadtwohnung vorher oft einstellten. Daher viel Licht und ein Wohnen in der und mit der jeweiligen Wetterlage."[7]

Zu diesen funktionalen und psychologischen Voraussetzungen, die den Entwurf bestimmten, kamen weitere, die sich aus der Lage des Grundstücks ergaben: „Der Vater des Herrn Schminke hat tatsächlich 1916 [Scharoun schreibt irrtümlich 1910, d. V.] an der gleichen Stelle ein Landhaus geplant. Der Architekt war die Firma Lossow & Kühne, Dresden. Den Entwurf habe ich gesehen, er war der Ausdruck der bürgerlich-repräsentativen Baugesinnung jener Zeit. Er sollte auch in keiner Weise zur Grundlage des neuen Hauses dienen. Vorhanden aber waren die Baugrube, die mitbenutzt werden sollte und der Garten, in welchem vieles investiert war. Die Hauslage war so, dass der Garten und auch die weit ins Land führende Aussicht mit der Nordseite des geplanten Hauses verbunden war. Die Nordseite war also die Aussichtsseite und für die Lage der Wohn- und Gesellschaftsräume prädestiniert und der Bauplatz zwischen Garten und Nordgrenze des Fabrikgrundstückes ließ wenig Platz bis zum Fabrikhof."[8]

Der Vorentwurf

Die gemeinsame Erarbeitung des Entwurfs muss zwischen dem 22. April und dem 18. Juni 1930, dem Datum des Bauantrags, stattgefunden haben. An Plänen, die Scharoun in dieser Zeit für das Projekt gezeichnet haben muss, sind erhalten:

1.) „Löbau 2", ein freihand, ohne Maßangaben gezeichneter, aus fünf Lichtpausen bestehender Plansatz mit drei Grundrissen im Maßstab 1:100, einem Lageplan 1:200 und einer perspektivischen Ansicht, bei dem es sich um einen nicht weiter verfolgten Entwurfsvorschlag Scharouns handelt.

2.) „Entwurf II", eine 77 mal 110 Zentimeter große Lichtpause mit drei Grundrissen, zwei Schnitten und vier Ansichten im Maßstab 1:100. Nach diesem, mit Lineal gezeichneten und exakt vermaßten Plan wurde anschließend mit nur wenigen geringfügigen Maßänderungen der Bauantrag gezeichnet. Dieser Plan ist offensichtlich der von Scharoun angekündigte 'Vorentwurf'.

3.) Ein nicht betitelter Lageplan als Bleistiftzeichnung auf Transparent im Maßstab 1:1000. Auf ihm ist mit exakten Maßangaben der „Entwurf II" eingetragen. Außerdem enthält er eine flüchtige Skizzierung des Entwurfs „Löbau 2" in der Nordwestecke des Grundstücks.

Hans Scharoun (Mai 1930): Schaubild „Löbau 2", Vorschlag für das Haus Schminke

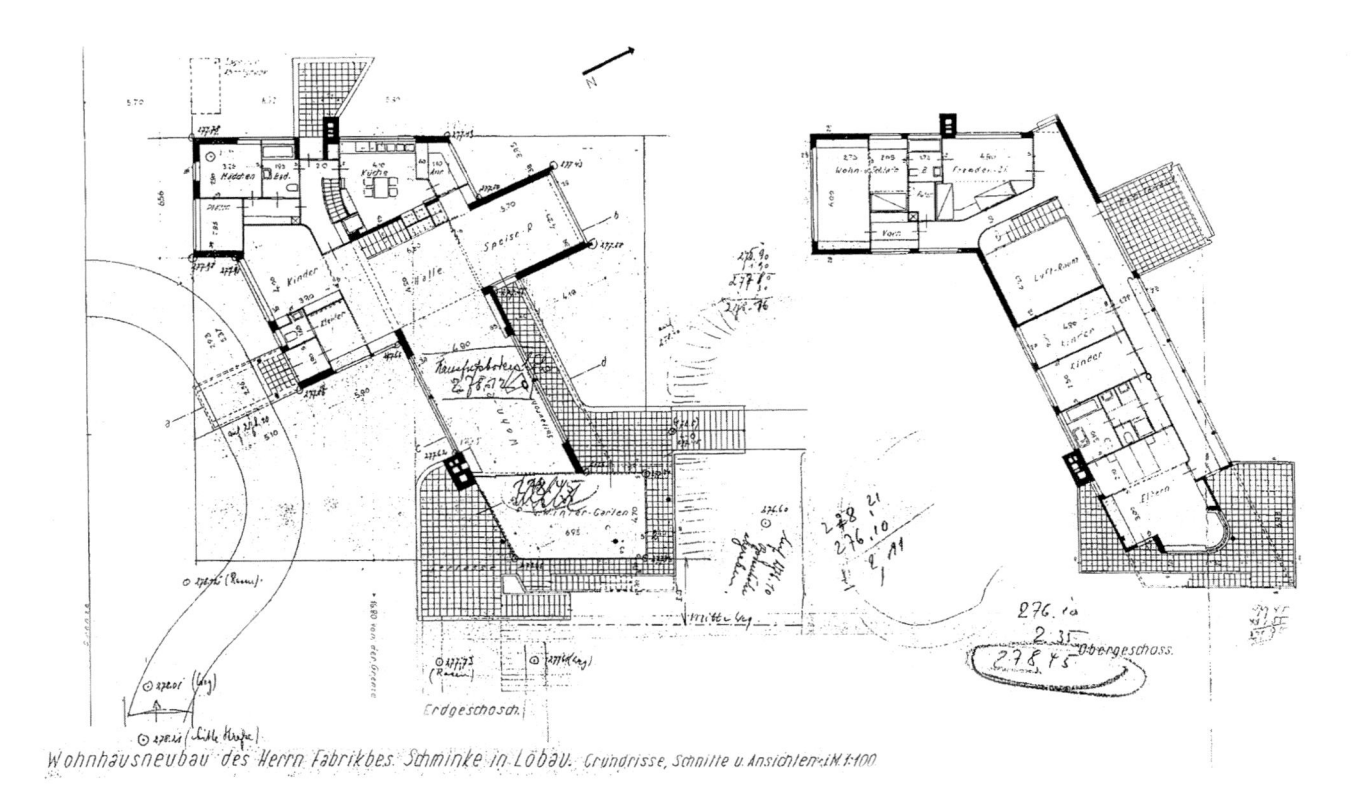

Wohnhausneubau des Herrn Fabrikbes. Schminke in Löbau. Grundrisse, Schnitte u. Ansichten i.M. 1:100

Der Entwurf 'Löbau 2' liegt zwar an der von der Besonnung her günstigsten Stelle des Grundstücks, berücksichtigt aber weder den vorhandenen Garten und die Baugrube, noch die gewollte Nähe zur Fabrik. Er hat mit dem Vorentwurf 'Entwurf II' außer den Ideen eines verglasten Wintergartens und der übereinander liegenden Terrassen kaum Gemeinsamkeiten und hat deshalb auf den Entwurfsprozess keinen weiteren Einfluss. Die Bezeichnung 'Löbau 2' legt jedoch den Schluss nahe, dass es noch einen ersten Vorschlag als Grundlage für den Vorentwurf gegeben haben muss.

Vergleichen wir zunächst den Vorentwurf mit den bereits beschriebenen realisierten Grundrissen, so ist die Ähnlichkeit unschwer zu erkennen. Die Anordnung der Räume ist fast gleich. Die Unterschiede liegen vor allem in der verkleinerten Ausführung des Gästebereichs im Ober- und des Speiseraums im Erdgeschoss. Durch die vertauschte Lage von Garderobe und Kinderzimmer und die damit zusammenhängende Verlegung der Haupttreppe ist es Scharoun trotz der Verkleinerung des Speiseraums gelungen, die Weiträumigkeit der Halle zu erhalten. Die Verlegung des 'Plättraumes' vom Erdgeschoss in den Keller ermöglichte eine weitere Verkleinerung des Grundrisses.

Unter allen sich im Nachlass Scharouns befindlichen Skizzen und Entwürfen, die zeitlich früher als dieser Vorentwurf zu datieren sind, gibt es nur einen, der diesem ähnelt: Der Einfamilienhausentwurf 'Weite' aus dem Jahr 1928. Die Ähnlichkeit zwischen beiden Entwürfen ist jedoch so groß, dass man davon ausgehen kann, dass der Entwurf 'Weite' als Vorlage für das Haus Schminke gedient hat. Es sind nur wenige, gut nachvollziehbare Änderungen, die zu dem gebäudebestimmenden Erdgeschossgrundriss des Vorentwurfs führen.

Scharoun hatte den Entwurf 'Weite' 1928 für einen Wettbewerb entworfen, zu dem die Redaktion von Velhagen und Klasings Monatsheften alle deutschen Archi-

Hans Scharoun (Mai/Juni 1930): „Wohnhausneubau des Herrn Fabrikbesitzers Schminke in Löbau" Vorentwurf, Ausschnitt mit den Grundrissen von Erd- und Obergeschoss. Linien und Wände wurden für die Reproduktion nachträglich geschwärzt.

Fritz Schminke / Hans Scharoun (April–Juni 1930): Lageplan mit dem geplanten Wohnhausneubau. Im Süden die Teigwarenfabrik, nördlich davon der Grundriss des Neubaus, in der nordwestlichen Ecke des Grundstücks ist der Grundriss des verworfenen Vorschlags „Löbau 2" einskizziert.

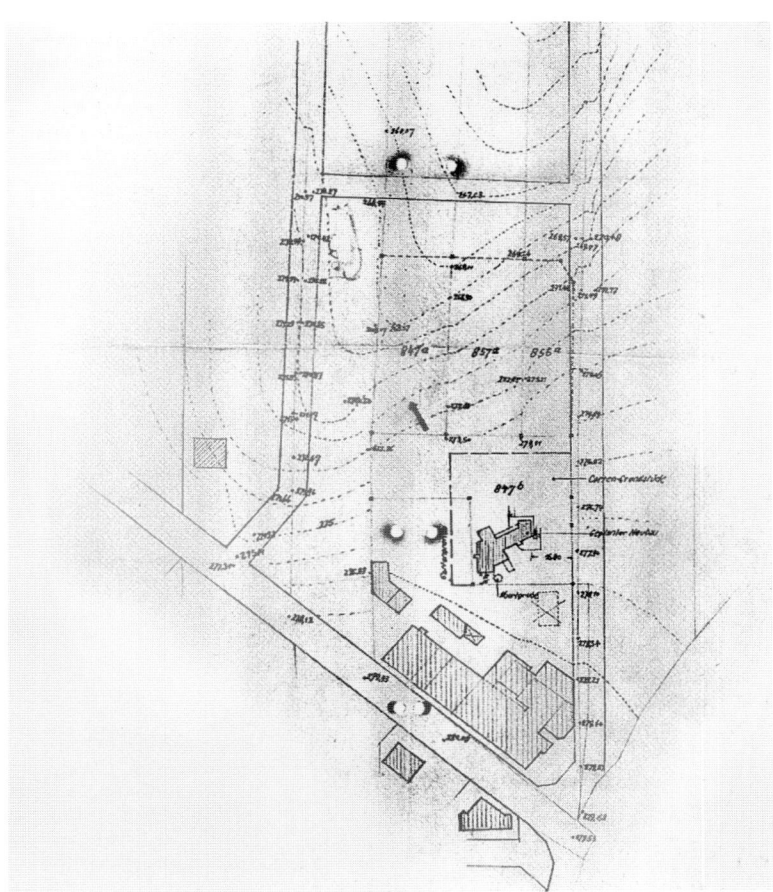

tekten aufgerufen hatte. Gesucht wurden „die besten Entwürfe zu einem praktischen, soliden, kitschfreien, billigen, den heutigen Erfordernissen der Gesundheitspflege entsprechenden Einfamilienhaus, einem Eigenhaus der jungen Welt, der neuen Zeit"[9].

Es waren insgesamt 1183 Entwürfe eingegangen, aus denen durch eine Jury „nach sorgfältigster Prüfung aller architektonischen, ästhetischen, praktischen, konstruktiven Einzelheiten schließlich 22 Preisbewerbungsarbeiten zur Veröffentlichung bestimmt werden konnten."[10] Diese 22 Entwürfe wurden zwischen Februar und Juni 1929 publiziert, darunter auch der Scharouns, den er unter dem Kennwort 'Weite' eingereicht und mit einem einzigen Satz kommentiert hatte: „Erstrebt wird: Klarheit und doch 'Fülle' – Knappheit und doch Reichtum an räumlichen Beziehungen und Beziehungen zur Umwelt – sachliche Behandlung des Gebrauchsgegenständlichen und Organisatorischen und lebendige Behandlung des Geistigen und Gefühlsmäßigen."[11]

Es existiert jedoch noch ein längerer Text Scharouns, den er gleichzeitig mit diesem Entwurf verfasst hat und der unmittelbar nach dem Abgabetermin für den Wettbewerbsentwurf in der sich mit musiktheoretischen Gegenwartsfragen befassenden Zeitschrift 'Melos' veröffentlicht worden ist. Für das Novemberheft 1928 hatte die Schriftleitung der Zeitschrift einen Literaturkritiker, einen Maler und einen Architekten – eben Hans Scharoun – gebeten, sich zu den von ihnen praktizierten Arbeitsweisen zu äußern, um so mögliche Ähnlichkeiten zur Arbeit von Komponisten im Bereich der Musik thematisieren zu können. In seinem Beitrag, den er kurz mit 'Bauen' überschrieben hat, beschreibt Scharoun die ihm beim Entwurfsprozess wesentlich erscheinende Verbindung zwischen Rationalität und Intuition. Auf die wichtigsten, den architektonischen Entwurfsprozess beschreibenden Passagen gekürzt, erscheint dieser Text wie ein Kommentar zur Entstehung des Entwurfs 'Weite':

„Das Zusammenwirken von Gefühl und Verstand ist in gleicher Weise Voraussetzung für den Schöpfer eines Kunstwerks wie für den Betrachter. [...] Im Vorgang der Schöpfung erfasst Verstand Zweck, Material, Soziologisches; führt Intuition zu umfassendem Erkennen der Aufgabe und des Kräfteverhältnisses des Schöpfers zu seiner Aufgabe. So ergibt sich Ausdruck; Rückkontrolle setzt ein und als Ergebnis des Wirkens beider Kräfte entsteht die Form. [...] – Statt Theorie ein Beispiel: Beziehungen vom Hausbau zum Schiffsbau. Die Verschiedenheit der Voraussetzungen ist bekannt; aber Materialbestandteile und Konstruktionen, erst jetzt im Hausbau gewonnen, sind beim Schiffsbau längst erprobt und benutzt, wenn auch auf anderer

Kennwort: „Weite"

Zur Erläuterung schreibt der Verfasser:

Erstrebt wird: Klarheit und doch „Fülle". Knappheit und doch Reichtum an räumlichen Beziehungen und Beziehungen zur Umwelt. Sachliche Behandlung des Gebrauchsgegenständlichen und Organisatorischen und lebendige Behandlung des Geistigen und Gefühlsmäßigen.

Kosten: 820 Raummeter umbauten Raumes je Raummeter 40 RM. Rund: 33 000 RM.

Erdgeschoß
- 7. Hausangestellte
- 11. Eingang
- 12. Kleiderablage
- 13. Anrichte
- 14. Küche
- 15. Großer Wohnraum

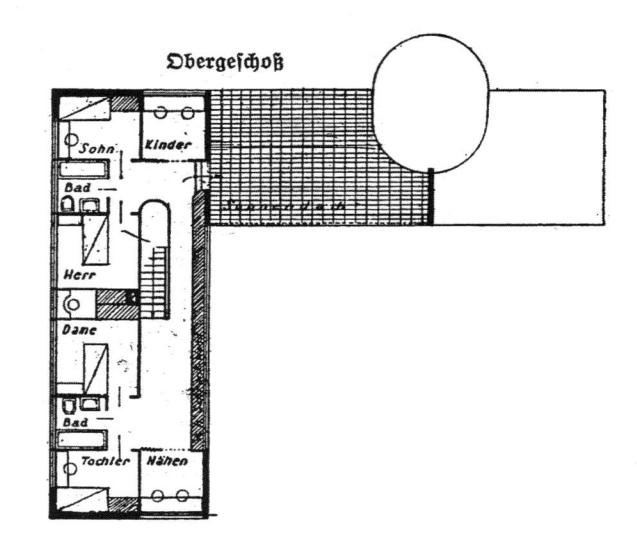

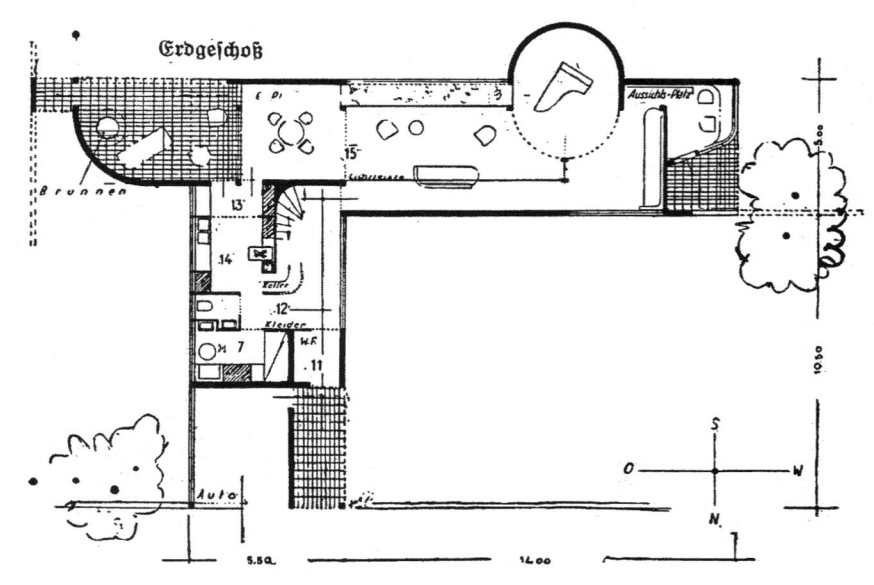

Hans Scharoun (1928): Einfamilienhaus 'Weite', Veröffentlichung des Wettbewerbsbeitrags 1929 in den Velhagen und Klasings Monatsheften

7a

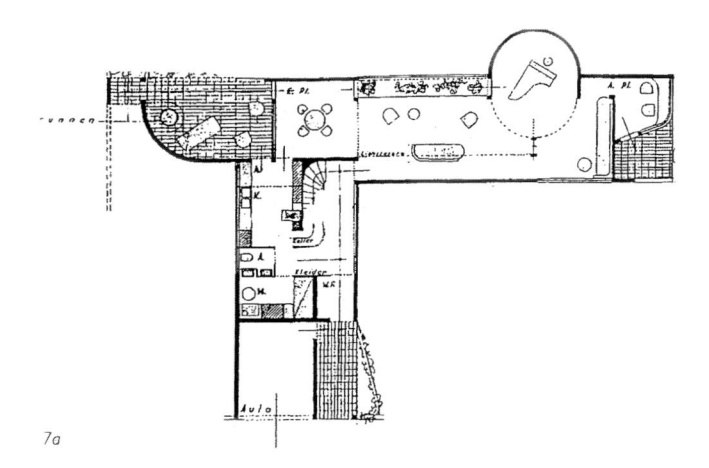

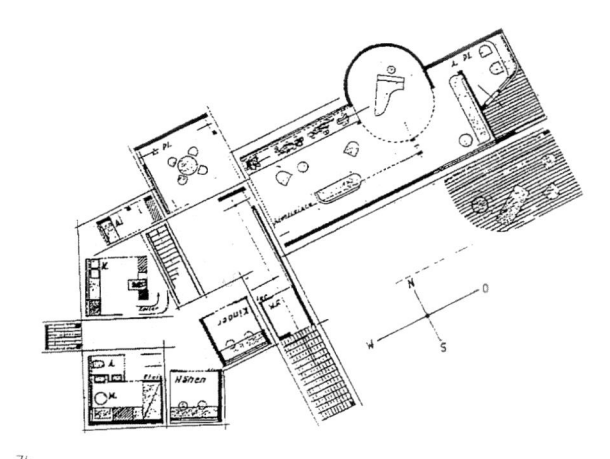

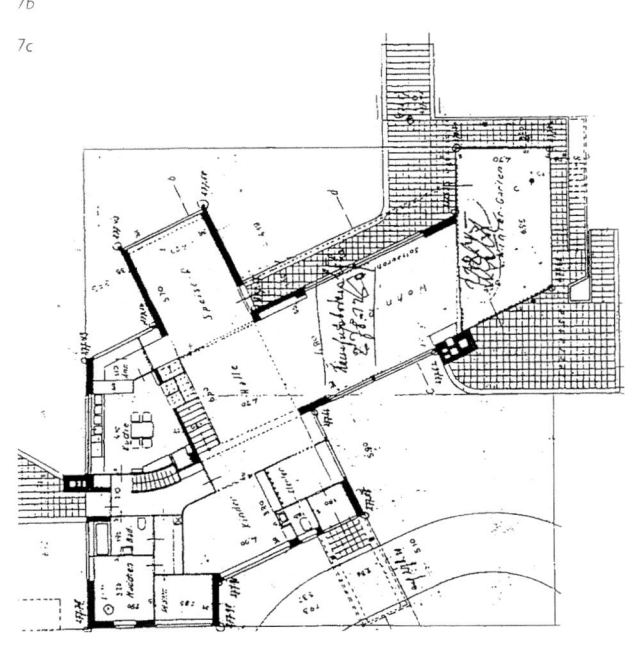

7b

7c

Die Transformation des Erdgeschossgrundrisses 'Weite' zu dem für den Vorentwurf für das Haus Schminke. Planbearbeitung und Montage Klaus Kürvers

Maßstabgrundlage. Man ersehnt, etwas von der Kühnheit moderner Schiffskonstruktionen auf die Gestaltung des neuen Hauses übertragen zu sehen und hofft, dadurch die Kleinlichkeit und Enge des heutigen Wohnungsbaus zu überwinden. [...] Es ist Intuition, die versucht, Großzügigkeit des Schiffsbaus dem Hausbau [...] zu geben. Wenn die Ergebnisse dieser Übertragung noch reichlich formal erscheinen, so ist dies erklärlich, weil mit Hilfe prägnanter Formelemente der dahinter stehende Ideenkomplex deutlicher vermittelt werden soll."[12]

An Schiffe erinnern im Entwurf 'Weite' wie auch im Haus Schminke nicht nur formale Details wie runde Fenster, Halb- und Viertelkreisausschnitte, oder die lang gestreckten, in die glatte, weiße Fassadenhaut eingeschnittenen schmalen Fensterbänder, oder die Außentreppen, sondern vor allem die lang gestreckten, wie Schiffsdecks von zwei Seiten belichteten Wohnräume und die Halle mit der einläufigen Treppe.

Vergleichen wir nun die Grundrisse des Entwurfs 'Weite' mit dem Vorentwurf für das Haus Schminke. Es scheint, als hätte Scharoun den rechtwinklig L-förmigen Erdgeschossgrundriss 'Weite' um 180 Grad gedreht und anschließend 'aufgeschnitten', um das Gebäude nun der Grundstückssituation in Löbau anzupassen. Die Raumgruppe von Wohnraum, Halle, Speiseraum, Kinderzimmer und Eingang orientiert sich streng an den Himmelsrichtungen, während die Gruppe mit den Wirtschaftsräumen im Westen die Richtung der Grundstücksgrenzen aufnimmt. In den sich durch diese Drehung scherenartig öffnenden Winkel zwischen Wirtschafts- und Wohnräumen legt Scharoun zwei Räume, die er im Entwurf 'Weite' im Obergeschoss angeordnet hatte: das Kinderzimmer und den Näh- oder Plättraum für die Hausarbeit. Außerdem schafft er durch Auseinanderziehen von Küche und Mädchenkammer einen Flur und Ausgang nach Westen. Das zweiseitig verglaste Blumenfenster im Wohnraum 'Weite' wird dann noch mit dem 'Aussichtsplatz' verbunden und so im Haus Schminke der große, in seiner Lage an den Wegen des Gartens orientierte Wintergarten mit den umliegenden Terrassen geschaffen. Für das Obergeschoss mit den Schlafräumen wählen Scharoun und die Familie Schminke die sowohl beim Haus- wie im Schiffsbau gebräuchliche Lösung eines Seitengangs mit daran aufgereihten Räumen. Man findet diese Anordnung bereits in Scharouns Einfamilienhaus für die Stuttgarter Weißenhofsiedlung (1927) und auch im Ledigenwohnheim in Breslau (1929) – beides Ausstellungsbauten, die Fritz und Charlotte Schminke vor ihrem Kontakt mit Scharoun besucht hatten. Die Lösung mit dem langen Wandschrank im Flur und dem darüber liegenden schmalen Fensterband wird jedoch wiederum aus dem Entwurf 'Weite' übernommen, findet sich aber auch in dem beiseite gelegten Vorschlag 'Löbau 2'.

Bemerkenswert ist, dass die Grundrisse für das Haus Schminke mit Ausnahme der durch die besonderen Umstände erforderlichen Lage des Gebäudes auf dem Grundstück in allen Details des Raumprogramms, der Gruppierung und Zuordnung der Räume untereinander den Empfehlungen entsprechen, die der Architekt Hermann Muthesius in seinem Buch 'Landhaus und Garten'[13] und vor allem in dem äußerst populären, für Bauherren wie Architekten geschriebenen und in mehrfach überarbeiteten Auflagen erschienenen Handbuch 'Wie baue ich mein Haus?'[14] formuliert hat. Mit seinen Büchern hatte Muthesius vor allem in der Zeit vor dem Ersten Weltkrieg wesentlich zur Verbreitung des 'Landhauses' als ein von englischen Vorbildern geprägtes, eng mit dem umgebenden Garten verbundenes bürgerliches Wohnhaus am Stadtrand beigetragen, das sich als Reformmodell von der repräsentativen 'Villa' des 19. Jahrhunderts absetzte. Muthesius war einer der Begründer des Deutschen Werkbundes, dem Scharoun ebenso angehörte wie der Bauunternehmer Walter Vetter, der dem Fabrikanten Schminke bei seinen Fabrikbauten in Löbau seit Mitte der zwanziger Jahre planend, beratend und ausführend zur Seite stand und der auch die Ausführung des Wohnhauses übernehmen sollte. Alle Änderungen, die für den Vorentwurf am Entwurf 'Weite' vorgenommen wurden, sind Änderungen im Sinne von Muthesius, und für alle findet man in dessen Büchern ausführliche Begründungen. Diese Übereinstimmung zwischen Scharoun und Muthesius beschränkt sich allerdings auf den Grundriss und die Raumfunktionen, nicht auf die Konstruktion und äußere Gestaltung des Hauses. Muthesius gehörte zu den entschiedenen Kritikern des 'Neuen Bauens' und lehnte vor allem die Konstruktion flacher Dächer in Mittel- und Nordeuropa aus klimatischen und bauphysikalischen Gründen vehement ab.

Basierend auf dem Vorentwurf lässt Scharoun die Pläne für den Bauantrag zeichnen. Der Bauantrag wurde am 18. Juni 1930 gestellt, die Genehmigung erfolgte am 12. August 1930.

Die Ausführungsplanung
Bei der Erarbeitung des Vorentwurfs ging es vor allem um die Funktionalität des Grundrisses, sowohl in Hinblick auf den Haushalt der Familie Schminke als auch auf die Einbettung des Gebäudes in seine Umgebung. Nach der Baugenehmigung werden nun im Büro Scharoun in den Monaten September/Oktober 1930 die Konstruktions- und Detailpläne gezeichnet, während der Bauherr zusammen mit Walter Vetter, dessen Firma die Bauleitung und Ausführung übernommen hatte, Kos-

tenvoranschläge verschiedener Firmen einholt. Dem Bauantrag lagen Pläne für einen Mauerwerksbau zugrunde, jetzt wird auch die Möglichkeit einer Stahlskelettbauweise in Teilen des Gebäudes erwogen. Auf der Baustelle werden indessen die Bauvorbereitungen getroffen und die bereits 1916 angelegte Baugrube dem geplanten Neubau angepasst sowie die den Keller im Nordosten begrenzende und im Garten als Stützmauer weiterlaufende Ziegelwand errichtet. Dazu wird im Dezember 1930 die erste Materialentscheidung getroffen. Die Wahl fällt auf die gleiche hellgelbe Klinkerart, wie sie bereits früher bei dem benachbarten Fabrikbau verwendet worden ist.

Nachdem die Bauarbeiten bereits im Winter unterbrochen worden sind, muss der Bau am 31. Mai 1931 vorerst eingestellt werden, offenbar weil die von der Löbauer Sparkasse in Aussicht gestellten Kredite infolge der sich ausweitenden Weltwirtschaftskrise nicht ausgezahlt werden konnten. Bevor das Projekt auf unbestimmte Zeit vertagt wird, lässt Scharoun Anfang Juli 1931 die Grundrisse im Maßstab 1:50 zeichnen, die nun die inzwischen erfolgten Detailplanungen beinhalten. Neben einigen Grundrissänderungen im Bereich des Wintergartens betrifft die wichtigste Änderung die Konstruktion. Anstatt der bisher tragend geplanten Mauerwerkswände ruht die Konstruktion im Bereich von Wohnraum und Wintergarten sowie den darüber liegenden Schlafräumen nun auf innenliegenden Stahlstützen, während die dünnen Außenwände teilweise verglast, teilweise ausgemauert als Eisenfachwerk geplant sind. Diese Tatsache belegt, dass für Scharoun die Konstruktion nicht entwurfsbestimmend war, sondern allein dazu diente, die gewünschten Räume in geeigneter Weise herzustellen. Die Konstruktion wurde auch in der realisierten Baufassung weitgehend verdeckt. Hier unterscheidet sich Scharouns Entwurfsweise grundlegend von der seiner Kollegen am Dessauer Bauhaus. Diese das Projekt vorerst abschließenden Pläne betitelt Scharoun 'Landhaus Schminke, Fassung 5'.

Das Projekt wird ein Jahr später wieder aufgenommen, nachdem Ende Juni 1932 die Auszahlung einer Hypothek für den kommenden Herbst in Aussicht gestellt wurde. Der Bauherr wünscht nun aber von Scharoun eine Reihe von planerischen Einsparungen, die gewährleisten sollen, dass die Bausumme 60.000,- Reichsmark nicht überschreitet. Auch wenn die Disposition der Räume – abgesehen von dem Fortfall der Gästewohnung im Obergeschoss, der Verlegung des Hauswirtschaftsraums vom Erdgeschoss in den Keller und dem Fortfall des außenliegenden Kamins am Wohnraum – nicht geändert wird, werden eine Vielzahl von Maßen und Details geändert und die bisher freistehend geplanten Stützen in die Außenwände eingebunden. Auch der so markante dreieckige und wahrscheinlich der Kommandobrücke der 'Bremen' nachgebildete Vorsprung der Terrasse im Obergeschoss stammt aus dieser Planphase. Das Ergebnis dieser vermeintlichen Kostenersparnis ist der Plansatz 'Landhaus Schminke, Fassung 6' im Maßstab 1:50. Die gesamte bisherige Ausführungsplanung ist damit hinfällig.

Diesmal beauftragt Scharoun andere Firmen und Fachingenieure mit der Ausführungsplanung. Die Heizungsplanung übernimmt der Ingenieur Alois Ranzi, die Stahlskelettkonstruktion wird von der Firma Christoph & Unmack aus Niesky geplant, hergestellt und später auf der Baustelle montiert, und die Stahlfenster einschließlich der Detailplanung bei der Fenestra-Critall AG in Düsseldorf bestellt. Scharoun beschränkt sich nun auf die Organisation des Bauablaufs und die künstlerische Ausgestaltung des Hauses. Planänderungen, die nach der Heizungsplanung erforderlich werden und zur 'Fassung 6/neu' führen, müssen bereits zum Teil von den Maurern auf der Baustelle korrigiert werden. Der Keller erhält auf besonderen Wunsch des Bauherrn sogar noch eine 'Fassung 8'.

Scharouns Planungen beziehen sich dagegen seit dem August 1932 auf die Ausgestaltung der Räume. Die meisten 'Möbel' sind baulich und gestalterisch Bestandteile der Architektur des Hauses. Er plant sämtliche Schränke und Regale und vor allem die gesamten Raumausstattungen des großen Wohnraums mit Sofa und Kamin sowie der Schlafzimmer. Die Lampen im Haus entwirft er zusammen mit Otto Rittweger, einem ehemaligen Schüler von László Moholy-Nagy am Bauhaus in Dessau und inzwischen künstlerischer Leiter der Berliner Lampenfabrik Goldschmidt & Schwabe. Die vielen unterschiedlichen handgewebten Polster- und Vorhangstoffe vergibt Scharoun in Abstimmung mit dem Bauherrn als Auftrag an die ehemalige Leiterin der Bauhausweberei Otti Berger. Scharouns Freund und Kollege Oskar Schlemmer hat einen, leider verschollenen, Entwurf für eine Wandskulptur über der Haupttreppe angefertigt, und die Bildhauerin Marg Moll hat für das Wasserbecken im Wintergarten zwei Fische modelliert, die als Wasserspeier ausgeführt werden sollten. Beide Arbeiten kamen nicht zur Ausführung, da sich in der Endphase des Baus abzeichnete, dass die angestrebte Bausumme weit überschritten wurde. Die Schlussrechnung des Bauherrn vom Dezember 1933 ergab schließlich, dass die Bau- und Planungskosten statt bei 60.000 RM bei 110.476,71 RM lagen.

Neben den Planungen für die Raumausstattungen befasste sich Scharoun während der Bauphase intensiv mit der komplizierten Farbgebung des Hauses und der Materialauswahl für die Fußbodenbeläge und Tapeten. Dazu kommen besondere Oberflächengestaltungen wie die plastische Gestaltung der Decke im Wohnraum, die Lichtdecke im Wintergarten, die geschliffenen Ornamente auf den Glasscheiben und die Wellblechverkleidungen der tragenden Stützen. Selbst Missverständnisse aufgrund der unterschiedlichen Planfassungen können dabei Ursache von künstlerischer Gestaltung sein. So sollte die Decke über dem langen Gang im Obergeschoss entsprechend der darüber liegenden Dachhaut eigentlich schräg verlaufen. Da sie stattdessen abgehängt und waagerecht ausgeführt worden ist, entwirft Scharoun, anstatt auf einer Änderung zu bestehen, eine asymmetrische Deckenbemalung, um die beabsichtigte Spannung im Raum zu erzeugen. Für das Kinderzimmer entwirft Scharoun eine große Fotocollage, auf der neben einer Weltkarte Schiffe und Flugzeuge dargestellt sind, unter anderem ein Luftfoto seiner Heimatstadt Bremerhaven.

Nach der genauen Funktionsbestimmung des Gebäudes und der Anordnung der räumlichen Bereiche in den Grundrissen und der Einbindung des Hauses in seine natürliche und gebaute Umgebung, ist es gerade die dreidimensionale Gestaltung der Räume mit Hilfe von unterschiedlichen Materialien, Farben und Lichtführungen, auf die Scharoun bei allen seinen Bauten besonderen Wert legt. Gewährleistet die wohlbedachte Funktionsplanung einen reibungs- und störungsfreien Ablauf des täglichen 'Wohnvorgangs', so wirkt die Scharounsche Raumgestaltung direkt auf das Befinden der Bewohner. Dabei sind diese Räume nicht statisch, sondern dynamisch. Sie können nicht nur mit Hilfe der Schiebewände, Vorhänge und künstlichen Lichtquellen manipuliert werden, eröffnen nicht nur den sich in ihnen bewegenden Personen immer wieder neue und überraschende Perspektiven, sondern sie befinden sich auch ohne menschliches Zutun in ständiger

Landhaus Schminke, Erdgeschossgrundriss Fassung 5 vom Juli 1931. Im Bereich des Wohnraums hat Scharoun in die Lichtpause mit Bleistift die halbkreisförmigen Gipsblenden für die Deckenbeleuchtung eingezeichnet, deren Form und Lage sich im weiteren Entwurfsprozess noch verändern wird.

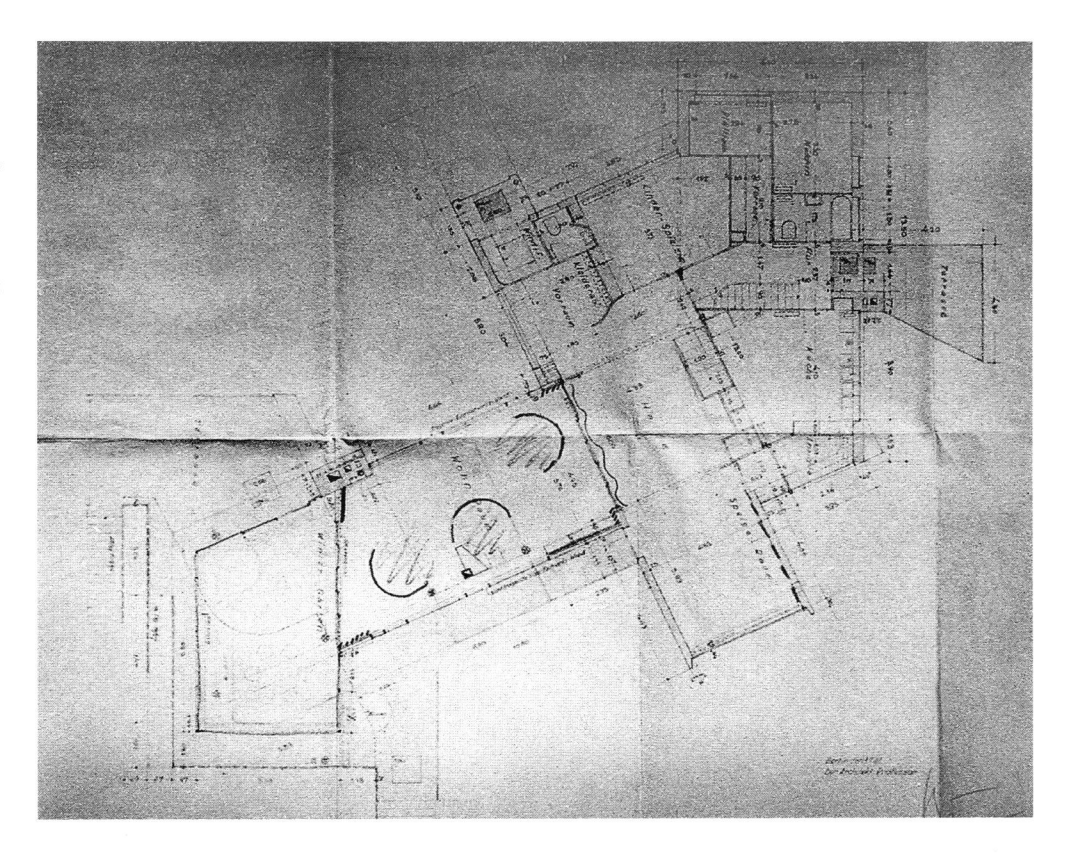

Veränderung. Die Räume und die von ihnen ausgehenden Stimmungen ändern sich einerseits durch das im Tages- und Jahreslauf ständig wechselnde und durch verschiedene Materialien reflektierte Sonnenlicht, andererseits durch die optische Einbeziehung des Gartens und der Landschaft. Gerade diese psychische Wirkung war ja für die in ihrer bisherigen dunklen Stadtwohnung unter Depressionen leidende Charlotte Schminke ein erklärtes Planungsziel. Eine Karikatur des Hauses, die Scharoun anlässlich des Einzugs der Familie Schminke am 31. Mai 1933 in das Gästebuch der Familie zeichnet, belegt, dass er sich vor allem erhoffte, dass von dem neuen 'Lebensschiff' eine Leichtigkeit und Fröhlichkeit bei der Bewältigung des täglichen Lebens ausgehen sollte.

War es für die Familie Schminke ein neues 'Lebensschiff', so war das Haus für Scharoun sein wichtigstes Referenzobjekt künftigen Bauherren gegenüber. Er ließ es zu diesem Zweck sorgfältig fotografieren und sorgte gezielt für weltweite Veröffentlichungen dieser Fotografien, die bewirkten, dass das Haus zu einem der bekanntesten Bauten des 'Neuen Bauens' in Deutschland wurde. Andererseits besuchte Scharoun das Haus immer wieder, nicht nur weil er mit der Familie freundschaftlich verbunden blieb und seine Planungsarbeit sich in den folgenden Jahren auch auf die Teigwarenfabrik und den räumlichen Zusammenhang zwischen Wohnhaus und Fabrikgelände bezog. Er besuchte das Haus auch, um es Freunden und potenziellen Bauherren zu zeigen, so bereits im Juli 1933 zusammen mit den Landschafts- und Gartenplanern Herta Hammerbacher und Hermann Mattern, für die er in Bornim bei Potsdam ein Wohnhaus plante und die Scharoun in den folgenden Jahren, in denen er fast ausschließlich auf private Auftraggeber angewiesen war, eine Reihe neuer Kontakte vermitteln konnten.

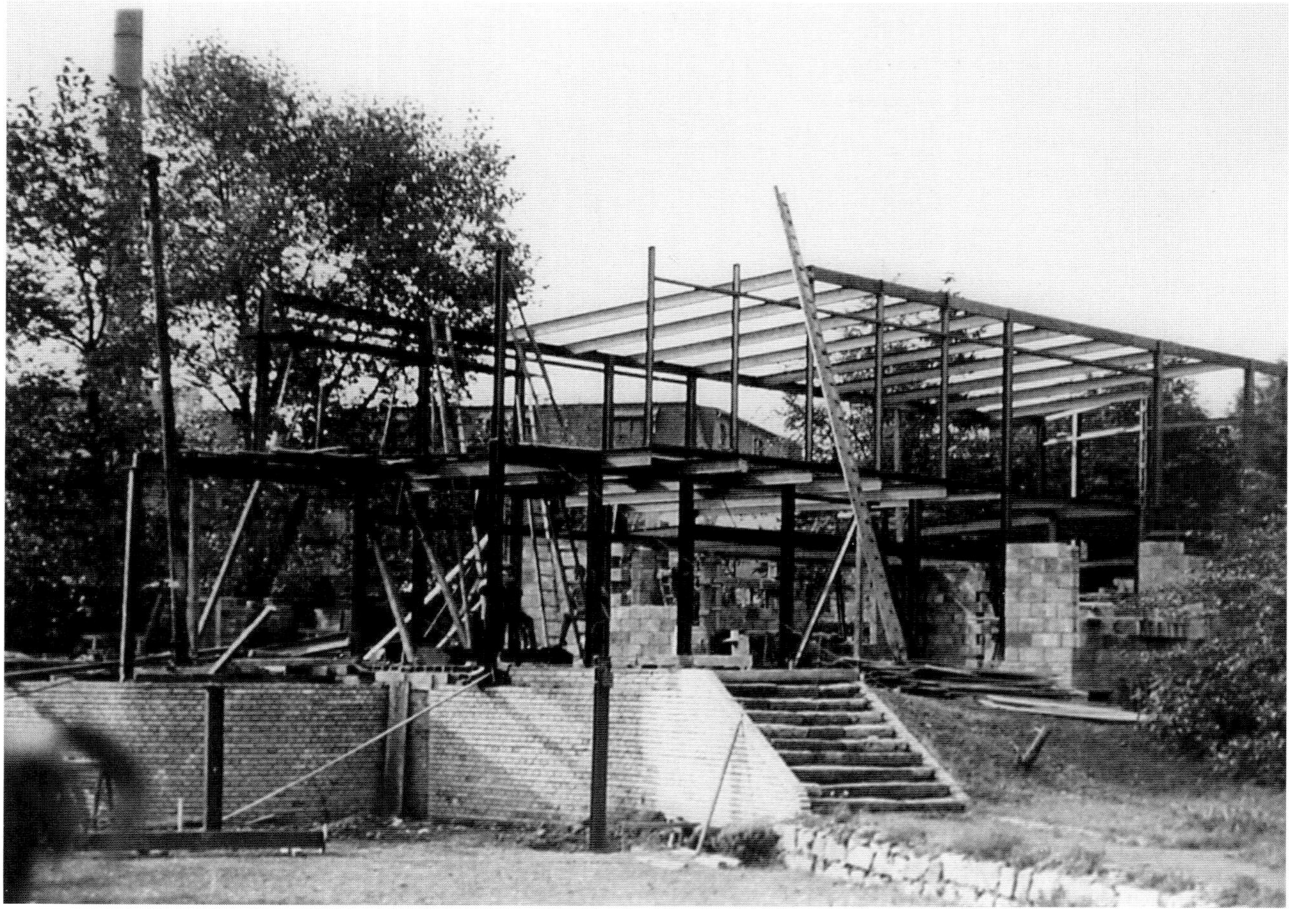

Die Moderne zwischen Handwerk und Industrialisierung

Berthold Burkhardt

**Die Baustelle Haus Schminke im Oktober 1932.
Über dem gemauerten Sockel wird die Eisenskelettkonstruktion montiert.**

Bei der Betrachtung eines Gebäudes im Inneren und Äußeren nimmt man im Wesentlichen die Oberflächen wahr, die Körper, Flächen und Räume bilden. Alle diese Oberflächen von Wänden, Stützen und Dächern, Fenstern und Türen, einschließlich der Ausbau- oder Innenausstattungen sind aus Materialien hergestellt, die außer einer architektonischen Gestaltung ganz elementar durch ihre Werkstoffeigenschaften und Herstellungsverfahren bestimmt werden.

Baukonstruktionen können das Material, aus dem sie bestehen, als Oberfläche zeigen, wie zum Beispiel der Ziegel im Sichtmauerwerk oder das Glas als Fenster, oder sie verbergen sich hinter Verkleidungen aus Putz, Anstrichen oder Platten aus unterschiedlichen Materialien. Will man den konstruktiven Aufbau von Bauteilen oder des Tragwerks bestimmen, sind selbst erfahrene Fachleute mit theoretischem Wissen und praktischer Erfahrung auf Detailuntersuchungen am Bauwerk angewiesen, vor allem wenn es sich um Bauten mit neuartigen Baustoffen und Systemen handelt, wie sie in einer nahezu unüberschaubaren Vielfalt seit der Mitte des 19. Jahrhunderts auf dem Markt erhältlich sind.[1]

Tragwerke und Baukonstruktionen haben einen entscheidenden Einfluss auf die

Gestaltungsmöglichkeiten von Raum und Gebäude, auf Gliederung und Proportion. Stützen und Wände, Dächer oder Kuppeln unterliegen technisch gesehen zunächst den Anforderungen von Last und Spannweite in Abhängigkeit von Tragsystemen aus individuellen Baumaterialien.

Baumeister und Handwerker beherrschen die tradierten Regeln der Fügung und des Konstruierens von Gebäuden mit bekannten, herkömmlichen Baustoffen im unbearbeiteten wie auch im verarbeiteten Zustand. Der Einsatz neuer oder verbesserter Baustoffe im 19. und frühen 20. Jahrhundert, wie zum Beispiel der Beton, das Eisen, Glas oder auch Dämmstoffe, ermöglichten nicht nur neue Gebäudetypen oder -formen, sondern führten zwangsläufig zu Veränderungen, wenn nicht sogar zu Brüchen in der bisher praktizierten Planung und Ausführung im Bauen.

An den Bauschulen veränderten und erweiterten sich ebenfalls seit Mitte des 19. Jahrhunderts die Lehrinhalte, Architekten wurden laufend mit neuen Entwicklungen und Verfahren konfrontiert. Im Handwerk gab es einschneidende Veränderungen; Zimmerleute wechselten als Schalungsbauer oder Monteure zum Beton- oder Eisenbau, Handwerksberufe für die technische Gebäudeausrüstung für Heizung, Sanitär- und Elektroinstallationen bildeten sich vollkommen neu. Nicht zuletzt die zunehmende Bautätigkeit um die Jahrhundertwende im Bereich kommunaler und gewerblicher Bauten wie auch im Wohnungsbau ließ neben den traditionellen Handwerksbetrieben überregional wirkende Bauunternehmen entstehen.

Zur Zeit der Planung des Hauses Schminke Ende der zwanziger Jahre des 20. Jahrhunderts war es längst üblich, dass Bauingenieure nicht nur bei Ingenieurbauwerken, sondern auch im allgemeinen Hochbau bei der Planung mit Architekten als unverzichtbare Partner zusammenwirkten. Material- und systemoptimierte Tragwerke aus Eisen und Eisenbeton mit großer Spannweite oder großer Höhe waren nur mit prüffähigen statischen Berechnungen und Nachweisen einschließlich der konstruktiven Details und ihrer so genannten Verbindungsmittel realisierbar.

Neben Planung, Herstellung und Ausführung strukturierte und formierte sich der dritte Bereich des Bauens, die Baubehörde mit Baugesetzen und der staatlichen Prüfung und Bauaufsicht neu.

Die Produktvielfalt war Anfang des 20. Jahrhunderts nicht nur im Bauwesen derart vielfältig bis unkontrolliert angewachsen, dass nach dem Ersten Weltkrieg die herstellereigenen Produktbezeichnungen durch Normen (DIN) für Form, Qualität und Bearbeitung abgelöst beziehungsweise ergänzt wurden. Bezeichnungen für Stahlträger wie zum Beispiel der 'Peiner', der auf seinen Herkunftsort Peine bei Hannover hinweist, haben sich bis heute umgangssprachlich erhalten.

Die Architekten der Moderne zeigten eine besondere Bereitschaft, technische Entwicklungen aufzugreifen, von denen sie annahmen, sie unterstützten ihre Reformideen. Gestützt wurden diese Bemühungen von öffentlichen und privaten Bauherren, von der Industrie und in großem Umfang von den Wohnungsbaugesellschaften. Staatlich geförderte Forschungsvorhaben begleiteten einzelne Experimentalbauten und Mustersiedlungen.[2]

Die bau- und gebäudetechnischen Erfindungen und Entwicklungen von industriell hergestellten Baustoffen und Teilen, von Energieträgern und haustechnischen Anlagen für Strom, Gas, Beleuchtung, Heizung, Wasser mit Ver- und Entsorgung veränderten die Stadt und das Haus innerhalb weniger Jahrzehnte weit mehr als wechselnde architektonische Auffassungen oder Stile.

Die gesamte Architektur der klassischen Moderne aber insgesamt unter das Zeichen des Experimentalbaus zu stellen, wäre zu kurz gegriffen. Otto Haesler in Celle, Bruno Taut in Magdeburg und Berlin, nicht zuletzt Hans Scharoun mit seinem Haus Schminke in Löbau hatten mit Sicherheit nicht die Absicht, Bauten mit kurzer oder definiert begrenzter Lebensdauer zu errichten. Dass diese Siedlungen und viele der Privathäuser entgegen nicht verstummender Prognosen und Kritik inzwischen Lebensalter von über 70 Jahren erreicht haben und offensichtlich nicht nur sanierungsfähig, sondern nach wie vor gut nutzbar sind, widerlegt die Behauptung, die Moderne habe nicht alterungsfähige 'Bauten mit Verfallsdatum' geplant und gebaut.[3]

Walter Gropius begründet seine Architektur- und Kunstlehre an seiner Meisterschule, dem Bauhaus, zunächst in Weimar, dann in Dessau, auf dem Prinzip des Handwerklichen, das die materielle und gestalterische Einheit und Grundlage für das Entwerfen und Konstruieren bildet. Er formuliert darüber hinaus das eindeutige Ziel, dass das Handwerk die unverzichtbare Grundlage der Industrialisierung und Vorfertigung sei. Gropius, der diese Entwicklung in der Praxis wie auch in der Lehre nachhaltig fordert und vertritt, sieht darin eine Reform, in der sich Handwerk und die Industrie vereinen und gemeinsam weiterentwickeln: „Es liegt im Wesen des menschlichen Geistes, sein Arbeitswerkzeug immer mehr zu vervollkommen und zu verfeinern, um den materiellen Arbeitsprozess dadurch zu mechanisieren und die geistige Arbeit so nach und nach zu erleichtern. Eine bewusste Rückkehr zum alten Handwerk wäre daher ein atavistischer Irrtum. Handwerk und Industrie von heute sind in ständiger Annäherung begriffen und müssen ineinander aufgehen zu einer neuen Werkeinheit, die jedem Individuum den Sinn der Mitarbeit im Ganzen und damit den spontanen Willen zu ihr wiedergibt. In dieser Werkeinheit wird das Handwerk der Zukunft das Versuchsfeld für die industrielle Produktion bedeuten, seine spekulative Versuchsarbeit würde Normen schaffen, für die praktische Durchführung die Produktion in der Industrie."[4]

Dieser Handwerker neuer Ausrichtung wird von Gropius analog zur Lehre im Bauhaus als „bei spekulativen Vorarbeiten bei der Herstellung industrieller Waren verantwortlich gesehen, um seine Fähigkeiten nicht in einem rein mechanischen Vervielfältigungsprozess zu vergeuden. Darin liegt ein Nutzen, zumindest zeigt die geschichtliche Erfahrung, das Handwerk mit schöpferischen, mit gestalterischen Qualitäten in einem stetigen aber zyklisch verlaufenden Optimierungsprozess".[4]

Das Experiment, die Rolle der Vordenker, in das Gropius das Handwerk überleiten will, wird aber hauptsächlich die Sache der Industrie, der Ingenieure, die ihre Partner und Anwender sowie ihr Experimentierfeld bei innovativen Architekten, aufgeschlossenen Bauherren und Behörden finden. Beispiele dieser neuen Kooperationen sind Siedlungen und Einzelbauwerke wie das Haus Schminke in Löbau, die Werkbundsiedlungen in Stuttgart, Breslau und anderen Orten, an denen sich die führenden Architekten der Moderne fast ausnahmslos beteiligen. Die Dessauer Siedlung Törten, erbaut von den beiden Bauhausdirektoren Walter Gropius und Hannes Meyer, zeigt exemplarisch, wie ökonomische und soziale Wohnformen auch unter den Gesichtspunkten der Konstruktion, der Kosten, der Haltbarkeit und des bauphysikalischen Verhaltens entwickelt und überprüft werden können.[5]

Die Kooperation des Bauhauses mit den Dessauer Junkers-Werken, die Planung elementierter Holzhäuser für die Firma Christoph & Unmack in Niesky durch Konrad Wachsmann und nicht zuletzt die Beratertätigkeit von Hans Scharoun und seinem zeitweisen Büropartner Adolf Rading für die Deutsche Stahlbau GmbH in Gleiwitz, Oberschlesien, bei der Systementwicklung zeigen die Zusammenarbeit von Hersteller und Architekt, die weit über die übliche Zusammenarbeit von Lieferant und Anwender hinausgeht.[6]

Der Grad der Industrialisierung entwickelte sich bei den verschiedenen Roh- und Ausbaugewerken mit unterschiedlicher Intensität und Geschwindigkeit. Überwiegend bezieht sich die Industrialisierung auf das vorgefertigte Produkt, auf Halbzeuge und Fertigteile. Im Haus Schminke finden sich eine Vielzahl solcher Produkte, die von den Eisenträgern über die Fenster bis zu den Deckensteinen reichen. Scharoun setzt die Materialien gezielt mit Fantasie ein, sie erhalten erst am bestimmten Ort, ob innen oder außen, ihre Funktion und Gestalt. Der Gitterrost bildet die Stufen der Außentreppe wie auch die Heizabdeckung im Wintergarten; das Welldrahtgitter ist Brüstungselement der Terrassen und Außentreppe wie auch Geländer der Innentreppe und Galerie; Wellblech verdeckt Eisenstützen im Wohnzimmer wie an der Außenwand. Über sein vier Jahre zuvor gebautes Haus in der Weißenhofsiedlung meint Scharoun: „das Haus 33 ist aus Freude am Spiel mit neuem Material und neuen Forderungen an den Raum geworden."[7]

Eine weitreichende Optimierung im Bauen lag außer in der rationellen (Vor-) Fertigung von Halbzeugen und seriellen Elementen beim Einsatz von maschinellen Herstellungs- und Montageverfahren. Maschinen und elektrisch angetriebene Geräte, vom Kran bis zur Spritzputzmaschine, bestimmen zunehmend das Bild der Baustelle und erweitern dadurch das Handwerkszeug der Bauarbeiter.

Eine neue Funktionalität und Ästhetik im Bauen wird folglich nicht nur durch gesellschaftliche und wirtschaftliche Veränderungen, sondern ganz wesentlich auch durch Technologie, Bauzeit und Ökonomie bestimmt. Im Vorwort des Buches 'Wie bauen?' von Heinz und Bodo Rasch zum Bau und zur Ausstattung der Weißenhofsiedlung 1927 in Stuttgart fasst Adolf Behne zusammen: „Vielleicht hätten in allen Ländern anzutreffende Versuche,

Sämtliche Fotos dieses Beitrags zeigen Details aus dem Haus Schminke von Hans Scharoun.

Den Rundungen und Steigungen angepasste Treppen- und Galeriegeländer aus seriellen Welldrahtgittern und Gitterrosten

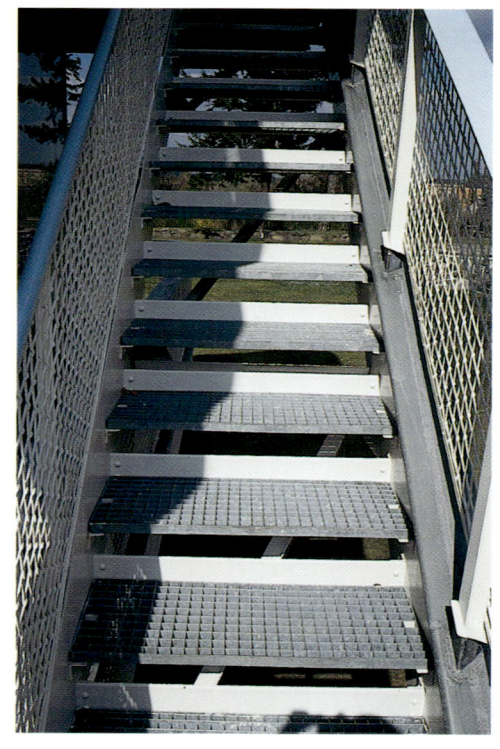

Verkleidungen der Eisenstützen, außen aus verzinktem Wellblech, innen aus so genanntem Silberblech

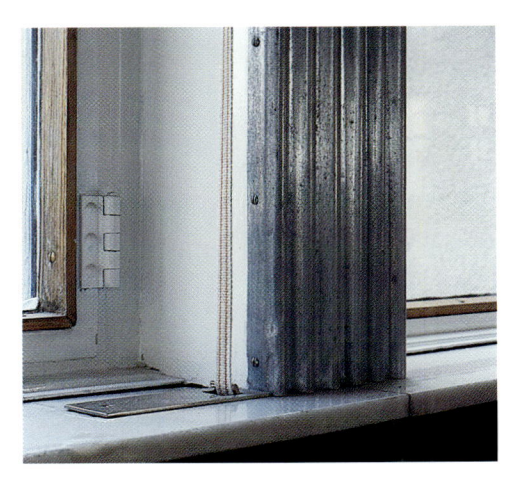

neue Bauverfahren auszuarbeiten, nicht so überaus schnell eingesetzt, wenn nicht überall die bittere Wohnungsnot dazu gezwungen hätte. Billig bauen ohne deshalb schlechter zu bauen. Schnell bauen und ohne die Winterpause zu bauen – darauf laufen alle Versuche hinaus."

Adolf Behne schreibt diese Entwicklungen vorrangig der Moderne zu – „man kann auch Ornamente in Gips fabrikmäßig herstellen und die Kunst unserer Fassaden war ja Stapel-Antike. Aber der Kran ist doch nicht das rechte Werkzeug, Akantusblatt und Perlenschnüre anzukleben. Man hat auf dem neuen Bauplatz keine Zeit für die dreißig Stile. Alles ist auf Konstruktion gestellt – und eine neue Schönheit" –, doch unübersehbar bedient sich das gesamte Bauwesen spätestens seit Ende des 19. Jahrhunderts aller technischen Entwicklungen, vom Eisenskelett bis zur Zentralheizung. Produktion und Montageverfahren sind an keinen architektonischen Stil gebunden. Ein Kaufhaus in historisierendem Stil konnte genauso in Eisenskelettbauweise errichtet werden wie die Kaufhäuser von Erich Mendelsohn in Breslau oder Stuttgart.[8]

Die Möglichkeiten und Eigenschaften der neuen Baustoffe und Systeme kamen den Architekten der Moderne entgegen, ja man kann sagen, Gebäudeform und Konstruktion bedingen sich geradezu. Dies trifft sowohl für die flächig-kubische Architektursprachen von Gropius oder Mies van der Rohe zu wie für die freieren oder organischen Formen von Hans Scharoun und Erich Mendelsohn oder Hugo Häring. Ob nun Eisenbetondecken oder Eisenträger: erstmals in der Geschichte der Architektur gelang es, Gebäude aus freistehenden Scheiben, weitgespannten Decken und Auskragungen zu realisieren. Mies van der Rohes Barcelona Pavillon (1929) und Hans Scharouns Haus Schminke (1931) sind zwei überzeugende Beispiele.

Der Rohbau

Obwohl Beton und Eisenbeton (später Stahlbeton genannt) in den zwanziger Jahren des zwanzigsten Jahrhunderts bereits zu den eingeführten und erprobten Baustoffen zählten, finden wir diese eher verhalten bei den Bauten der Moderne als primäres Konstruktionssystem eingesetzt, sieht man von Fundamenten, Kellerwänden und teilweise auskragenden Decken oder Treppenläufen einmal ab. Beispiele bekannter Eisenbetonkonstruktionen Anfang des 20. Jahrhunderts sind der Gasbehälter von Erlwein in Dresden (1913/14), das Bauhausgebäude von Walter Gropius in Dessau (1927) oder das zweite Goetheanum von Rudolf Steiner in Dornach (1926-28), um vier sehr verschiedene Bauten zu benennen. Vergleicht man sie zum Beispiel mit den Industrie- und Brückenbauten von Robert Maillard in der Schweiz seit 1904, erscheinen sie konstruktiv wenig optimiert und eher konventionell.[9] Möglicherweise scheiterte Mendelsohn an der Betontechnologie für den frei geformten und wohl monolithisch gedachten Einsteinturm (1921/22). Wenig später gelang ihm allerdings eine skulpturale Form aus schlanken Eisenbetonrahmen mit der Hutfabrik in Luckenwalde (1921-23).

Die Entwicklung des Baustoffes Eisenbeton und von Tragsystemen aus Eisenbeton lag überwiegend, wenn nicht sogar ausschließlich, in den Händen von Bauingenieuren und Bauunternehmungen, in denen sie tätig waren. Mit Fug und Recht kann man diese Entwicklungen von Monier, Wayss, Freyssinet, Maillard und anderen als die Moderne der Ingenieurkunst bezeichnen, durch die nachhaltig die Architektur des 20. Jahrhunderts beeinflusst und geprägt wurde und noch wird.[10]

Die leichtere Variante moderner Tragwerke waren Eisenskelettkonstruktionen aus genieteten und geschraubten Walzprofilen, die die primäre Tragkonstruktion bildeten, wie bei Scharouns Haus in Löbau und einer Vielzahl von Bauten der Moderne, von Haeslers Wohnsiedlungen in Celle und Kassel, Mies van der Rohes Wohnblock in der Weißenhofsiedlung bis zu den ersten Großbauten und Hochhäusern wie dem Shell-Haus von Emil Fahrenkamp in Berlin oder dem IG-Farben-Haus in Frankfurt am Main von Hans Poelzig.[11] Dadurch konnte eine schnell montierbare und ökonomische Bauweise erreicht werden. Planung, Berechnung und Ausführung lagen beim Haus Schminke in Händen der Ingenieure von der Brückenabteilung der Firma Christoph & Unmack in Niesky.

Eisenskelettkonstruktionen bedingen eine Ausmauerung oder Verkleidung sämtlicher äußeren und inneren Wände. Scharoun entschied sich beim Haus Schminke für verputztes Mauerwerk und Sichtmauerwerk aus gelbem Klinker. Da der Bau von Eisenbetonwänden als unwirtschaftlich und bauphysikalisch nicht ausreichend erkannt wurde, kamen Wandaufbauten aus herkömmlichen Materialien wie Ziegel, Blähbetonen oder Gasbetonen zur Anwendung. Das mag auch be-

Das Eisenskelett wird im ganzen Haus ausgemauert und verkleidet, mit Ausnahme der Stützen der Terrassen auf der Gartenseite.

gründen, warum wir an Bauten der klassischen Moderne in der Regel Sichtmauerwerk und Putz finden, dagegen so gut wie nie den Sichtbeton.

Für derartige im Prinzip traditionelle, in der Kombination mit Eisen, Mauerwerk, Dämmstoffen und Glas aber neue Baukonstruktionen wurden umfangreiche bauphysikalische Berechnungen und Versuche angestellt, gefördert und publiziert durch die Reichsforschungsgesellschaft für Wirtschaftlichkeit im Bau- und Wohnungswesen e.V. in Berlin.

Deckenkonstruktionen bestanden bis in die Mitte des 19. Jahrhunderts entweder aus Holzbalkendecken, massiven Gewölben oder Kappen. Massive Deckensysteme verdrängten Holz nahezu vollständig.[12] Eine sicher mit über hundert anzunehmende Anzahl von patentierten Deckensystemen aus Hohlsteinen mit Eisenprofilen oder Bewehrungen überschwemmte den Markt. Die 1892 eingeführte Kleinesche Decke war lange Zeit der Marktführer; auch im Haus Schminke sollte sie eingesetzt werden, zur Ausführung kamen jedoch zwischen die Eisenträger eingelegte Bimsdielen.[13] Mit diesen Decken wurden außer statischen, bauphysikalischen und ökonomischen Eigenschaften und Anforderungen an den Schall- und Brandschutz nicht zuletzt auch die für die Moderne gestalterisch wichtige ebene Decke, das Flachdach erreicht.

Man kann technische und formale Gründe anführen, warum die Moderne, von wenigen Ausnahmen abgesehen, sich vom geneigten Hausdach getrennt hat. Als Architekt, Lehrer und Bauhausdirektor kämpfte Walter Gropius geradezu enthusiastisch für die Einführung und die Anerkennung von Flachdächern, wobei er auf zahlreiche Entwürfe und Ausführungen „der besten modernen Architekten aller Länder" verweist, die als Merkmal einer modernen Formgebung die kubische Gestaltung mit horizontalen Dachflächen erkennen lassen. Die Debatte um die technische und gestalterische Bewältigung von Flachdächern wird in den dreißiger Jahren zum ideologischen Kampfthema, das bis heute nicht beigelegt ist.[14] Scharouns Bauten, wie das Haus Schminke oder sein Haus in der Weißenhofsiedlung in Stuttgart, kommen auf Grund der freien Grundrissform und baukörperlich differenzierten Gestaltung gar nicht in den Verdacht, eine andere Alternative als das Flachdach haben zu können. Es blieb ihnen erspart, im Dritten Reich arisiert oder in der frühen Nachkriegszeit mit Satteldächern repariert zu werden.

Weit auskragende Dächer über dem Eingang und den Terrassen; ebene oder schräg geneigte Dächer aus Eisenträgern mit leichten Bimsdielen, Celotex-Isolierung und Pappe gedeckt

Der Ausbau

Zur Bauzeit des Hauses Schminke wurden herkömmliche Putze, Farben und Tapeten, Terrazzo, Holz oder Steinböden bereits industriell hergestellt und vor Ort handwerklich be- und verarbeitet, Maschineneinsatz war gang und gäbe. Produkte, die das Bauen der Moderne im Ausbau oder Ausstattungsbereich besonders prägten, waren das Glas mit typisierten Fensterprofilen und Beschlägen wie auch die Bodenbeläge, die den traditionellen hölzernen Dielenbelag in Innenräumen weitgehend ablösten.

Die elementare Forderung des neuen Bauens, großflächig Licht und Sonne in die Räume und Gebäude zu bringen, war zu Anfang des 20. Jahrhunderts auch mit kleinen Scheiben in Holz- oder Eisenprofilen machbar. Das Hauptgebäude des Weimarer Bauhauses von van de Velde (1904/05) oder das Fagus-Werk von Walter Gropius in Alfeld (1911-18) sind mit geschoss- beziehungsweise gebäudehohen Fensterflächen in eisernen, industriell gefertigten Fenstersprossen ausgeführt. Damit wird eine Tradition und Technik des 18. und 19. Jahrhunderts beim Bau der großen Gewächshäuser fortgesetzt.

Ein auch für die Gestalt der Gebäude entscheidender Durchbruch gelang mit den neuen industriellen Herstellungsverfahren für große und auch gebogene Scheiben. Nicht nur das normal durchsichtige Fensterglas, sondern eine Palette von Sondergläsern als Ornament- und Drahtglas, bis zu den so genannten Glasbausteinen oder Betonglassteinen fanden vielfältige Anwendungen. Transluzentes Drahtglas, ornamental geschliffene oder mit Säure geätzte Gläser, runde Glasbausteine, die Massivdecken lichtdurchlässig werden lassen, finden sich alle im Haus Schminke in Löbau.[15]

Die üblicherweise angesetzten Einfachverglasungen müssen zwar aus heutiger Sicht bauphysikalisch (Wärmedurchgang

Die Vielfalt industrieller Gläser im Haus Schminke: Im Wintergarten und Flur geschliffene Scheiben (Mousselinschliff), Rothalit Glasbausteine im Eingangsdach und in der Terrassendecke, Drahtglas im Windfang, große Spiegelglasscheiben (einfach) im Essbereich und im Wohnzimmer

Einbauschränke zwischen der Küche, dem Vorratsraum und unter der Treppe zur Eingangshalle

Individuell geformte Beleuchtungssysteme in der Eingangshalle und im Wohnzimmer (Entwurf Hans Scharoun mit Otto Rittweger)

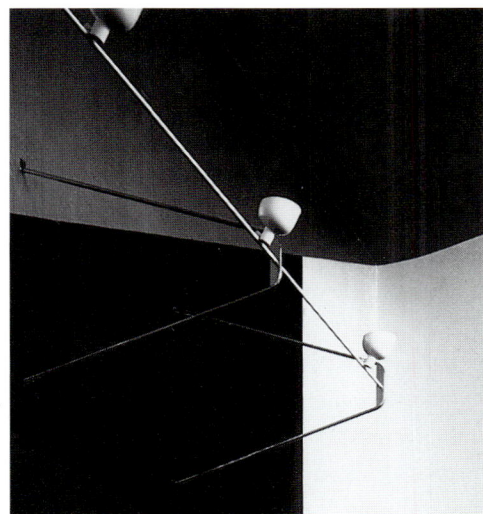

durch Glas und Profile) als problematisch eingestuft werden. Die bauklimatische Gesamtkonzeption der Gebäude, bestehend aus massiven Wänden und Decken in Verbindung mit den einfach verglasten Fenstern, war jedoch in sich und nach dem Stand der Technik richtig. Voraussetzung für die heutige Nutzung ist die jahreszeitliche Bedienung von Heizung und Lüftung sowie die Wartung empfindlicher Details, um sie zum Beispiel bei Schwitzwasser nicht zum Schadenspotenzial für das Gebäude werden zu lassen.

Die Ausstattung

Viel mehr als heute wurden von den Architekten das Innen und das Außen, das Gebäude und seine Ausstattung ganzheitlich aufgefasst und geplant. Architekten entwarfen auch die Innenausstattung, bei den neuen ungewohnten Raumformen auch individuelle Einrichtungen, die Beleuchtungskörper und die Möbel.

Am Beispiel des Schrankes wird die Beziehung von Raum, Funktionalität und Gestaltung besonders deutlich. Jede Möglichkeit wurde genutzt, Schränke einzubauen, wie beim Haus Schminke unter der großen Innentreppe, zwischen Küche und Esszimmer, zwischen Schlafzimmer und Bad. Der freistehende Schrank wird in der Architektur der Moderne weitestgehend wegrationalisiert oder, besser gesagt, in das Gebäude integriert.

Es ist kaum denkbar, die neuen Räume, die von teils farbigen Wandflächen und großen Fenstern bestimmt sind, mit herkömmlichen Beleuchtungskörpern auszustatten. Viel mehr als bei den Möbeln wurde mit künstlichem und natürlichem Licht und der Beleuchtung experimentiert und entwickelt. Nicht nur die Beleuchtungsart, wie zum Beispiel Objektstrahler, indirekte Beleuchtung, diffuses Licht, sondern auch die konsequente, auf die Funktion bezogene Formensprache bestimmte die neu entwickelten elektrischen Lichtquellen oder Beleuchtungskörper einschließlich des Zubehörs.¹⁶

Neben Firmen widmeten sich auch Architekten, Formgestalter und Ingenieure der Entwicklung neuer Lichtsysteme. Die meisten dieser Beleuchtungskörper und Leuchten sahen wie industriell herstellbare Produkte aus, blieben aber bei den damaligen Herstellungsmöglichkeiten handwerklich, allerdings unter Verwendung von Halbzeugen wie Metallröhren und Gläsern. Dies gilt für typisierte Lampen wie für individuelle Entwürfe; beides findet sich im Haus Schminke.

Nicht nur die elektrische Versorgung, sondern auch die Heizungs- und Lüftungstechnik, die Wasserver- und -entsorgung weist in den zwanziger und dreißiger Jahren einen so hohen industrialisierten Standard auf, dass am Bau nur noch die individuelle Verlegung der Installation oder der Anschluss der Geräte handwerklich erforderlich ist. Die technischen Errungenschaften der Industrialisierung, die zentrale Wärmeversorgung, fließendes kaltes und warmes Wasser, künstliches Licht, elektrische Geräte, eine funktional und technisch ausgestatte Küche sind unverzichtbare Bestandteile moderner Wohnform. Dies gilt für die großzügige Villa wie für die Sozialwohnung im Wohnblock.

Erhaltung und Sanierung
Denkmalgeschützte Bauten der Moderne, die mit bauzeitlich neuen Konzepten, Materialien und industriell hergestellten Teilen oder Fertigteilen errichtet wurden, stellen Architekten, Ingenieure und Handwerker bei der Erhaltung und Sanierung vor eine nicht einfache Aufgabe.

Zunächst gilt es, das Vorhandene, Veränderte oder Verlorene zu erkunden, und viel mehr noch, das physikalische und mechanische Zusammenwirken aller Teile zu verstehen. Dieser Grundsatz gilt natürlich nicht nur für die Bauten der Moderne,

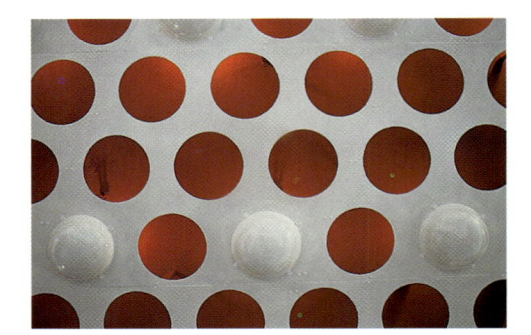

**Das Spiel mit der runden Form aus runden handwerklichen und industriellen Produkten.
Loch und Prägeblech im Wintergarten, farbige Gläser in Türen, rundes Fenster in der Eingangshalle**

wenngleich der Architekt, Denkmalpfleger oder Bauforscher hier mit einer bis dahin unbekannten Vielfalt technischer Elemente konfrontiert wird. Viele der typisierten Teile, wie Fensterprofile und Beschläge, Deckensysteme, Glaselemente, bis hin zu technischen Ausstattungen wie Heizkörper, Fußbodenbeläge und anderes, sind nach 50 bis 70 Jahren Gebrauchszeit verschlissen, nach unachtsamem Verlust nicht mehr zu ersetzen, nicht mehr erhältlich oder entsprechen nicht mehr heutigem Standard beziehungsweise heutiger Norm. Herstellerfirmen existieren

Technische Installationen folgen ihrer eigenen Ästhetik: die offen geführte Elektroinstallation im Keller des Hauses Schminke

nicht mehr, Produkte wurden weiterentwickelt oder sind aus technischen oder gestalterischen Gründen nicht mehr auf dem Markt. Besonders die technische Gebäudeausstattung, wie Wasserleitungen aus Blei, zweiadrige Elektroleitungen, zentrale Warmwasserheizungen – in den zwanziger Jahren neueste Innovationen –, müssen heute als nicht oder kaum mehr reparatur- beziehungsweise erhaltungsfähig eingestuft werden.

Bei traditionellen Bauweisen besteht in aller Regel die Möglichkeit, materialgerecht zu reparieren oder auch zu ersetzen. Schwierig wird dies bei industriell gefertigten Teilen wie Glasbausteinen, älteren Ziegelformaten, Beschlägen, Fensterprofilen oder anderem mehr. Auf Grund des Bedarfs haben inzwischen handwerkliche Kleinbetriebe eine Marktlücke besetzt, indem sie in Kleinauflagen einzelne Produkte nachfertigen. Kaum möglich ist dies bei Produkten in Großserien mit hohem maschinentechnischem Aufwand wie besondere Glasscheiben oder Bodenbeläge. So konnten am Haus Schminke zum Beispiel Rothalit-Glasbausteine durch Nachfertigung ersetzt, Drahtgläser im Eingangsbereich aber nur durch dem Original angenäherte Neuprodukte ersetzt werden.

Einige wenige Produkte aus den zwanziger und dreißiger Jahren sind nach wie vor oder wieder auf dem Markt, da sie als so genannte 'Klassiker' auch bei heutigen Ansprüchen und Anforderungen kaum verbesserbar sind oder weil sie dem modernen beziehungsweise nostalgischen Zeitgeist wieder entsprechen. Hierzu zählen die so genannte Gropius-Türklinke, die Wagenfeld-Leuchte oder einfarbiges braunes Linoleum, um nur einige Beispiele zu nennen.[17, 18]

Putze und Farben werden entweder in der historischen Form unverändert angeboten oder können durch entsprechend analysierte Nachmischungen für restauratorische Ergänzungen und Aufarbeitungen nachgestellt werden.

Schlussbemerkung

Man kann aber mit Fug und Recht die Architektur der klassischen Moderne als die konsequenteste Umsetzung der im 19. Jahrhundert begonnenen und im 20. Jahrhundert mit Nachdruck fortgesetzten Industrialisierung bezeichnen, die auch heute noch keineswegs ihren Abschluss gefunden hat. Die heutigen Entwicklungen der Gebäudetechnik und Steuerung einschließlich der Energietechnik werden die Häuser der Zukunft möglicherweise in gleichem Maße verändern wie dies vor rund achtzig Jahren geschah.

Das anpassungsfähige, wandelbare und klimagerechte Haus ist durch Innovationen im Handwerk und durch Industrialisierung in einem hohen Maße Realität geworden. Nicht eingestellt hat sich dagegen die Prognose vieler Architekten der klassischen Moderne, ganze Häuser seriell, wie vom Fließband, dem Auto vergleichbar, als Industrieprodukte herzustellen. Trotz zahlreicher Versuche ist dies bis heute eine Utopie geblieben.

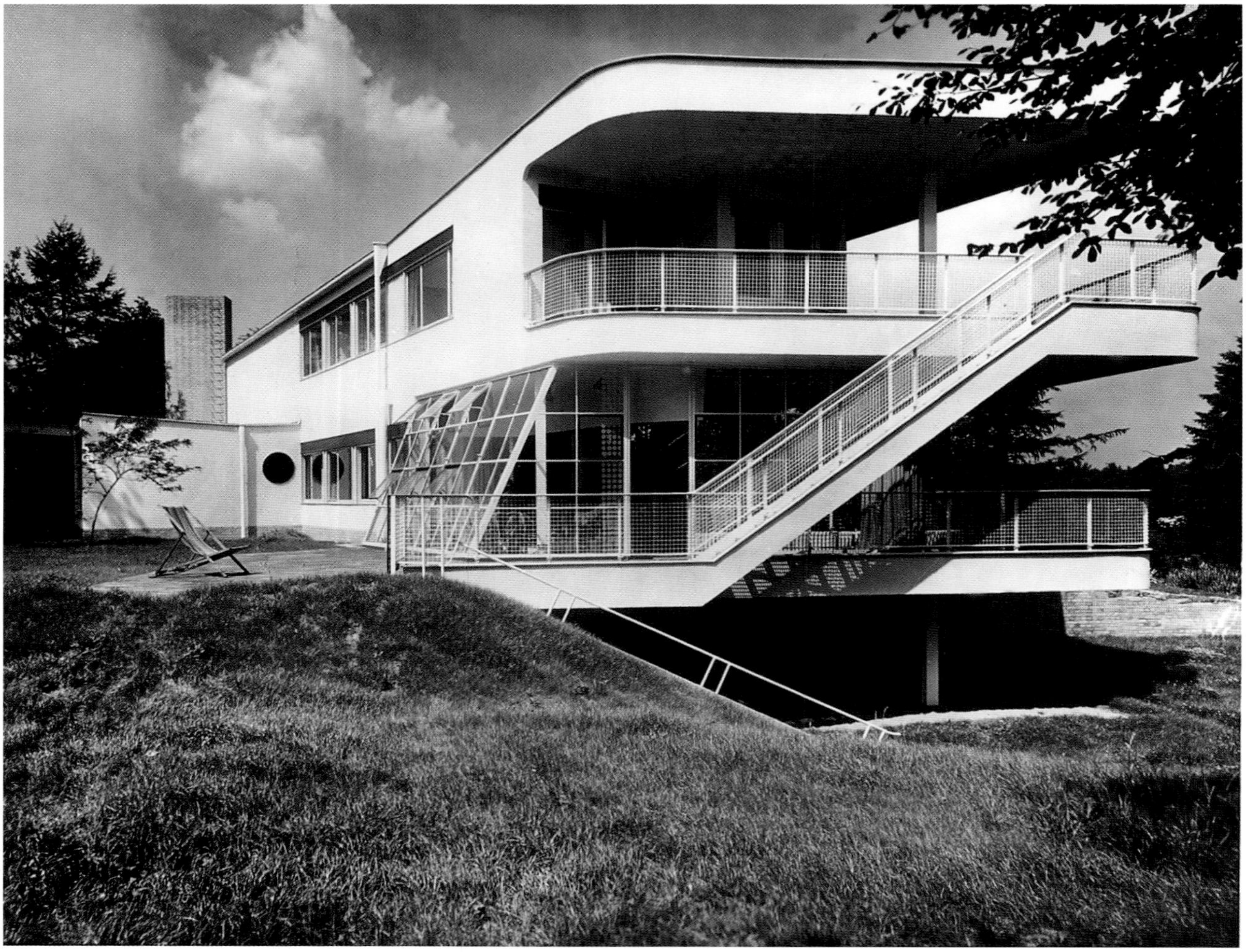

„Das Haus das mir das liebste war....." [1]
Neues Bauen – Befreites Wohnen

Christine Hoh-Slodczyk

Haus Schminke mit Terrassenbau von Südosten, Aufnahme 1933/34

I

1931–33 errichtete Hans Scharoun für das Fabrikantenehepaar Fritz und Charlotte Schminke in Löbau ein sensationell praktisches, phantasievolles, individuell zu führendes und faszinierend modernes, dabei ebenso familiäres und fröhliches Haus. Die Fabrikantenvilla, die so gar nichts mit einer Villa im Stil von Jenny Treibels Villa zu tun hatte, muss wie eine Sensation gewirkt haben. Es war ein ungewöhnliches Haus, das in dem kleinen Städtchen in der Oberlausitz jenseits der Bahnlinie, am Nordrand der Stadt entstand – sehr privat, beinahe versteckt hinter den Gebäuden der ehemaligen Fabrik des Bauherrn, der Anker-Teigwarenfabrik, die heute einen Lehrbauhof beherbergt. Vertraut waren den Löbauern damals die Wohn- und Handelshäuser vorwiegend aus der Gründerzeit, die um das barocke Rathaus und wenige ältere Bauten das Bild der Stadt bis heute bestimmen. Feste Vorstellungen verband man – trotz Muthesius und seinen Lehren vom Landhaus – mit der Villa als einem bürgerlich-repräsentativen Wohnhaus, wie es bereits Vater Schminke am gleichen Ort errichten wollte. Das Haus des Sohnes mit Flachdächern, Fensterbändern und auskragenden Sonnenterrassen widersprach dagegen allen gängigen Vorstellungen vom Wohnen.

An die Pläne des Vaters anzuknüpfen, dessen Villenkonzept mit Salon, Zimmer des Herrn, Zimmer der Dame, et cetera die traditionelle Zuordnung der Räume vorsah, war von den Bauherren, Fritz und Charlotte Schminke, nicht erwünscht.[2] Im Gegenteil: Der Neubau sollte ohne jede Bindung an früher gestaltet werden, so Fritz Schminke 1961 im Rückblick an Scharoun: „Charlotte und ich haben uns schon lange vor dem Bau des Hauses für moderne Architektur interessiert. Wir besaßen eine ziemlich reichhaltige Bibliothek und lasen auch Fachzeitschriften wie die ‚Innendekoration', ‚Moderne Bauformen' und ‚Die Bauwelt'. Auch besuchten wir die damaligen Bauausstellungen in Breslau und Stuttgart, wobei uns in Breslau Dein Junggesellenhaus besonders interessierte und gefiel. Auf Grund aller dieser Anregungen kam der Kontakt zu Dir zustande."[3]

Scharoun war 1930, als Schminke ihn im April um einen Entwurf für ein Einfamilienhaus bat, kein Unbekannter mehr. In der Weißenhofsiedlung in Stuttgart hatte er sich 1927 mit einem ersten kleinen Einfamilienhaus in die experimentierende Suche nach neuen Formen des Wohnens eingeschaltet. In Breslau 1929 und anschließend in Berlin beschäftigte ihn die Großstadt mit ihrem Verlangen nach „verschiedenen Lösungsformen des Wohnungsproblems"[4]. Vom Wohn- und Ledigenheim bis zur Großsiedlung reichten seine bis heute gültigen Leistungen.

Im Gegensatz zu Mies van der Rohe hat Scharoun sein Interesse auf die Fragen der Großstadt gerichtet, insbesondere – und dies zeitlebens – auf die Veränderungen des Gemeinschaftslebens, für die er mit Phantasie und Nachdenklichkeit das Neue Wohnen „zwischen den Polen des Einfamilienhauses und des Hotels, zwischen der Herberge für den erdgebundenen und für den nomadenhaften Menschen"[5] erprobte. Prämisse war ihm nicht wie Mies van der Rohe die äußerste Reduktion der Formen und Konstruktionen, sondern die ganzheitliche Sehweise der jeweiligen Aufgabe, das Begreifen und Bilden von Architektur auf der Grundlage der konzentrierten Erfassung aller Faktoren, „wie sie sich z. B. im Ablauf der Tagesarbeit, in der Art der Bewohner, im Ablauf der Sonne, in der Neigung zum Garten, in der gewünschten Art und Stärke des Lichteinfalls und in vielem anderen darstellen. Das Ausbalancieren solcher Gegebenheiten ergibt zwanglos den plastischen Ablauf und die Raumfolge von Bauwerk und Umgebung."[6] Planung durfte das Menschliche, die Freiheit des Nutzers nicht zerstören. In diesem Zusammenhang erinnerte Scharoun in seinem Vortrag 'Bauen und Leben', den er 1967 in Bremen hielt, an das Wort Brechts über den Bühnenbildner Caspar Neher: „Es geht von den Leuten aus und von dem, was mit ihnen und durch sie passiert – baut das Gelände, auf dem Leute etwas erleben."[7] Die damit illustrierte „Beleuchtung des Vorganges", das funktionelle Erfassen der Bauaufgaben, um sie dann organisch zu lösen, verbindet Scharoun mit Alvar Aalto, dessen Bauten ihm „eine wahre Offenbarung" waren, „ein Wunder, über dessen Entstehung wir uns alle freuen sollten"[8].

Den Bauherren musste diese Herangehensweise des Architekten außerordentlich entsprechen, konnten sie doch ihre Wohnvorstellungen für sich und ihre vier Kinder weit entschiedener einbringen, als es die im Rückblick knapp formulierten Worte Fritz Schminkes vermuten lassen – „Ein modernes Haus für 2 Eltern, 4 Kinder und gelegentlich 1–2 Gäste; [...] leichte Bewirtschaftung, nur eine Gehilfin für die Hausfrau; praktische Fußböden, einfach und leicht zu reinigende Bäder, Schlaf- und Waschräume; [...] Möglichkeiten zur Blumenpflege, an der die Hausfrau besonders interessiert war [...]."[9] In Fritz und

Wohnraum mit Kaminplatz und Aussichtsfenster in Garten und Landschaft, Aufnahme Alice Kerling, August 1933

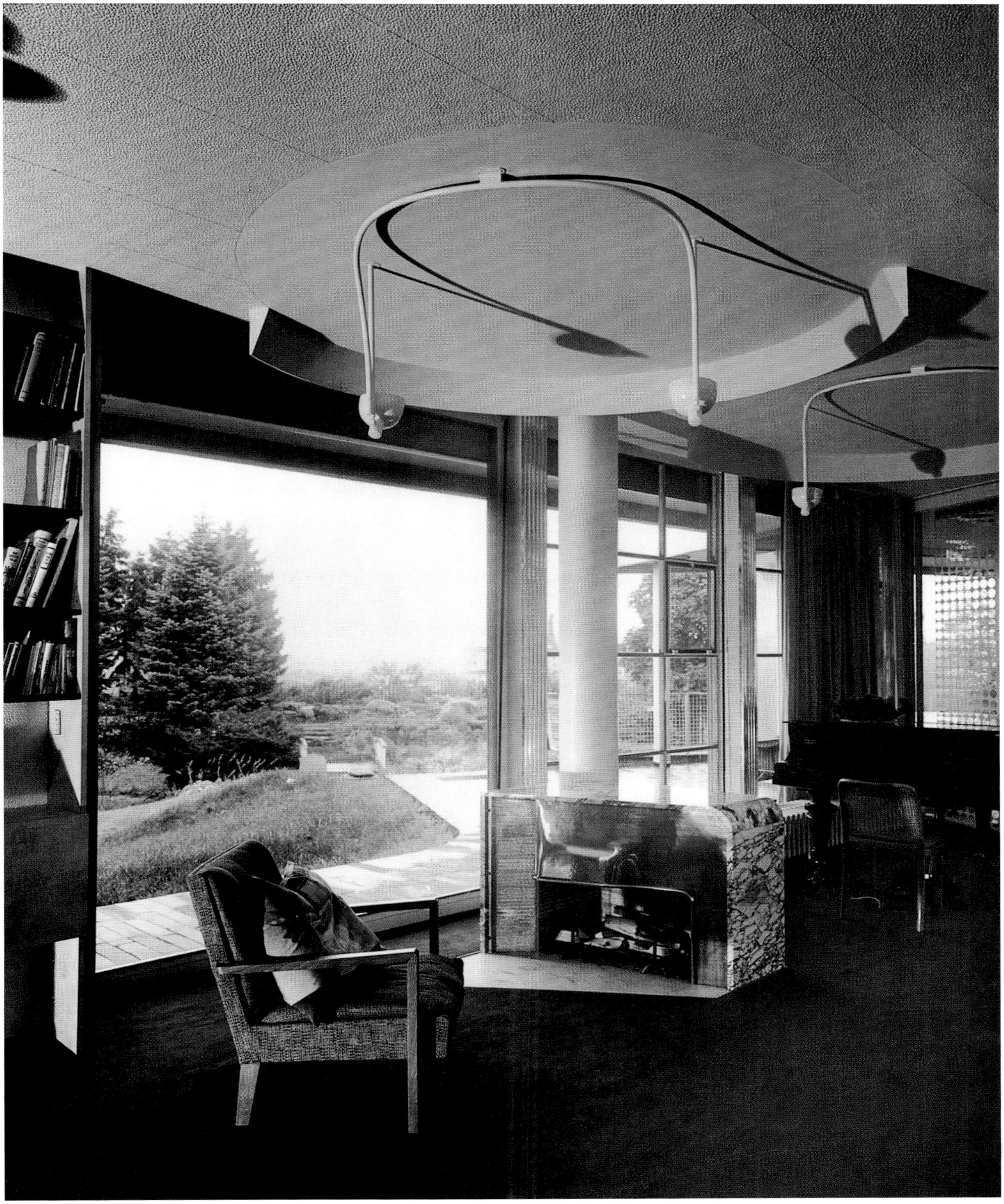

Charlotte Schminke hatte Scharoun nicht nur seine ersten privaten Bauherren gefunden, sondern ebenbürtige Partner, die Neuerungen offen gegenüberstanden und eine sehr deutliche Vorstellung von dem hatten, was sie wollten.

Vergegenwärtigt man sich Scharouns Erläuterungen von 1961 zur Entstehung des Löbauer Hauses, so ist es nur zu verständlich, dass sein erster Vorschlag einer Fabrikantenvilla nicht geeignet war, den Vorstellungen des Ehepaars zu entsprechen. Denn auf die wichtigste Forderung, die Einbettung des Wohnens in die Natur, ging dieser Versuch, der noch dem Fetisch des Autos huldigt und die Wohnung – ähnlich Le Corbusiers Villa Savoye in Poissy – über der Erde im ersten Stock vorsah, nicht ein.

„Der natürliche Mittelpunkt der Familie, Hauswirtschaft usw." – so Scharoun im Rückblick – war Charlotte Schminke, eine Frau von einer großen Ausstrahlungskraft, die „unmittelbare gestalterische Voraussetzungen in sich [trug]. Deshalb das Ineinanderfließen der Räume und Raumteile für die Bedürfnisse der Kinder, des gesellschaftlichen Lebens, für die Mittagspause usw. geordnet, distanziert und ermöglicht durch das klare aber lautlose 'Walten der Hausfrau'. Sie musste und wollte alles zur Hand haben und so auch die Blumen, für welche viel Raum im Wintergarten war. Zur Aufgabe der Hausfrau gehörte außerdem die Betreuung des umfangreichen Gartens und der kleinen Viehwirtschaft, eine umfangreiche Korrespondenz und anderes mehr – alles unterstützt durch die dem Praktischen, aber auch wieder dem Gestalterischen zugewandte Wesensart des Hausherrn (die er bestens ja auch in seinem Betriebe verwirklichte)."

Da Charlotte Schminke „von Bedingungen klimatischer Art sehr abhängig [war] – bis zu depressiven Zuständen, welche sich in der verhältnismäßig 'dunklen' Stadtwohnung vorher oft einstellten", sollte das Haus „viel Licht und ein Wohnen in der und mit der jeweiligen Wetterlage" ermöglichen.[10]

Erst „aus der Bekanntschaft und aus dem allmählichen Kennenlernen der Wohnbedürfnisse und [der] bestehenden oder gewünschten Lebensführung"[11] ergaben sich die Voraussetzungen für den Entwurf und entwickelten sich Funktionen und Grundrisslösung, die schrittweise erarbeitet und verfeinert oder auch durch Zwänge variiert wurden.[12]

II

Die eigentliche Bauzeit des Hauses, in deren Verlauf Architekt und Bauherren mit einer ungewöhnlich akribischen Planung und Detailverfolgung um die beste Lösung rangen und zugleich den finanziellen Zwängen aus der Weltwirtschaftskrise zu begegnen suchten, dauerte knapp ein Jahr. Ein lebhafter, in der Erläuterung und Argumentation immer äußerst präziser Briefwechsel, der seitens der Bauherren von Fritz Schminke geführt wurde, dokumentiert, in welch intensivem Maße, bis in das Detail der Farbgebung hinein, der Austausch zwischen Architekt und Bauherren stattfand.

Im April 1931 war mit dem Bau begonnen worden, Ende Mai oder wenig später wurden die Arbeiten bereits unterbrochen. Als die Planungen im Juli 1932 wieder aufgenommen wurden, sah Schminke sich gezwungen, die ursprünglich auf 70.000 Mark angesetzten Kosten durch Einsparungen auf 50.000,- bis 60.000,- Reichsmark inclusive Schrankausbau, Lampen, Architektenhonorar zu reduzieren: Das Esszimmer wurde zu einer „größeren Eßnische" verkleinert, ein von Scharoun vorgesehenes Glashaus vor der Südfront des Hauses ersatzlos gestrichen – zumal es auch nicht gefiel –, die Nordwand im Wohnzimmer nur zur Hälfte durchfenstert, ein Kinderschlafzimmer aufgegeben, da zum Ausgleich genügend Kombinationsmöglichkeiten blieben. Vergleichende Kostenanschläge eines reinen Ziegelbaus gegenüber einer Mischbauweise aus Eisenkonstruktion im Wohnteil und Ziegelbauweise in den Nebenräumen sollten weitere Ersparnismöglichkeiten ausloten.[13]

Dass es damit nicht getan war, zeigt die Krisensitzung in Berlin am 13. August 1932, zwei Tage, nachdem der Bauunternehmer Vetter seinen Kostenanschlag über die Roh- und Ausbaumaßnahmen auf der Grundlage der Planunterlagen und der Baubeschreibung Scharouns vom 1. August mit einer geschätzten Gesamtsumme von 35.167,22 Mark vorgelegt hatte, und wenige Tage vor Baubeginn am 15. August 1932. In der Aussprache einigten sich Scharoun, Schminke und Vetter auf die „Verwendung anderer als der vorgesehenen Baumaterialien, z. B. Bimsplatten statt Heraklith, Puffdecken im 1. Stock, Verbilligung des Gummibelags etc.", sowie auf die Reduzierung der Kosten für das Eisenskelett „durch Verwendung besonders geeigneter Eisen, z. B. Klöckner (für die Stützen), durch Schweissung statt Nietung, durch Verwendung leichterer Baustoffe, z. B. Bimsdielendach, durch Herabsetzung der behördlichen Anforderung. [...]."[14]

Weitere Kostensenkungen wurden erzielt durch eine Grundrissänderung im Kellergeschoss, die zwei Kellerfenster mit Lichtschächten, eine Trennwand und eine Tür mit Zargen einsparte,[15] durch die Reduzierung der Schwemmstein-Wandstärken von 15 auf 10 Zentimeter und von 10 statt 5 Zentimeter im Obergeschoss, durch Ölanstriche statt Steingutwandplatten im „Herrschaftsbad" und Mädchenbad, Terrazzo statt Fliesenfußböden in Küche, Anrichte und Sanitärräumen, Eichenparkett zweiter Wahl statt Pitchpine-Hobeldielen in der Halle.[16] Vermutlich hatten auch finanzielle Gründe dazu geführt, sämtliche Nebenräume mit Stragula[17] auszulegen, auch das Mädchenzimmer und das Elternschlafzimmer, für die ursprünglich eine Dielung vorgesehen war.

Ein Vorschlag aus der Baubeschreibung Scharouns, die Dächer mit Kupferbronzeblech (Tecuta) einzudecken, das mit Tecutaklebemasse auf die 11 Millimeter Celotex-Dämmung aufgebracht und diese wiederum auf die geglättete Massivdecke geklebt werden sollte, tauchte in den Diskussionen oder in Vetters Kostenanschlag gar nicht erst auf.

Wände und Decken, die letztlich flächendeckend und aufwendig tapeziert wurden, sollten dagegen laut Baubeschreibung sämtliche nur geschlemmt und gefilzt, die freien Wandteile in der Küche mit Eternitplatten verkleidet werden. Trotz Verbilligung wünschten sich die Bauherren das Haus „solide", „aber Luxus müssen wir eben vermeiden".[18]

Die Dichte der überkommenen Kostenanschläge, Angebote und Rechnungen gibt uns scheinbar genaueste Auskunft über jedes Detail. In Wirklichkeit bleiben Fragen. So sind die Farben im Haus oder die Fassung der Gussasphaltbeschichtung auf der Terrasse ungewiss. Die Wand- und Deckenfarben gingen mit den Tapeten als Farbträgern verloren und sind aus den Kostenanschlägen der Maler oder aus den spontanen, zum Teil wieder revidierten Planeintragungen Scharouns oft noch nicht einmal im Farbton verlässlich zu entnehmen. Für die Terrassendecke konkretisierte Scharoun die summarischen Vorgaben in der Baubeschreibung durch die „Konstruktionsmöglichkeit" einer Ausführung des Gussasphalt „in zwei Schichten von zusammen 2,5 bis 3 Zentimeter Stärke (untere Lage isolierend). Zwischen beiden Asphaltschichten ein Streifen Jutegewebe. Evtl. unter Verwendung farbigen Gussasphalts. [...]"[19]. Die Einfärbung ist nicht überliefert. Sie soll

73

mündlicher jüngster Überlieferung zufolge rot gewesen sein.

Ungeachtet dessen sind die Briefe und Kostenanschläge eine Fundgrube hinsichtlich Materialangaben, Firmenbezeichnungen und -bewertungen, wobei insbesondere Scharoun nicht müde wurde, das optimale Produkt ausfindig zu machen.

Planen und Bauen gingen Hand in Hand. Diskussionen wurden in nahezu täglichem Briefwechsel zwischen Scharoun, der überwiegend in Berlin weilte, Schminke und Vetter geführt, Entscheidungen sicher und rasch getroffen, alle Maßnahmen – ob Angebotseinholungen, Bestellungen oder Lieferungen – zügig, mit Aufmerksamkeit und Nachdruck verfolgt. Der Briefwechsel zeigt aber auch das bei allen Nöten und Zwängen ungebrochene Selbstverständnis Scharouns, Bauen als einen dauernden Planungsprozess zu verstehen und Geplantes oder Gebautes, wenn es ihm nötig erschien, auch wieder zu verwerfen. Nicht immer fand das die Zustimmung des Bauherrn. Die abgerundeten Eckklinker für den Schornstein, deren Nichtverwendung Scharoun sehr bedauert hatte, „da durch sie das Kaminhafte etwas genommen und aus dem Schornstein mehr ein eleganter Baukörper werden würde,"[20] akzeptierte Schminke erst, als die Änderung der Heizungsplanung auch größere Abmessungen des Schornsteins verlangte. Nicht folgen mochte er dagegen Scharouns Ansinnen, die Decke im Obergeschossflur nachträglich anzuheben. Offensichtlich hatte man während der Ausführung eine Planänderung Scharouns vom 5. September 1932 übersehen, was dieser sehr beklagte – zu Recht, wie man heute noch feststellen muss: Es ist mir „während der gestrigen Heimfahrt und auch heute schwer und schwerer auf die Seele gefallen, daß der obere Flur die schräge Decke verloren und viel zu bieder geworden. Hinzu kommt, daß dadurch die Schrankwand eine sehr starke Beziehung zum Raum und zur Teilung des Raumes bekommen hat, die beiden (Schrank und Raum) nicht gerade bekömmlich ist. Kann man die Holzdecke in ihrer Gesamtheit nicht auf der Außenseite hochkeilen und dann in der neuen schrägen Lage wieder befestigen? Wichtig wäre die Schräge auch, ebenso wie die im Schlafzimmer mit Rücksicht auf die Deckenschräge über der Außenterrasse [...]."[21] Schminke fürchtete nicht nur die technischen Schwierigkeiten, ihm wurden auch die Änderungen zu viel, die ihn in seiner Antwort zu ungewöhnlich deutlichen Worten veranlassten: „Es sind ja nun schon derartig viel Änderungen nach Herstellung vorgenommen worden, daß ich es, wie ich schon früher einmal schrieb, gern sehen würde, wenn in Zukunft derartige Sachen unterblieben. Entweder müssen wir dann von vornherein die Sachen so genau durchsprechen, daß keine Irrtümer mehr möglich sind oder wir müssen dann einen solchen Fehler, wie er hier passiert ist, wirklich in Kauf nehmen."[22]

Es waren nicht nur falsche Ausführungen oder unberücksichtigte Planungsänderungen, sondern auch Planungsunsicherheiten, Neuplanungen und eine mangelnde Koordinierung der Gewerke, die Korrekturen nach sich zogen. So wünschte Scharoun das vorsorgliche Verschieben der Trennwand zwischen Keller und vertieftem Wintergartenteil, um sich hinsichtlich der Beheizung des Wintergartens „keinerlei Möglichkeiten" zu verbauen[23], desgleichen das Verschieben der südlichen Stütze im Wintergarten, um Schwierigkeiten bei der späteren Einbringung der Wintergartenfenster auszuräumen[24]. Die neue Heizungsplanung hatte die Veränderung des Schornsteins verlangt, Einsparungsmaßnahmen durch Schminke erforderten die Änderung der Fenster im Wirtschaftskeller. Fehlende Übereinstimmung mit dem Gewerk der Stahlkonstruktion ließ das Herausbrechen und neu Betonieren von Stützenfundamenten unter Wintergarten und Terrasse[25], eine offenbar missverständliche Grundrissdarstellung den Abbruch der Mauer zwischen Flur und Kellertreppe[26], das Arbeiten nach einem überholten Plan den Abbruch der gestampften Attika notwendig werden[27]. Unbekannt sind die Gründe für das Abstemmen der außenseitigen Rollschicht an beiden Terrassentreppen[28], den Umbau der „Gartentreppe nach der unteren Terrasse"[29], die Änderung der Decke im Fremdenzimmer[30] und der Wände unter der Aufgangstreppe[31], die Aufgabe des gebogenen Fensters zum Blumenbeet des Wintergartens zugunsten eines geraden Fensters mit der Folge, dass auch der Verlauf des Wohnzimmerfußbodens nachträglich geändert werden musste[32].

Gestalterische Lösungen waren für Scharoun nie endgültige. Im Gegenteil. Die ästhetisch bestmögliche Lösung suchte er bis zuletzt. So bat er die Firma Christoph & Unmack, „die Verstärkung des U-Eisens am Vorbau [gemeint ist das Dach über Eingang und Windfang] aus ästhetischen Gründen vornehmen zu wollen. Das U-Eisen mit der geschlossenen Seite nach außen und Außenseite bündig mit Außenseite Stütze. Beides wird nicht ummantelt, sondern lediglich gestrichen."[33] Da das Ständerprofil relativ schwach war, sollte seine Wirkung nicht durch ein allzu schweres U-Eisen darüber zerstört werden. Scharouns Wunsch nach „Abnahme, Nachbearbeitung und Wiederanbringung"[34] wurde nicht entsprochen, da das Vordach, so Schminke am 24. November 1932, nicht mehr geändert werden konnte.[35]

Mit gleicher Aufmerksamkeit kümmerte er sich um die Gestaltung der Außentreppe zur oberen Terrasse. Sollte zuerst die Wange „in ganzer Höhe mit Heraklithplatte verkleidet und geputzt [werden], jedoch nur auf der Außenseite, die Innenseite der Außenwange sowie beide Seiten der Innenwange bleiben unverkleidet"[36], so bat er zwei Monate später die Firma Christoph & Unmack, die Geländerstäbe möglichst „auf der den Treppenstufen abgekehrten Wangenseite zu befestigen, weil die Befestigung auf der Innenseite unschön wirken würde"[37]. Die Tatsache, dass die Baufirma Vetter noch zwei Wochen vor Einzug der Familie die „Gartentreppe nach der unteren Terrasse umgebaut" hat, deutet darauf hin, dass eine der beiden Lösungen ausgeführt und nun verändert wurde. Warum aber letztlich die Geländerpfosten auf der Oberkante der Wangen befestigt wurden, ist weder dem Briefwechsel noch den Plänen zu entnehmen.

Die Farbgebung beschäftigte Scharoun permanent, bis ihn mit der nuancierten Einfärbung der Vorhangstoffe „nur noch Stoffliches" mit Schminke verband.[38] So schienen ihm bei den Fensteraußenanstrichen „noch einige Denkfehler unterlaufen" zu sein: „Wir haben da zu sehr aus der Einzelheit und zu wenig aus dem Ganzen gedacht, ich glaube doch, wir sollten aus der Fensternordwand des Wohnzimmers alles Rot herauslassen und zum mindesten die Gruppe der Wohnzimmer – Wintergarten – Schlafzimmer – und Gästeschlafzimmer einheitlich grau streichen (das Rot der Jalousienkästen bliebe natürlich)."[39] Dass dies nicht das letzte Wort war, zeigen die von Scharoun autorisierten Aufnahmen vom August 1933 und die restauratorischen Untersuchungen. Rot taucht an der Gartenseite nur noch als zarte Linie im Fenstergitter und Rankgerüst des Wirtschafts- und Fremdenzimmertrakts auf. Die Jalousienkästen des Wohnzimmerfensters erhielten einen ockerfarbenen Anstrich, der die Einheitlichkeit dieses Fassadenteils und damit seine Hintergrundwirkung vor dem Gartenprospekt beließ.

Als störend dürfte Scharoun andererseits die Wirkung der Fensterbeschläge empfunden haben, die, sämtlich Messing lackiert wie man sie aus dem Schiffsbau kennt, von ihm sicher materialsichtig gedacht waren, die in ihrem goldtressenähnlichen Hervorstechen die in sich homogene, transparente Raumfassung aber erheblich unterbrachen. Konsequenterweise wurden die Beschläge, wie die Aufnahmen vom August 1933 zeigen, schnellstens wieder überstrichen. Unausgeführt blieb dagegen seine Idee, „im Gästezimmer den getönten Wandteil bis an die Fensterwand auszudehnen, die Tür müßte dann im Wandton gehalten werden"[40]. Denn zumindest die holzfurnierte Tür ist original überkommen. Gleiches gilt für seinen spontanen Entwurf eines Rautenmusters in Grau und Rot auf dem Türblatt zum Küchenflur. Die Tür zeigt im Abdruck das senkrechte Streifenmuster der Schiebetüren, ohne dass darüber Angaben oder Befunde überliefert wären.

Nicht die zielgerichtete, konsequente Planung, sondern Spontaneität, Individualität und Ortsbezogenheit, das Sich-einlassen auf Wirkungen bestimmten den

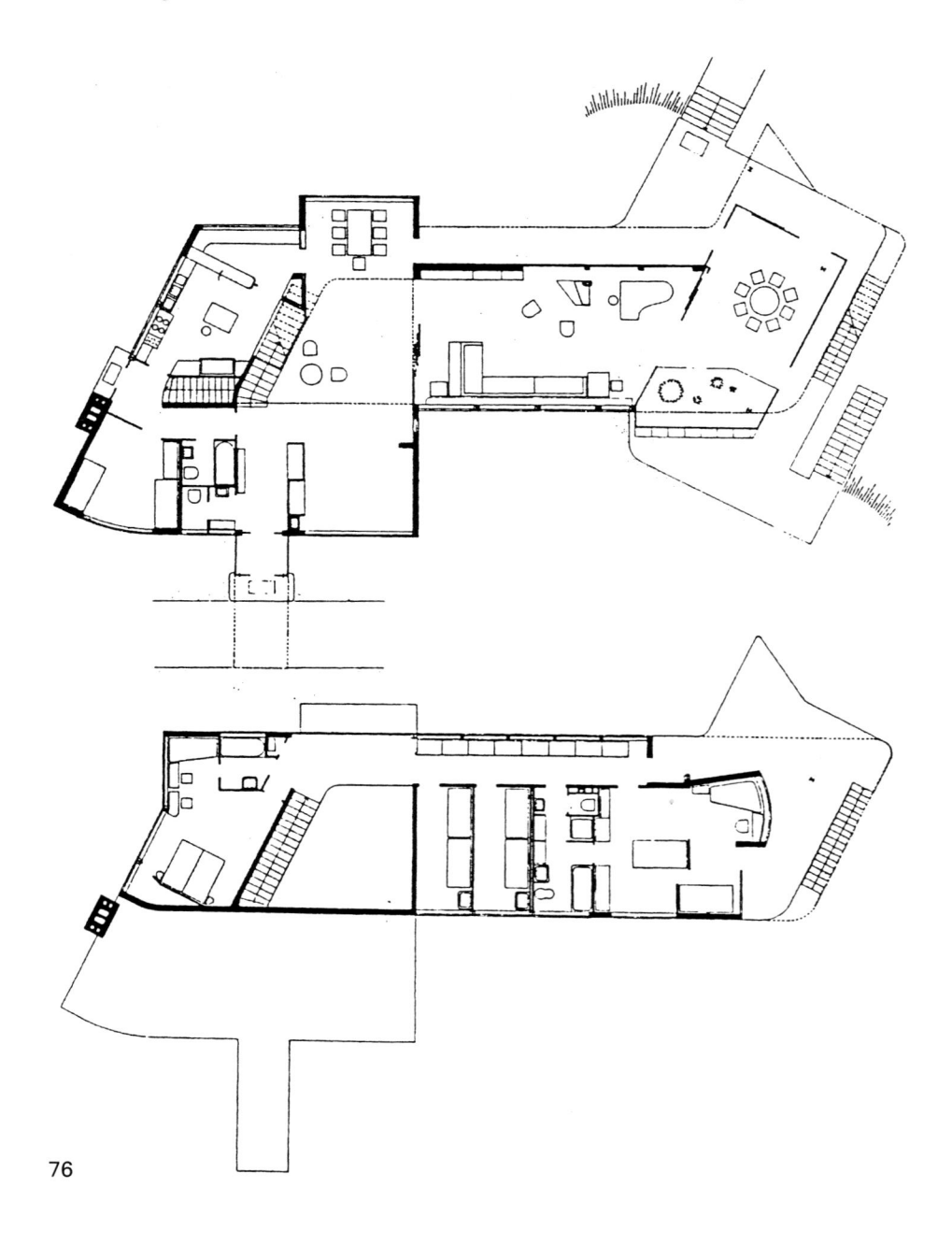

Grundrisse Erdgeschoss und Obergeschoss, 1933

Blick aus der Diele in den Windfang des Haupteingangs, Aufnahme Alice Kerling, August 1933

Entwurf und gaben vielfach den Ausschlag für die eine oder andere Entscheidung. Dieses fast spielerische, neugierige, immer aufmerksame Experimentieren war bis zuletzt Teil des Baugeschehens, auch wenn sich die Bauherren dies anders wünschten. Es gehörte zu Scharouns „Begreifen und Bilden von Architektur", keinem Dogma zu folgen, sondern sich im Ausbalancieren aller Gegebenheiten auch die spontane Reaktion zu erlauben.

III

Im Haus Schminke konnte Scharoun alle Prinzipien des Neuen Wohnens verwirklichen, die er für die Stuttgarter Ausstellung formuliert hatte: „[...] Scheidung von Wohn-, Schlaf- und Wirtschaftsabteilung, [...] starke Maßunterschiede der Wohn- und Schlafräume, [...] die Vereinigung verschiedener Wohnfunktionen in einer Raumeinheit, [...] das Spiel der durch das ganze Haus führenden Achse als Linie gegen Raum, [...] die Form des Wohnraums, die Weite über das Begrenzte hinaus fühlen läßt, [...] weitgehende Einbeziehung der – hier besonders schönen – Landschaft."

Scharoun war durch den bereits vom Vater Fritz Schminkes angelegten Garten und die ausgehobene Baugrube im Rücken der südlich angrenzenden Fabrik gebunden, doch wusste er die Grundstückszwänge geschickt zu nutzen. Da der Baugrund nach Süden, zum Fabrikhof hin, knapp bemessen war, orientierte er das Haus auf schmalem Grundriss mit dem Kopfbau der Terrassen nach Osten. Den Garten und die weit ins Land führende Aussicht verband er mit der Nordseite des Hauses, die zur „Aussichtsseite [wurde] und für die Lage der Wohn- und Gesellschaftsräume prädestiniert"[41] war. Die wärmende Südseite öffnete er mit einem breiten Band von Fenstern zum Zufahrtshof und in Richtung Fabrik, die durch eine Mauer dem Blick entzogen wurde.

War der Gast unter dem Vordach des Haupteingangs dem Wagen entstiegen, der auf den Fabrikhof entschwand, so öffnete sich ihm nach Durchqueren einer kleinen Diele eine großzügige Raumfolge aus Treppenhalle mit offenen Anräumen für den Essplatz und den sonnigen Spielplatz der vier Kinder, mit Wohnraum und Wintergarten, die durch sorgfältige Unterbrechungen wie Schiebetüren und Vorhänge separiert werden konnten, wovon aber selten Gebrauch gemacht wurde. Einzelne der raumhohen Fenster zum Garten sind als Aussichtsfenster ganz verglast, erlauben beispielsweise vom Wohnzimmersofa aus Momente der Betrachtung und Ruhe im Tagesablauf, während andere mit Sprossen versehen sind, dem Auge Halt geben wie auch die spielerisch gesetzten, geätzten Scheiben. Man erlebt das dem Wetter Ausgesetztsein und zugleich die Geborgenheit des Wohnraums.

Der Wirtschaftstrakt mit Mädchenzimmer und -bad/WC, mit Küche, Anrichte und Kellerabgang schließt westlich der Halle ebenso praktisch wie unbemerkt mit eigenem Eingang vom Küchenhof her an. Von Küche und Anrichte aus wird der Essplatz bedient, der sich mit Panoramafenster und Terrassentür zum Garten öffnet, an den Scharoun das Haus vielfältig und originell andockt – durch Austritte, ebenerdige Terrassen, deckähnliche Terrassen, eine Außentreppe „zwecks Entscheidungsfreiheit"[42].

Die Räume im Obergeschoss haben ergänzenden Charakter: das geräumige Fremdenzimmer mit Bad und begehbarem Schrank über dem Wirtschaftsteil im Westen des Hauses und die nach Süden orientierten Schlafzimmer der Eltern und Kinder, die zugleich Rückzugs- und Ausweichmöglichkeiten boten. Dies gilt auch für die äußerst knapp bemessenen und mit zwei Klappbetten, Waschbecken, hochklappbarem Tisch und Stuhl karg möblierten Kinderzimmer, die in erster Linie zum Schlafen dienten, bei Bedarf noch die Möglichkeit boten, ungestört die Hausaufgaben zu machen – ein sehr reduziertes Kinderreich, wenn man die Wohn- und Lebensvorstellungen der Bauherren außer Acht lässt, die den Platz der Kinder im Zentrum der Familie und damit im Zentrum des Hauses sahen, in dem alle Wohnfunktionen versammelt waren, auch das Spiel der Kinder und der Mittagsschlaf der Familie auf dem großen Sofa im Wohnraum.

Details wie die farbigen Glasscheiben der Türholme, die die Kinderwelt in bunten Farben erstrahlen lassen, und die Anlage der behäbigen Treppe, die nicht nur ein leichtfüßiges Gehen, sondern auch das Rutschen auf dem Treppengeländer ermöglichte, zeugen von Scharouns „Liebe zu den kleinen Dingen und seinem Wunsch, Räume zu schaffen, die das Leben und Wachsen eines Kindes begleiten, es schützen, anregen und fördern"[43]. Dass mit dem Heranwachsen der Kinder die Hausgestaltung neu überdacht werden musste, war zwangsläufig. 1942 bat deshalb Fritz Schminke Scharoun um Entwürfe zur Umgestaltung des Fremdenzimmers in ein leicht umzuwandelndes Wohn- und Schlafzimmer, das bei Bedarf unkompliziert auch als Gästezimmer dienen konnte.[44]

Drehscheibe des Hauses ist die zweigeschossige Halle. Sie bindet Essplatz und Spielecke an, lässt die Treppe passieren, die je nach Blickpunkt als Bauteil oder Linie wirkt, und öffnet sich zum großzügigen, von allen Seiten die Weite hereinholenden Wohnraum, ohne dass Verkehrswege und starre Zwischenwände das Durchwandern der Räume oder das Verweilen vorgeben würden. Im Grundriss dominieren klare Strukturen: Nord-Süd- und Ost-West-Achse, überschnitten von Hallentreppe und Wintergarten. Im Erleben wirken unterschiedliche Raum- und Deckenhöhen, wechselnde Raumtiefen und kontrapunktisch gesetzte Raumbilder. Die verschiedenen Raumteile überschneiden sich, greifen ineinander und isolieren sich zugleich. So grenzt Scharoun den Essplatz durch Erker und Galerie klar aus, verschränkt ihn durch Treppenlauf und Schrankwand aber wieder mit der Halle und den Raumebenen. Spielecke und Diele, die nach Süden im eingeschossigen Bauteil liegen, scheinen unter der Hallenwand nach draußen geschoben, doch bleibt ihre abgehängte Decke durch den weniger tiefen Raumteiler des Schranks auch Teil der Halle.

Den Panoramablick zum Garten kontrastiert Scharoun mit dem wandhohen Sprossenfenster, das die Spielecke, sonnig, geborgen, zum Hof umschließt. Dass dieses mit dem Sprossenfenster der Galerie korrespondiert, nimmt man nur unbewusst wahr, ebenso die Entsprechung der Aussichtsfenster in Esserker und Wohnraum, die der Besucher gemeinsam im Blick hat, wenn er die Halle betritt.

Wohnhalle mit Treppe zur Galerie und Blick in den Wohnraum, Aufnahme Alice Kerling, August 1933

Esserker mit Panoramafenster und Terrassentür zum Garten, Aufnahme Alice Kerling, August 1933

79

Zentrum des Hauses ist der lichtdurchflutete Wohnraum, der die gesamte Tiefe des Hausteils einnimmt. Scharoun hinterfängt ihn mit dem filigranen Bild des Wintergartens und steigert dieses durch die Transparenz der Außentreppe, die wie ein grafisches Pendant zur Hallentreppe wirkt, ohne dass die im Grundriss eindeutige Parallelität der Treppen zum Tragen käme.

Je nach Wetterlage und Sonnenlichteinfall versetzt das Schimmern der Materialien und die Zeichnung der Fenster, geätzten Scheiben und Geländergitter das Spiel des Lichts in eine flimmernde Bewegung, verwandelt den Wintergarten zur Bühne. Auf diese Verbindung von Bühnenbild und Raumschöpfung im Werk Scharouns und speziell auf die Beziehung des durch Licht bewegten Raumes zu Moholy-Nagys ‚Licht-Raum-Modulator' hat Klaus Kürvers verwiesen.[45]

Der Wohnraum ist der „Raum der Mitte" für Gespräch und Gemeinschaft – ein Gedanke, den Scharoun im Zusammenhang mit dem geplanten Wiederaufbau des Bezirks Friedrichshain in Berlin 1947 formulierte, der ihn aber immer beschäftigte: „im grünen Raum der Mitte als zentralem Außenraum" der Siedlung ebenso wie in den Typengrundrissen der

Wohnraum und Wintergarten, Aufnahme Alice Kerling, August 1933

Wohnraum und Wintergarten bei Nacht mit zeltartig zugezogenen Vorhängen, Aufnahme Alice Kerling, August 1933

Wintergarten vom Wohnraum aus gesehen, Aufnahme Alice Kerling, August 1933

Großsiedlung oder im Raum des Konzertsaals. „Der Raum der Mitte gibt der Familie und auch Freunden Impulse zum gemeinsamen Handeln – ganz gleich, ob den Raum der Zeichentisch, die Hobelbank oder ein Musikinstrument beherrschen."[46] Es ist ein Raum auch der Konzentration, des Innehaltens, der Muße. Großzügigste Durchfensterung lässt „die Weite über das Begrenzte hinaus fühlen", und doch gibt es vom Wohnraum aus keinen Zugang in den Garten. Die raumhohen Fenster der Nordseite öffnen sich nur in einem Lüftungsflügel. Der Raum ruht in sich, ist geschützt, auch ohne Verwendung der Schiebetüren, „da – wie in einem Garten – sich natürliche Trennung und Absonderung raummäßig ergibt"[47].

Scharoun kam es, wie er Slapeta 1932 erläuterte, „nicht nur auf die Befriedigung der praktischen Wünsche" an, ihm war „die Gestaltung des Räumlichen sowohl im Innern als auch nach Außen – im, sagen wir, romantischen Sinne bedeutungsvoll [...]. Ein Verlieren an das Räumliche auch im Sinne des Barocken"[48]. Adolf Behne, der engagierteste Kritiker der Moderne, hat dies zusätzlich interpretiert: „Von ‚Romantik' könnte man in dem Sinne sprechen, dass hier ein heiterer Geist der Eindeutigkeit alles Klassischen gern ausweicht, gerade in der Vieldeutigkeit, im Improvisatorischen, im Spielenden und Spiegelnden, im durchsichtigen Hintereinander, auch über die Hauswandung hinaus, sich leicht bewegt."[49]

Wiewohl Ausstattung, Farbe und Beleuchtung überwiegend fehlen, glaubt man Behnes Beschreibung von 1934 gerade auf den heutigen Zustand des Hauses gemünzt. Die noch erhaltenen Elemente der wandfesten Ausstattung verbinden sich zu einer Raumfassung, die der Leichtigkeit der Architektur entspricht – schlanke Stahlfenster und Stahltüren, Fensterbänke und Heizungsabdeckplatten aus Naturstein[50] in den offiziellen Räumen und im Elternschlafzimmer, aus Kunststein in den übrigen Räumen, Türen und Einbauschränke gestrichen oder in wertvollen Hölzern[51], Beschläge in Messing vernickelt, Deckentrichterleuchten und Lichtdecken, Marmorfußboden im Wintergarten, Terrazzoböden in den Wirtschafts- und Sanitärräumen, Wellblechverkleidungen, Treppen- und Brüstungsgeländer aus dem Industriedesign.

Farbigkeit und Lichtführung sind dagegen aus den von Alice Kerling im August 1933 gemeinsam mit Scharoun aufgenommenen Schwarz-Weiß-Aufnahmen und den historischen Beschreibungen nur zu erahnen, und dies auch nur für die Haupträume. So setzte Scharoun in der Halle laut Adolf Behne starke Farbakzente zur weißen Glanztapete der Wände und zur gebrochen weißen Blasentapete der Decke über der Spielecke: Aus dem Erdgeschoss mit schiffsbodenmäßig verlegtem Parkettfußboden führte er die Treppe mit blau und schwarz gummierten Stufen, weiß und rot gestrichenem Geländer und weißmetallenem Handlauf in das Obergeschoss, dessen Flurfußboden, vermutlich in Fortsetzung des Treppenbelags, als ehemals leuchtend blauer, heute verspröder und verklebter Noppengummi mit hellen grauen Eckeinlagen vor jeder der Zimmertüren aufgedeckt werden konnte. Die Decke im Hallenbereich war Behne zufolge mit einer orangefarbenen Salubratapete überzogen, der Obergeschossflur in Schwarz mit weißem Strichmuster gehalten, die Hallenwand über der Spielecke diagonal in Schwarz und Silber geteilt, korrespondierend offenbar mit dem Streifenmuster der Schiebetüren zum Wohnraum – Schwarz auf Grau und Weiß auf Grau. Dazu leuchtete aus der Spielecke

Wohnhalle mit Kinderspielzimmer und Diele zum Haupteingang, Aufnahme Alice Kerling, August 1933

Schrankflur im Obergeschoss, Aufnahme 1933/34

Elternschlafzimmer mit Blick zum Bad, Aufnahme Alice Kerling, August 1933

Kinderzimmer, Aufnahme Alice Kerling, August 1933

der noch erhaltene Kinderspielzeugschrank mit roten, blauen, gelben und weißen Türen und aus der Essecke ein Tisch, in dessen weißen Linoleumbelag bunte Linoleumstreifen eingelassen waren. Ein geplantes Wandbild von Schlemmer kam nicht zur Ausführung.

Im Wohnzimmer wechselte der Parkettbelag zum dunkelblauen Velour, dazu naturfarben die große Sofabank vor schwarzer und weißer Marmorablege- und Fensterbank, zartgelb, rot und naturfarben die Vorhänge, die Otti Berger entworfen und gewebt hatte. Sie wurden abends geschlossen, so dass die Räume, die „des Tages sehr weit [...] durch die innige Verbindung mit der Natur" wirken, „nachts durch Verwendung von vielem Stoff sehr intim [werden], aber so, dass sie zelthaft (auch zelthaft wandelbar) bleiben."[52] Die Fixpunkte des Raumes – Bücherregal mit bunt gefassten Türen, Marmorkamin, Flügel und Sofabank – konnten im Bereich der noch erhaltenen Deckenschürzen inselartig ausgeleuchtet werden, ohne den Gesamteindruck zu stören.

Nichts scheint dem Zufall überlassen, ein Verändern auch nur von Details nicht möglich, ohne den Gesamteindruck zu beeinträchtigen. Abgestimmt ist das Zusammenwirken aller Materialien, der Hölzer, Stoffe, Tapetenstrukturen, Farben, seien es Materialfarben oder Anstriche, der ausgefeilten Lichttechnik durch direkte oder indirekte Beleuchtung, durch hängende Lichtkörper, Wandleuchten, Deckenstrahler, ein- oder mehrfarbige Lichtplatten, Lichtreihen, die fast ausnahmslos von Scharoun, gemeinsam mit Otto Rittweger, entworfen wurden.[53]

Die im Wintergarten erhaltene Lichtplatte mit indirekter Deckenstrahlung über rostorangefarbenem Grund und die Deckentrichterbeleuchtung über Vorhalle und Nordterrasse – über Esserker und oberer Terrasse diente sie allein dem

Spiel, das Tageslicht einfallen zu lassen – vermitteln einen Eindruck von der Variationsbreite der Lichtführung.

Das Mobiliar blieb auf das Notwendige beschränkt. Einbauschränke, die selbst Teil der Architektur wurden, beließen den Räumen ihren Eigenwert. Sie wurden von Scharoun nach Vorgaben von Fritz und Charlotte Schminke entworfen und sind eindrucksvoll im Wohnbereich, in Küche und Elternschlafzimmer, hier kühn kombiniert mit einem alten Schrank, erhalten, während die Schrankzeile im Obergeschossflur die von Scharoun beklagte Eigenständigkeit bewahrte.[54] Thonet-Freischwinger nach dem Entwurf Mies van der Rohes im Wintergarten, Thonet-Stühle um den Esstisch, wenige konventionelle Polsterstühle im Wohnraum, dazu die für Scharoun typischen Klapptische oder zum Spiel- oder Schreibtisch verbreiterten Marmor-Fensterbänke in Spielecke und Elternschlafzimmer setzten vereinzelte Akzente oder blieben im Hintergrund.

Es ging Scharoun um die „Gestaltwerdung der Funktion, um das Wohnen als Lebensvorgang"[55]. Deshalb ist Haus Schminke so sicher und natürlich entwickelt, so überzeugend bis heute.

V

Haus und Garten[56] sind durch insgesamt neun Austritte im Keller-, Erd- und Obergeschoss miteinander verknüpft. Scharoun folgte damit dem Wunsch des Bauherrn, dem es auf „Leichtigkeit und Benutzbarkeit" des Hauses insofern ankam, „als er es in den Kreislauf der Gartenwege einbezogen wissen wollte (Eingänge, Außentreppe, etc.)."[57] Dennoch ist der Dialog deutlich aus einer Distanz geführt, die wohl auf den auch heute wieder dominierenden gravitätischen Charakter des Gartens mit Rasenparterres, Bruchsteinmauern und Teich zurückgeht, den erst das Wirken Charlotte Schminkes, die eine leidenschaftliche Gärtnerin war, mit einer überbordenden Blumenpracht überwunden und zu einem Ineinanderwirken von Haus und Garten geführt hat.

Der Garten wird nicht über weit geöffnete Terrassentüren erobert, sondern durch Ausblicke, betrachtend, als Bild in das Haus geholt. Die Austritte sind dagegen eher beiläufig, sieht man von der Vermittlung des Wintergartens ab. Auch der raumbestimmende Austritt aus dem Elternschlafzimmer führt nicht in den Garten, sondern auf die Terrasse des Obergeschosses.

Noch deutlicher wird diese Distanz vom Garten aus. Das Haus, das mit dem Garten ursprünglich den Mittelpunkt eines großräumigen Wohn- und Wirtschaftskomplexes bildete, erscheint gleichsam als technisches Gebilde der Natur gegenübergestellt – ein vielgestaltiges und vielansichtiges, auch fremdartig anmutendes Gebäude, von großer Präzision und Klarheit, bis in die fein gezogene Linie der

Haupteingang von Südwesten, Aufnahme Alice Kerling, August 1933

Südseite des Hauses, vom Eingangstor aus gesehen, Aufnahme 1933/34

Dachkante hinein, das mit jeder Bewegung des Betrachters, im Durchwandern des Gartens, eine Wandlung erfährt: verschlossen, introvertiert zum Zufahrtshof hin, wiewohl alle Räume nach Süden liegen; aufgebrochen mit weit auskragenden Sonnendecks im Terrassenbau, den die Treppe zwecks Entscheidungsfreiheit am Boden andockt; breit gelagert, als Folie für den Gartenprospekt auf der Nordseite; verdichtet zu einem gedrängten Baukörper und durch Fenstergitter gesichert im Wirtschaftstrakt. Selbst die in keiner Architekturgeschichte fehlende Ansicht des Terrassenbaus bleibt ein über dem Garten schwebendes Bild, einer Bühne vergleichbar, auf die der Betrachter vom Gartenparterre, vom Rondell oder von den Mauerterrassen aus schaut. Erst in der Verschränkung von Nordterrasse und nördlicher Gartentreppe, die beide über Essecke und Wintergarten erreichbar sind, verbinden sich Haus und Garten tatsächlich.

Der aktive Dialog zwischen Haus und Garten entsteht aus dem „Lebensvorgang", aus der Inbesitznahme der hausnahen und weiten Gartenräume durch die Familie: dem Küchenhof, der nicht nur die Küchenarbeit im Freien, sondern auch die Betreuung der Kinder auf dem Spielplatz erlaubte, der Südterrasse, auf der sich die Kinder nach einer Erkrankung erholten, der Nordterrasse, auf der die Familie sich zum Essen versammelte, Teich und Gartenbereiche als Spielfelder der Kinder, die Pflege des Gartens durch die Hausfrau, die Betreuung der Tiere, die Versorgung der Garten- und Obsterträge, die Beachtung einer gesunden Ernährung und Lebensweise in einem fast autarken Haushalt. Ohne dass dies zum Programm erhoben worden wäre, scheint in der Konzeption des Hauses und in der Einbindung des Gartens die Idee der Gesundheitshäuser von Neutra auf.

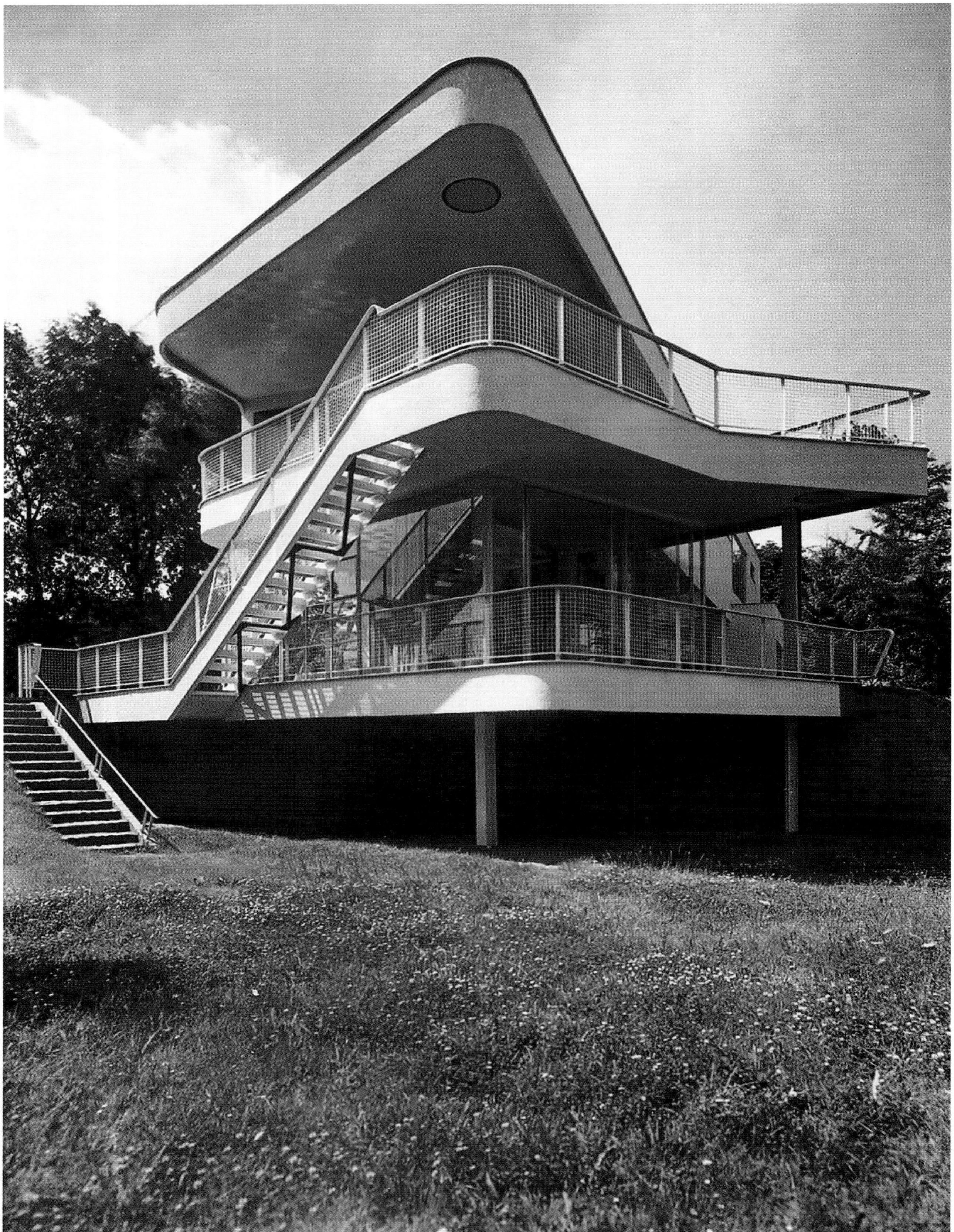

Terrassenbau zum Gartenparterre, Aufnahme Alice Kerling, August 1933

Nordseite des Hauses mit Blumengarten Charlotte Schminkes, Aufnahme Alice Kerling, August 1933

VI

1960 wählte Scharoun Haus Schminke gemeinsam mit seinem wegweisenden Entwurf für die Darmstädter Schule, 1970 gemeinsam mit der Philharmonie aus, als er gebeten wurde, sein Werk mit zweien seiner Arbeiten zu repräsentieren. Im Haus Schminke ist alles angelegt, was im späteren Werk zur Vollendung geführt wird: Großzügigkeit und Transparenz, Flexibilität, Ruhe in der Bewegung, etwas Wandelbares, das es erlaubt, in und mit dem Haus zu spielen. Das Haus geht immer mit, funktioniert organisatorisch wie emotional. Es ist offen und schützt, lässt Raum und konzentriert. Es ist ein Meisterwerk modernen Wohnens und bietet doch auch Vertrautes, indem es mit Vorfahrt, Halle, Salon, Wintergarten, Service aus dem Wirtschaftstrakt, Essplatz, der ursprünglich als Esszimmer geplant war, die Fabrikantenvilla nicht leugnet, deren wesentliche Elemente beibehielt. Durch Abwandlungen, Umgestaltungen und neue Zuordnungen schuf Scharoun im Wohnraum den modernen Salon, den Wintergarten als Bühne, die Erlebniswelt offener Räume.

Fritz und Charlotte Schminke leisten sich den Luxus, auf die Fassade bürgerlicher Tradition zu verzichten. Wohnen und Lebensführung waren identisch. Adolf Behne brachte die Überlagerung von Tradition und Moderne auf den Punkt: „Ein Haus ohne Dogmatismus, ohne modischen Ehrgeiz und ohne Philistrosität, ein Haus, nicht nur zum Untergebrachtsein und Wohnen, sondern zum Leben, zum glücklichen Leben, ein bürgerliches, ein familiäres Sanssouci."[58]

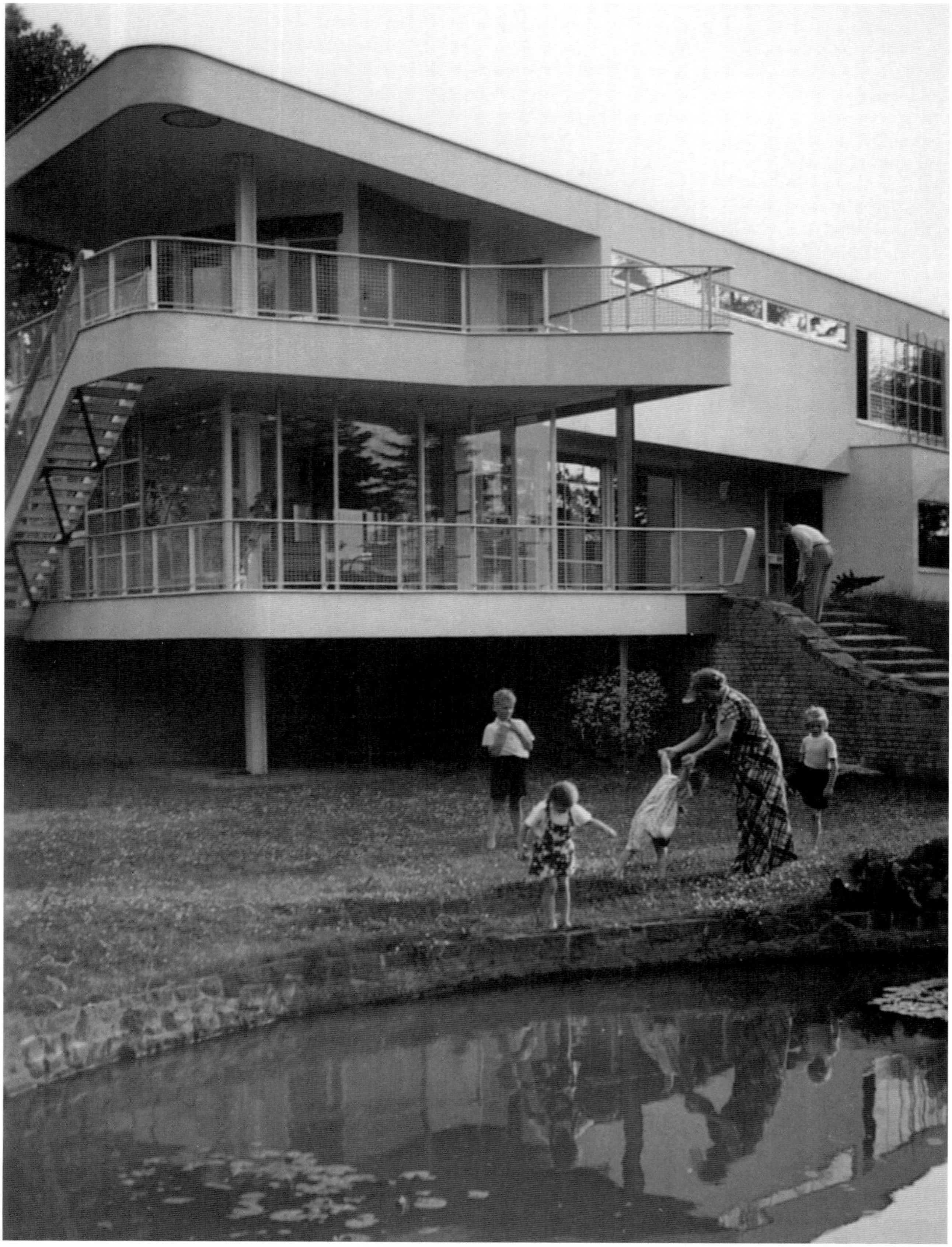

Das Haus unserer Familie – ein persönlicher Rückblick

Helga Zumpfe (I) und Erika Inderbiethen (II)

Sommer 1934

I
Wird man nach einem langen Leben nach seiner Kindheit gefragt, dann tauchen vor allem Stimmungen und Gefühle auf. So ging es mir, als ich nach meiner Kindheit im Scharoun-Haus gefragt wurde. Ich erlebte in der Erinnerung Licht, Weite, Großzügigkeit und Offenheit. Es waren nicht Einzelerlebnisse, sondern eine Grundstimmung, die über der Kindheit im Löbauer Haus lag. Diese Grundstimmung hat sich tief ins Lebensgefühl eingeprägt, so dass sich das Bedürfnis nach Weite und Licht noch heute in immer offenstehenden Türen äußert.

Es waren eigentlich wenige Jahre, die wir als Familie im Haus leben konnten, von 1933 bis 1946. Danach waren es noch einmal circa fünf Jahre, in denen das Haus als Kindererholungsheim genutzt wurde, unter der Leitung unserer Mutter.

Für unseren Vater war das Leben im Haus noch kürzer. Er wurde 1938 zum Militär eingezogen und war nach dem Sudetenfeldzug nur wenige Monate daheim, ehe der Zweite Weltkrieg begann. Erst Ende 1948 kam er schwer krank aus russischer Gefangenschaft nach Hause. Die Fabrik war enteignet, eine Arbeitsmöglichkeit nicht zu finden, so ging er 1950 nach Celle. Somit lebte er nur circa fünf Jahre durchgehend in seinem Haus.

So verhältnismäßig kurz die Zeit war, so reich und einprägsam war sie gerade für uns Kinder. Mit den glücklichen Kindheitserinnerungen bleibt eng verbunden die herzliche Freundschaft mit Aenne und Hans Scharoun. Ihre Besuche waren immer ein Fest! Dokumentiert ist es noch in unverwechselbaren originellen Eintragungen im Gästebuch. Hans Scharoun bekam schon während der Bauphase seinen 'Ehrennamen'. Als Jüngste, damals gerade zwei Jahre alt, war ich nicht in der Lage, Titel und Name auszusprechen, das war zu schwer. So wurde aus Professor Scharoun 'Feffer Huhuhun'. Von da an war er nur noch der 'Feffer'.

Die frühe Erinnerung an Aenne Scharoun verbindet sich mit dem Märchen „Einäuglein, Zweiäuglein, Dreiäuglein" (Gebrüder Grimm). Ich sehe sie auf der weißen Bank sitzen, die im Garten auf der Brücke zwischen den zwei Teichen stand, und uns Kindern dieses Märchen erzählen. Es ist mir so, als hätte sie es immer erzählt. Verstehen konnte ich es nicht, dazu war ich zu klein, aber das Bild und der Titel haben sich tief eingeprägt.

Hans Scharoun hatte eine sehr herzliche Beziehung zu uns Kindern. Ob im Haus, im Garten oder am Teich, er wurde ins Spiel einbezogen und belebte es mit seinen Ideen. Die Zigarre war immer mit ihm, und am Geruch konnte man sofort feststellen, wenn er da war. Mit leiser Stimme und einem schmunzelnden Gesicht erzählte er gerne aus seiner Studentenzeit oder von späteren vergnüglichen Vorkommnissen: Herrliche Anekdoten, für die wir ihn bewunderten und nie genug davon hören konnten.

Zum letzten Mal besuchte Scharoun im Sommer 1950 das Haus. Er kam über Dresden gefahren und holte mich dort ab (ich absolvierte im Dresdner Zwinger eine Steinbildhauer-Lehre), und wir fuhren gemeinsam nach Löbau. Es war nur ein kurzer Tag, aber es war noch einmal ein Anknüpfen an die schöne Kindheit und die Tage und Stunden, die wir mit ihm verbracht hatten. Wie sehr sich Hans Scha-

Architekten-Besuch, Sommer 1933

Mutter und Tochter auf der Terrasse, circa 1934

roun in eine Kinderseele versetzen konnte, zeigen farbige, runde Scheiben in den verschiedenen Türen zum Garten. Vier Türen waren es und jede hatte andersfarbige Scheiben. Sie waren in den Türverstrebungen und vor allem in Kinderblickhöhe angebracht. Ich weiß, wie sehr mich die verzauberte farbige Welt beeindruckt hat und ich immer wieder von Türe zu Türe lief, um hindurch zu schauen.

Im Rückblick auf die Jahre, die ich im Haus lebte, habe ich das Gefühl, als wäre immer Sommer gewesen. Alle Türen zum Garten standen offen, Innen und Außen waren eine Einheit. Das Leben spielte sich dann auch fast nur auf der Terrasse und im Garten ab, dort besonders auch am großen Teich und im darüber liegenden, von Scharoun umgebauten Gartenhaus. Der Garten, den die Mutter vorwiegend selbst pflegte, war ein blühendes Paradies mit einer Vielfalt der verschiedensten Pflanzen und auch vielen Bäumen und Sträuchern.

In alten Filmen, die die Eltern etwa 1938 und 1944 aufgenommen haben, kann man sehen, dass es selbstverständlich Winter gab, sogar sehr schneereiche. Dann durften wir nur auf Umwegen zum Teich gehen, damit der Blick auf die unzerstörte Schneelandschaft erhalten blieb. Der Teich diente uns im Winter als Schlittschuhbahn. Besonders romantisch war es, wenn der große Scheinwerfer am Haus am Abend dazu eingeschaltet wurde. Im Winter war auch der Fabrikhof unser bevorzugter Spielplatz. Dann wurden nahe am Zaun Schneeburgen gebaut und Schneekämpfe ausgefochten.

Kinderzimmer, circa 1936/37

Der Teich war nicht nur im Winter unser Tummelplatz. Im Sommer holten wir uns die Zinkwannen aus der Waschküche und verwendeten sie als Boote. Natürlich war das Schiffeversenken der Hauptzweck. Auch das Fangen und Beobachten von Molchen und Kaulquappen war eine beliebte Beschäftigung.

Das Spiel im Haus fand vorwiegend im Kinderzimmer statt, das durch einen Vorhang von der Halle abgetrennt werden konnte. Aber auch die Halle wurde in das Spiel einbezogen. Vor allem die elektrische Eisenbahn von unserem Bruder hatte da einen großen Platz, und wir lagen rundum auf dem Bauch und durften zusehen.

Zu Weihnachten gab es für uns drei Mädchen immer wieder die Puppenstuben, die im Kinderzimmer aufgebaut wurden und etwa drei Monate dablieben. Danach verschwanden sie wieder bis zum nächsten Weihnachtsfest.

Im Kinderzimmer stand ein großer Tisch mit vier farbigen Schubladen. Dort machten wir Mädchen unsere Schularbeiten. (Während des Krieges lebte eine Pflegeschwester für vier Jahre bei uns.) Die Schlafzimmer im oberen Stock waren schmal und nur zum Schlafen gedacht. Wir drei jüngeren Mädchen schliefen zusammen in einem Zimmer. Unser Bruder, der in einem Internat war, hatte ein Zimmer für sich. Dieses wurde von unserer älteren Schwester bewohnt, solange er nicht da war. 1943 ist er in Russland gefallen.

Die große Treppe vom oberen Stockwerk zur Halle wurde von uns kaum benutzt. Das Geländer eignete sich wunderbar zum Rutschen. Eine Einquartierung 1938 erweiterte das Vergnügen und es gab Huckepack-Abfahrten. Bei all den vielen Vergnügungen wurden wir doch streng gehalten und mussten in Haus und Garten mithelfen. Bei der Weihnachtsbäckerei taten wir das natürlich mit Freude. Die Freude unseres Vaters war es dann, wenn er naschen kommen konnte.

Nach dem Krieg war das Haus nicht mehr beheizbar. Im großen Wohnraum wurde ein Kanonenofen installiert und das Leben spielte sich dann in diesem einzigen warmen Raum ab. Mit dem Heizmaterial zogen auch die Mäuse dort ein und nahmen am Familienleben teil.

Eine ganz neue Zeit begann mit der Einrichtung des Kindererholungsheimes. Es kamen vorwiegend Kinder und Jugendliche aus Dresden, zum großen Teil aus der dortigen Waldorfschule. Manche Abende saßen wir auf den Terrassen unterm Sternenhimmel im ernsten und heiteren Gespräch. In besonders warmen Nächten durften wir sogar in Liegestühlen im Garten schlafen. Was zur guten Erholung der Gäste beitrug, war somit nicht nur das gute und reichliche Essen, sondern auch das besondere offene und lichte Haus mit dem schönen Garten, und vor allem die aufmerksame, liebevolle Betreuung durch unsere Mutter.

So sei an dieser Stelle nochmals mit großer Dankbarkeit an Hans Scharoun und an unsere Eltern gedacht, durch die es möglich wurde, dass nicht nur wir Kinder der Familie, sondern noch viele andere Kinder unvergessliche Stunden in der 'Schminke Villa' verleben durften.

Kindererholungsheim im Haus Schminke 1949

II

Fabrik und Haus gehörten zusammen. So gab es zum Beispiel einen Generalschlüssel für alle Schließzylinder der Fabrik- und Haustüren im Schminke-Haus.

Der Weg in die Stadt und zurück ging grundsätzlich über den Fabrikhof, vorbei an den großen Kohlehaufen mit drei unterschiedlichen Sorten, und dem Maschinenhaus. Interessant war die Feuerungsanlage und das Innere des Maschinenhauses, das ohne ausdrückliche Erlaubnis nicht betreten werden durfte. Darinnen faszinierte das riesige Schwungrad für die Stromerzeugung.

Der große Garten lud zum Spielen und Toben ein, aber viel interessanter war oft der Fabrikhof, auf dem Versteckspielen begehrt war. Mitarbeiter und Mitarbeiterinnen wurden von uns Kindern oft mit Onkel und Tante betitelt. Die einzelnen Gewerke im Betrieb hatten ebenfalls große Anziehungskraft auf uns, und oftmals wurden wir auch hingeschickt mit irgend einem Auftrag.

Der große Garten war das Terrain unserer Mutter. Es gab natürlich auch einen Gärtner. Wir Kinder wurden später zum Unkrautjäten mit herangezogen. Mit Kriegsbeginn änderte sich viel, da die meisten Männer eingezogen wurden. So kam für uns Kinder vermehrt Mithilfe im Zier- und Gemüsegarten in Betracht.

Nach Flucht und Rückkehr wurde das Haus von der Besatzungsmacht beansprucht, so dass wir zum Wohnen in ein Büro der Fabrik ausweichen mussten.

Bevor es wieder möglich wurde, Nudeln herzustellen, beschäftigte unsere Mutter einige Arbeiterinnen mit dem Nähen von kleinen weichen Tieren aus Wachstuch. In der Zwischenzeit wurden gleichzeitig Versuche mit dem Trocknen von Gemüse gestartet, wozu sich die vorhandenen Trockenschränke hervorragend eigneten. Wir Jugendlichen hatten uns – wenn nötig – daran zeitweilig zu beteiligen. Seitens der Russen wurde dann zeitweilig Mehl angeliefert zur Nudelherstellung. Bezahlt wurde das dann zum Beispiel mit Fleisch.

Nach der Enteignung 1946/47 war das Betriebsgelände für uns tabu, was mit Hilfe eines Zaunes unterstrichen wurde.

Ein kleiner Stall, gegenüber der Küche im Anfangsbereich des Obstgartens, beherbergte dann zwei bis drei Ziegen, ein Schaf, zehn Hühner, vier Kaninchen und Meerschweinchen für Labore. Der ehemalige große Hühnerstall am unteren Ende der Gartenmauer im Obstgarten diente als 'Heuboden', den es früher ja im Stallbereich der Fabrik gegeben hatte.

Das Haus musste unterhalten werden und konnte mit behördlicher Genehmigung als Erholungsheim für Kinder eingerichtet werden. Diese kamen zuerst hauptsächlich aus Dresden für jeweils sechs Wochen. 1950 zeichnete sich bereits ab, dass es schwieriger wurde, eine Gruppe für die Belegung voll zu bekommen, so dass auch über das städtische Gesundheitsamt Löbau Kinder aus der Umgebung kamen.

Ende 1948 war der Vater krank aus russischer Gefangenschaft heimgekehrt und wurde nach einem Jahr Erholung durch ehemalige Kollegen der Teigwarenbranche in den Westen vermittelt zur Sanierung eines Tochterbetriebs. Die Heimsituation kam allmählich zu einem Ende, die Übersiedlung in den Westen wurde vorbereitet. Unsere Mutter vermietete das Haus an die Stadt Löbau, bevor sie ebenfalls über Berlin in den Westen übersiedelte.

Dass Haus und Grundstück enteignet wurden, erfuhr ich im August 1990 bei einem Besuch im Liegenschaftsamt in Löbau.

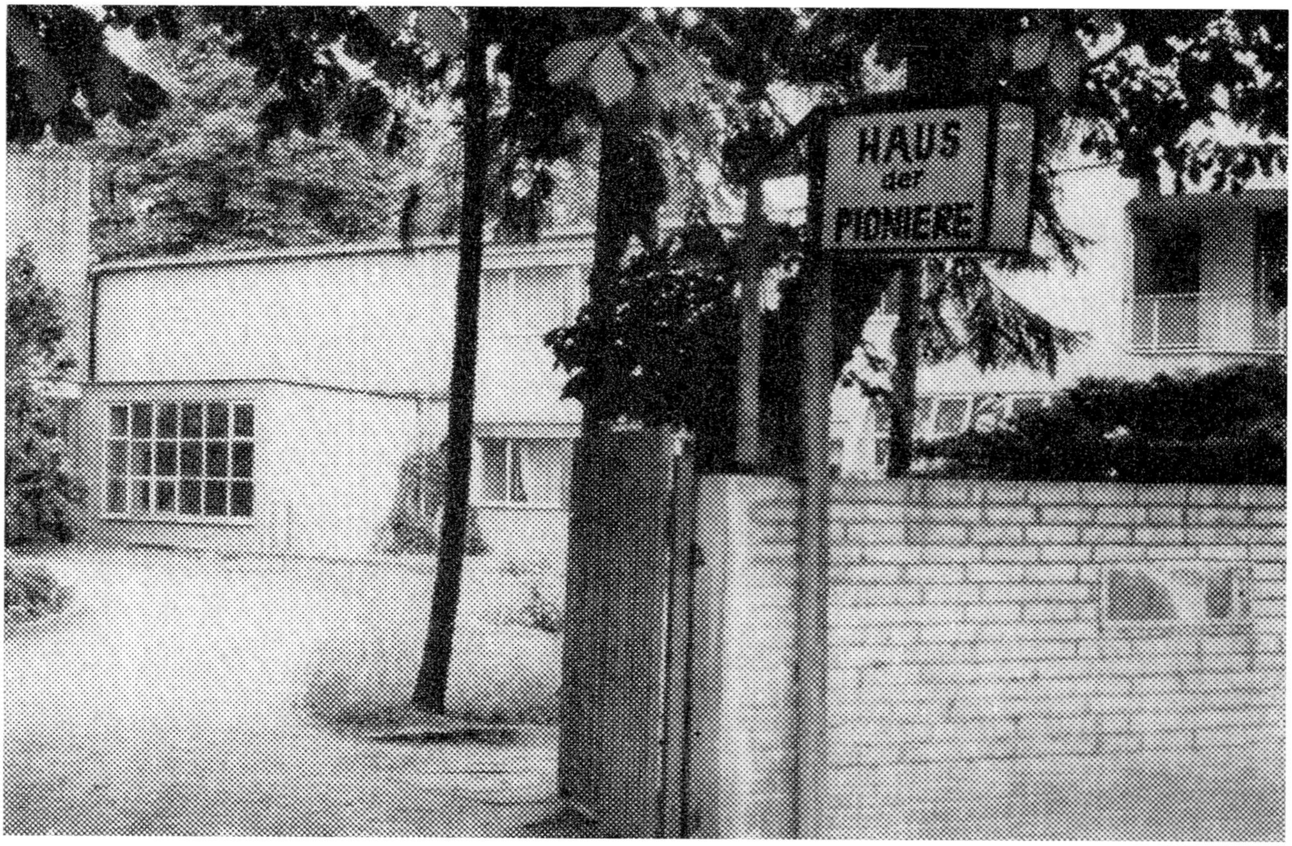
HAUS
der
PIONIERE

Das Haus der Jugend im Haus Schminke

Peter Hesse

Als es im Herbst 1990 zu ersten Gesprächen mit Vertretern der Berliner Hochschule der Künste kam, war Erstaunen darüber zu bemerken, dass dieses Haus, das Landhaus Schminke, in seiner Grundsubstanz die DDR überstanden hatte und außer den Irritationen, die Möblierung und Farbgebung auslösten, weitgehend Originalität vermittelte. Mag dies im Rückblick, ohne den beachtlichen Sanierungsrückstand zu verkennen, auch verblüffend erscheinen, so führten doch sehr unterschiedliche Gründe dazu. Ihr Wirken wird je nach Betrachtungswinkel und größer werdendem historischen Abstand unterschiedlich zu bewerten sein.

Möglich ist, dass die baulichen Gegebenheiten das Haus bestimmten Nutzungen entzog; dass das frühe, bereits 1959 einsetzende Interesse der Denkmalpflege und das seit Anfang der sechziger Jahre beginnende Befassen der TU Dresden im Rahmen der Architekturausbildung Gegenkräfte darstellten. Auch das nicht nachlassende internationale Interesse an den Leistungen Scharouns, aber auch die zunehmende Begrenztheit der materiellen und finanziellen Mittel in der DDR mögen nicht ohne Einfluss geblieben sein. Wenn dies in naher Zukunft weiter zu untersuchen sein wird, sollte ein Aspekt nicht unbeachtet bleiben: nämlich die meines Erachtens nach nicht zu unterschätzenden Erfahrungen der Tausenden von Nutzern, die unmittelbare Eindrücke aus der Kinder- und Jugendzeit mitnahmen, Prägungen erfuhren, Kontakte und Beziehungen entwickelten, die ihr weiteres Leben beeinflussten. Teilweise wirkten sie als spätere Entscheidungsträger selbst bewahrend und begriffen das Haus als Teil ihrer eigenen Biografie.

Die seit Beginn der siebziger Jahre bis zum Ende der DDR reichende personelle Kontinuität in der Leitung des Hauses und die durchgehende Nutzung als Freizeit- und Jugendeinrichtung verhinderten im zähen Kampf um die Absicherung des Alltags im Haus, dass trotz fehlender Investitionen und Sanierungsmittel nicht wiederherzustellende Substanzverluste vermieden blieben. Es war schon etwas Besonderes, wenn man als Vertreter seiner Pionier- und FDJ-Organisation nach Löbau ins 'Kreispionierhaus' fahren durfte. Und so entsinne ich mich der frühsommerlichen Fahrt im Jahre 1972, die mich neben anderen aus dem ganzen Kreis zu einer 'Anleitung' nach Löbau rief. Hatte ich zunächst ein Villen- oder palastähnliches Gebäude an zentraler Stelle erwartet, so merkte ich schnell, dass das Haus gefunden werden wollte und die Löbauer, nach dem Weg gefragt, zumindest mit dem Kreispionierhaus wenig anzufangen wussten. Vertrauter war es ihnen als Klubhaus mit zahlreichen Freizeitangeboten, und besonders war es unter dem Namen 'Nudeldampfer' bekannt, was wohl auf den Betrieb des ehemaligen Besitzers der Anker-Teigwarenfabrik (Nudelfabrik) wie auch auf die eigentümliche Gebäudeform verwies. Zu was ich 'angeleitet' wurde, ist mir nicht mehr erinnerlich; es muss wohl etwas mit Kultur gewesen sein, denn in meiner Eigenschaft als Kultursekretär war ich ausgesandt. Geblieben ist mir die Aufregung, die Fahrt und Suche mit sich brachten, sowie der unvergleichliche Eindruck, den der sonnendurchflutete große Raum (Wohnraum) und die unvergleichliche Möglichkeit, ins Freie zu schauen, bei mir hinterließen.

Später beruflich mit Löbau verbunden, blieb es nicht bei dieser ersten Begegnung. Besonders haften geblieben sind mir die Auseinandersetzungen zwischen örtlicher und Landesdenkmalpflege Mitte der achtziger Jahre, in denen es um Ausgestaltung und Farbgebung ging und bei denen sich schließlich das Landesamt mit seiner, wie sich zeigen sollte, falschen Auffassung durchsetzte. Aber auch die Bemühungen nach 1990, Förderer und Geldgeber für die sachgerechte Sanierung und sinnvolle Nutzung des Landhauses Schminke zu finden, sind mir noch in lebhafter Erinnerung.

Nachdem Charlotte Schminke das Haus verlassen und das Erholungsheim für Kinder aufgelöst hatte, übernahm die Stadt Löbau das Gebäude, die es unmittelbar an die Stadtleitung der FDJ weitervermietete. Diese nutzte es als jugendorientiertes städtisches Klubhaus. Mit dem Herauslösen der Pionierorganisation aus der FDJ wurde am 13. Dezember 1963 das Gebäude als Pionierhaus übergeben. Erste im Haus betriebene Arbeitsgemeinschaften waren die für 'Junge Sanitäter' und 'Russisch'. Später kamen hinzu:. 'Junge Tischler', 'Junge Bautechniker', Briefmarkensammler, Puppenspiel, Theater, Naturfreunde, Zeichnen und Malen sowie Tierfreunde. Mit der Gesellschaft für Sport und Technik richtete sich im Haus eine Gemeinschaft 'Nachrichten/Funker' mit eigenem Funksender ein.

In den sechziger Jahren als Haus für Löbauer Kinder und deren Freizeitbedürfnisse genutzt, entwickelte es sich in den siebziger Jahren zum Kreispionierhaus. Die damit einhergehende stärkere Ideologisierung führte zur Veränderung der Arbeitsstrukturen, zur Orientierung an Zielvorgaben, die in Pionieraufträge wie zum

Aufnahme von 'Thälmann-Pionieren' in die Pionierorganisation am 13. Oktober 1983

Beispiel 'Meine Heimat DDR', 'Wie Thälmann treu und kühn', 'An der Seite der Genossen – Immer bereit!' vorgegeben wurden. Dazu gehörte auch die Übernahme der 'Anleitungsfunktion' für zeitweise bis zu 44 Schulen (Pionierfreundschaften) im Kreis Löbau. Unterstellt war die Leitung des Hauses sowohl der FDJ-Kreisleitung als auch dem Rat des Kreises.

Für die so genannte 'außerunterrichtliche Tätigkeit', nachdem in den sechziger Jahren die Gemeinschaften unter ehrenamtlicher Leitung standen, wurden zunehmend Erzieher mit pädagogischem Abschluss eingestellt. Ende der siebziger Jahre erfolgte die Gliederung in Bereiche und der Einsatz von Bereichsleitern. In Löbau galt dies für die Bereiche Kultur, Sport und Touristik sowie Agitation und Propaganda. Mit der stärkeren Einbindung in das Erziehungssystem der DDR, der Professionalisierung, nahm nicht nur das Berichtswesen, sondern auch die an ideologischen Zielvorgaben orientierte Arbeit zu. Dies fand seinen Ausdruck in Wettbewerben wie Luftgewehrschießen, Manöver Schneeflocke, aber auch in den Vorgaben zur Erforschung des antifaschistischen Widerstandes und zum Kampf um Ehrennamen. So 'kämpfte' das Kreispionierhaus Löbau erfolgreich um den Namen Oswald Richter, der aus Ebersbach stammend, 1943 in Dachau ums Leben gekommen war.

Trotz dieses enger werdenden Vorgabekorsetts gab es aber auch weiterhin Haus- und Gartenfeste, Musik, Tanz, Sport und Spiel, die wie Malen und Basteln, Wanderungen und Feriengestaltungen den Alltag weiterhin bestimmten. Galt es doch entsprechend der damaligen Vorstellungen, Kinder und Jugendliche zunächst zu gewinnen und dann stärker an die Ziele von Partei und Staatsführung zu binden. So ist es nicht verwunderlich, dass heute diejenigen, die ihre Freizeit teilweise in diesem Haus als Kinder oder Jugendliche verbracht haben, wohl eher die geselligen Erlebnisse oder den ersten Kuss als den Pionierauftrag in Erinnerung haben.

Erstaunlich nur, dass trotz der vielen Gruppen sich keine 'Jungen Historiker' mit der Geschichte des Hauses, mit seinem Vorbesitzer oder dem Architekten Scharoun befassten. So bleibt noch manches zu tun, damit auch in Löbau jeder weiß, dass das Landhaus Schminke mit der Architektur von Hans Scharoun genauso zu Löbau gehört wie der gusseiserne Turm und das Löbauer Rathaus.

**Impressionen von dem sanierten
Haus Schminke aus dem Jahr 2001**

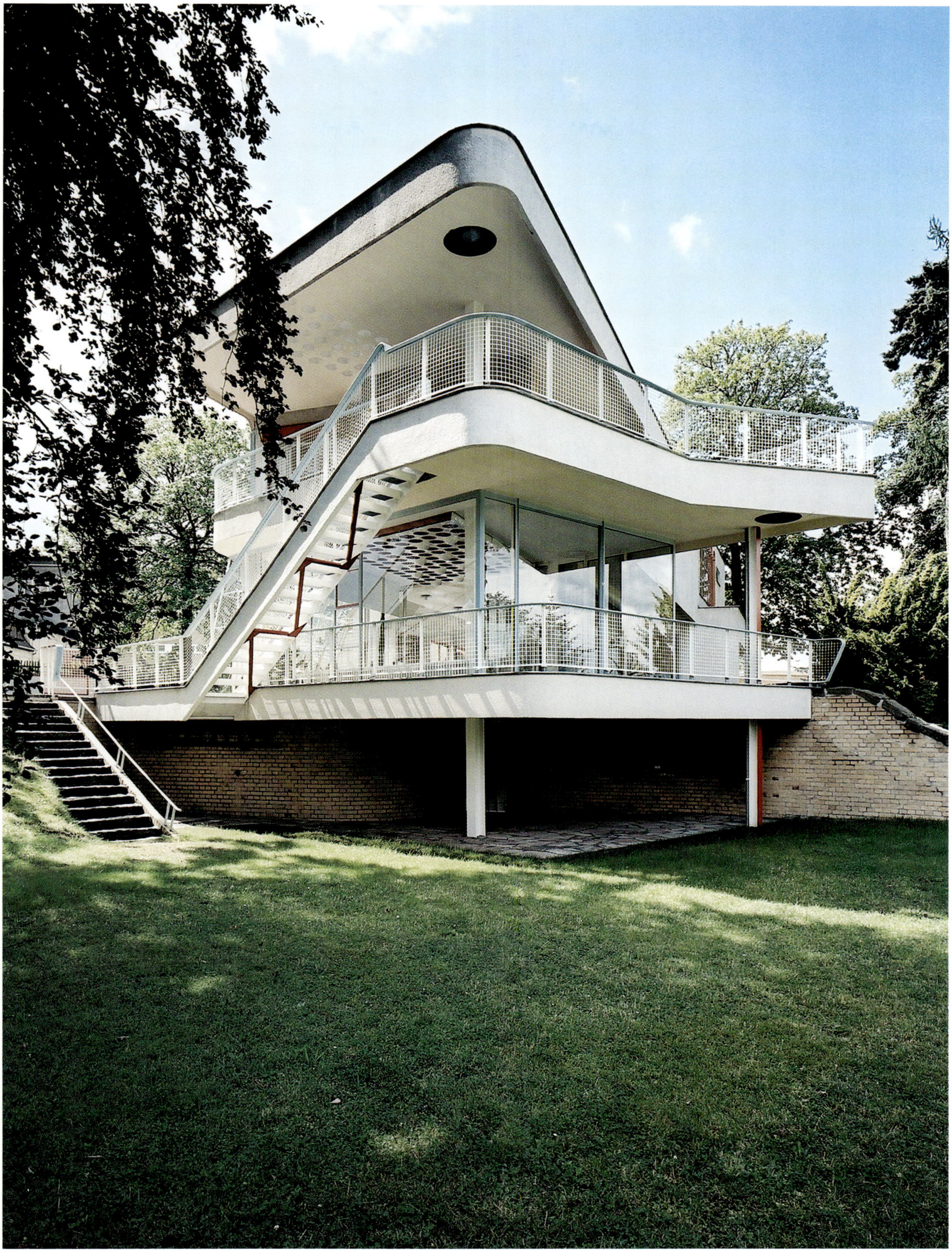

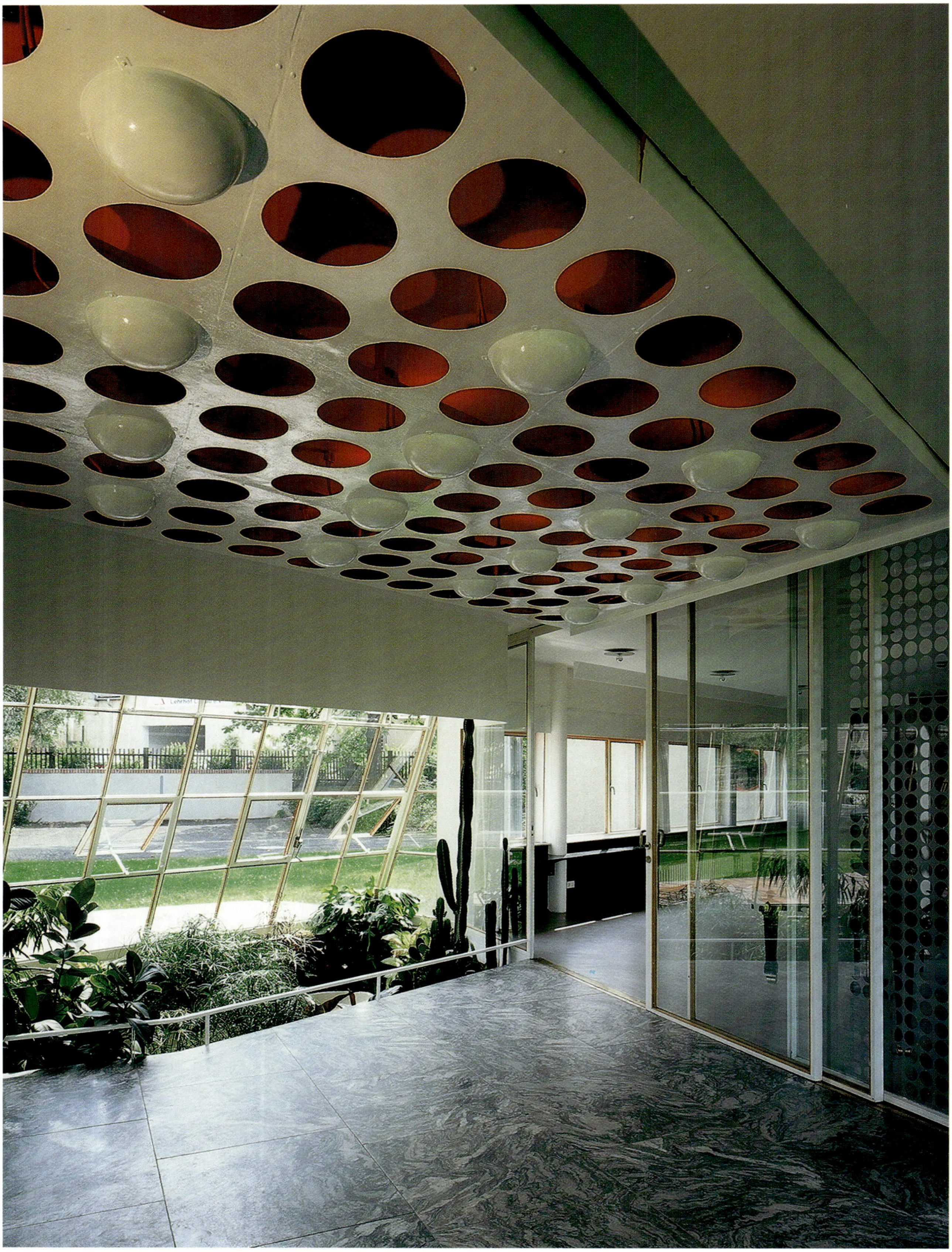

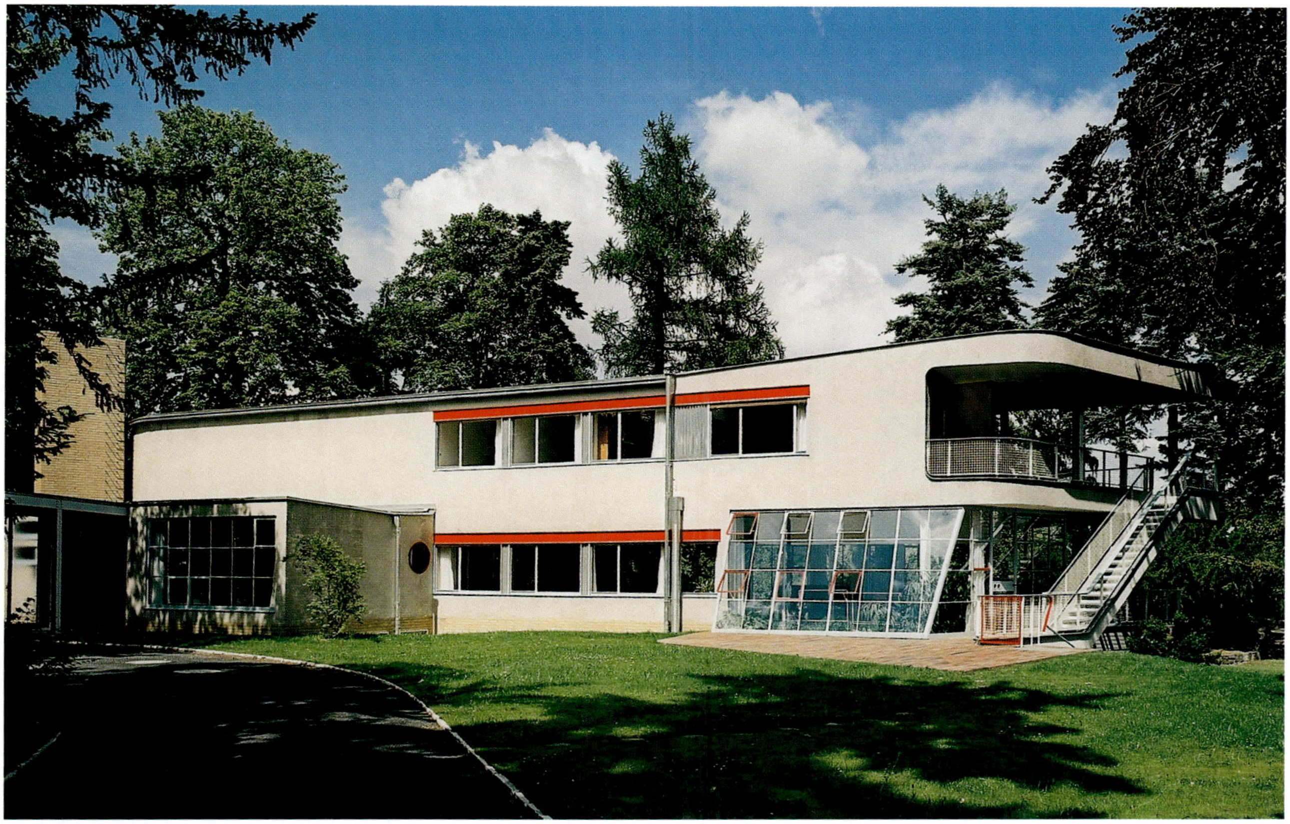

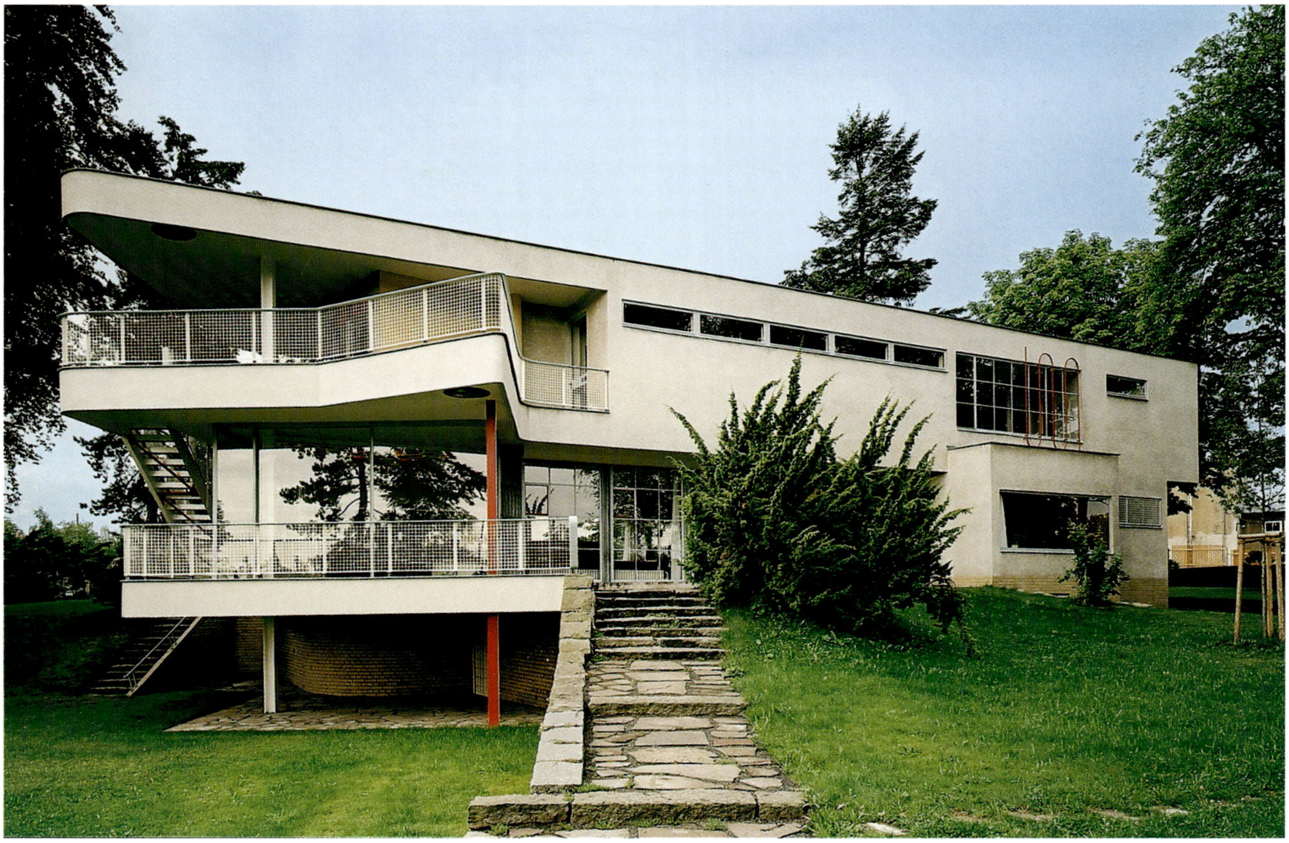

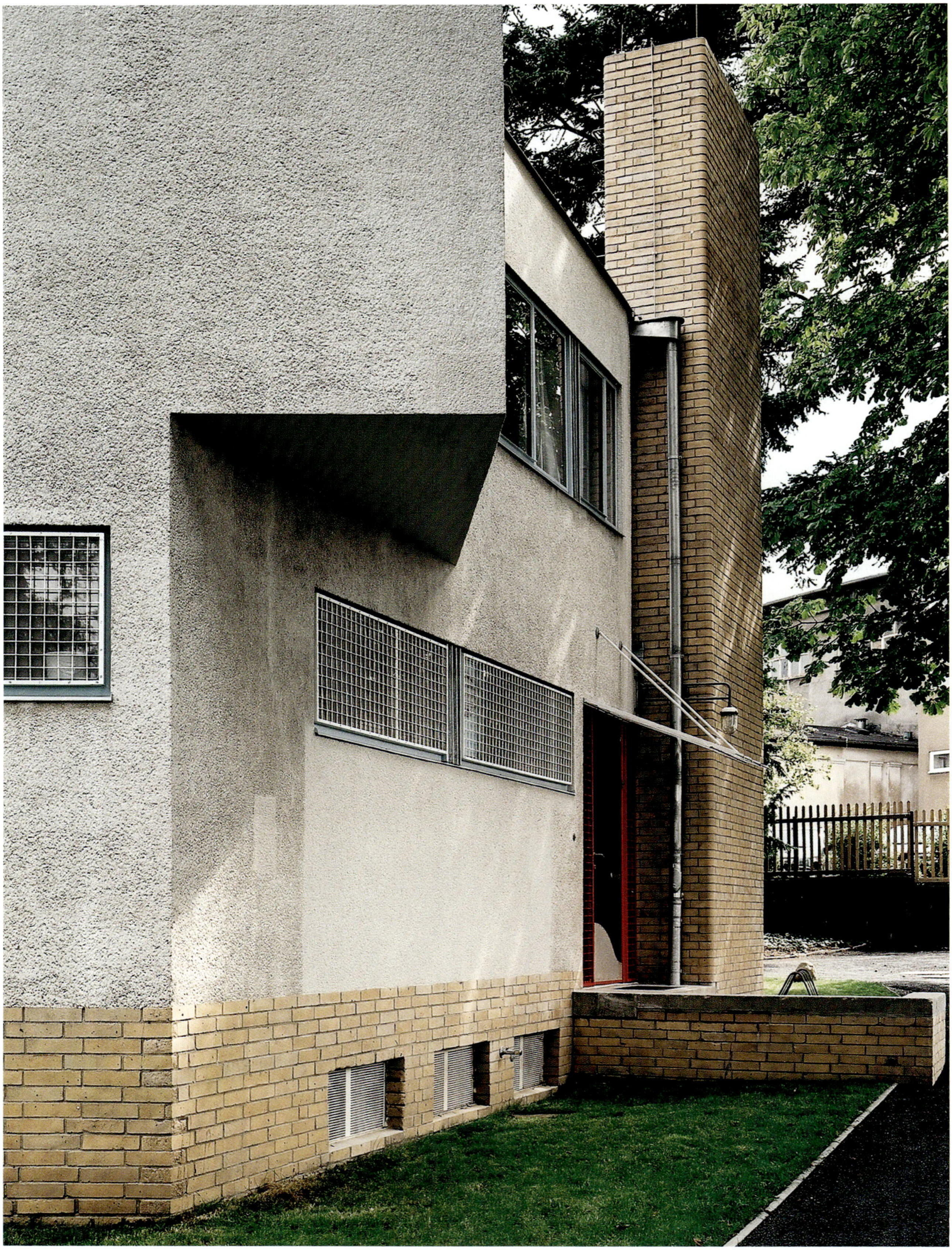

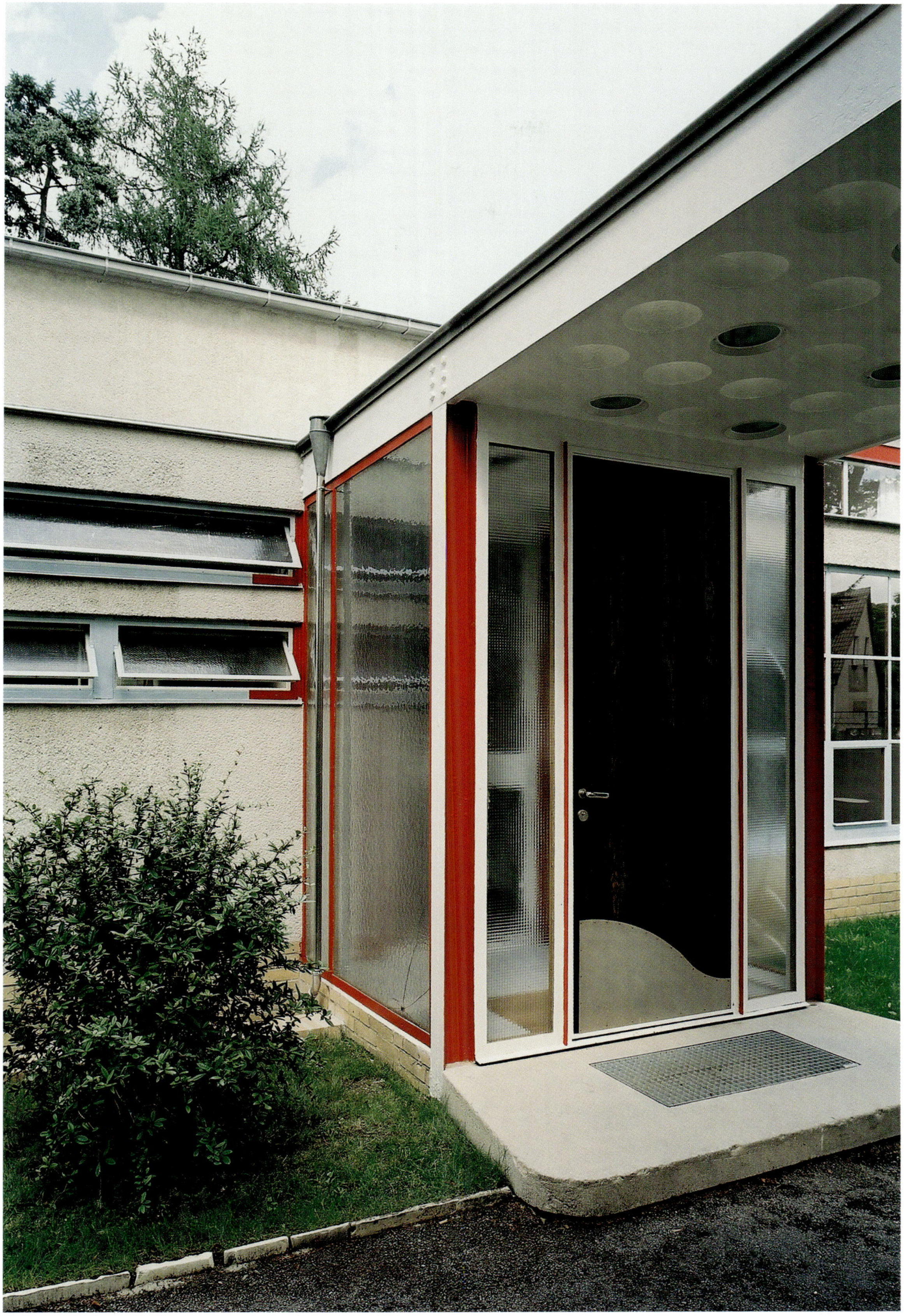

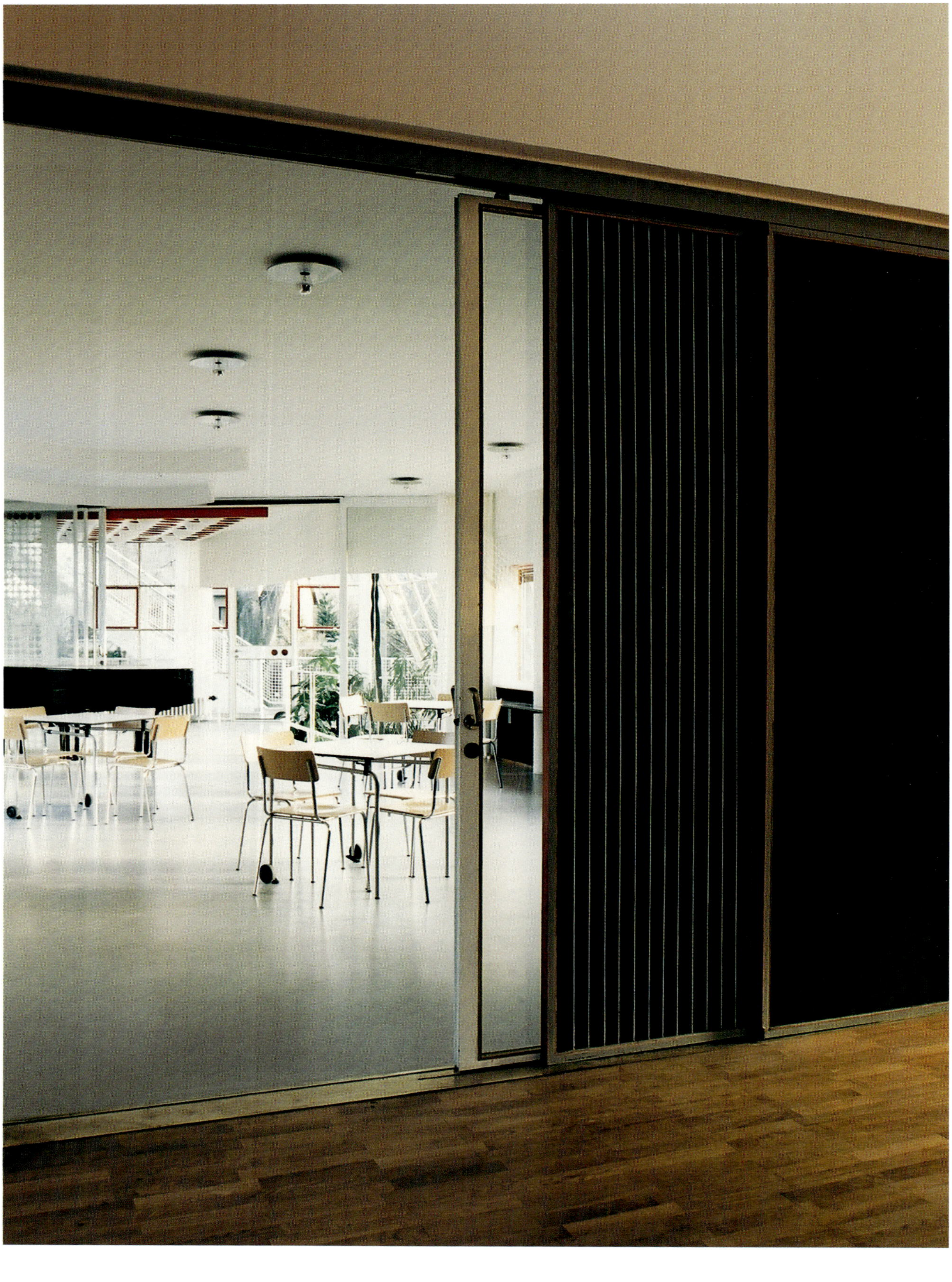

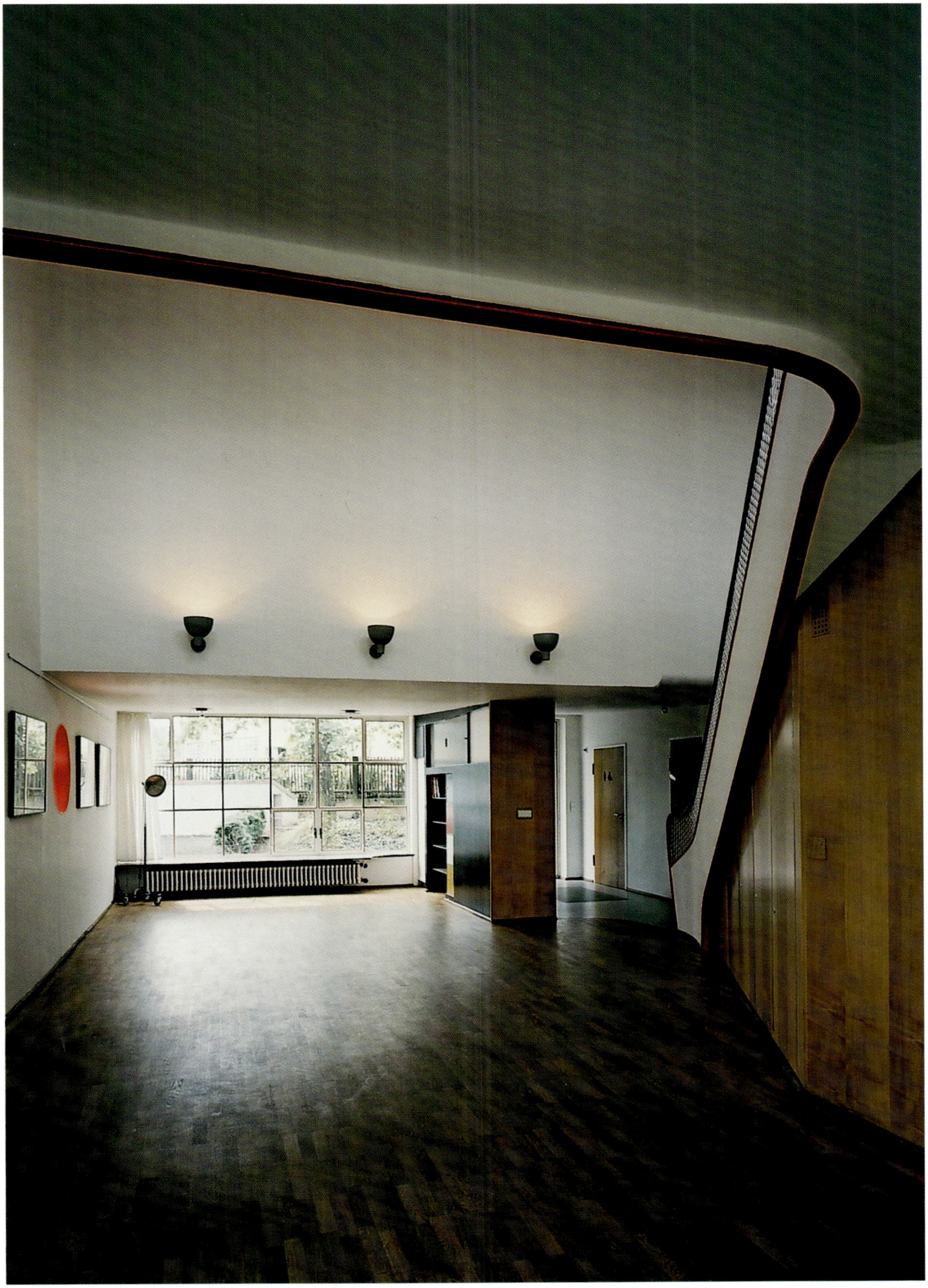

106

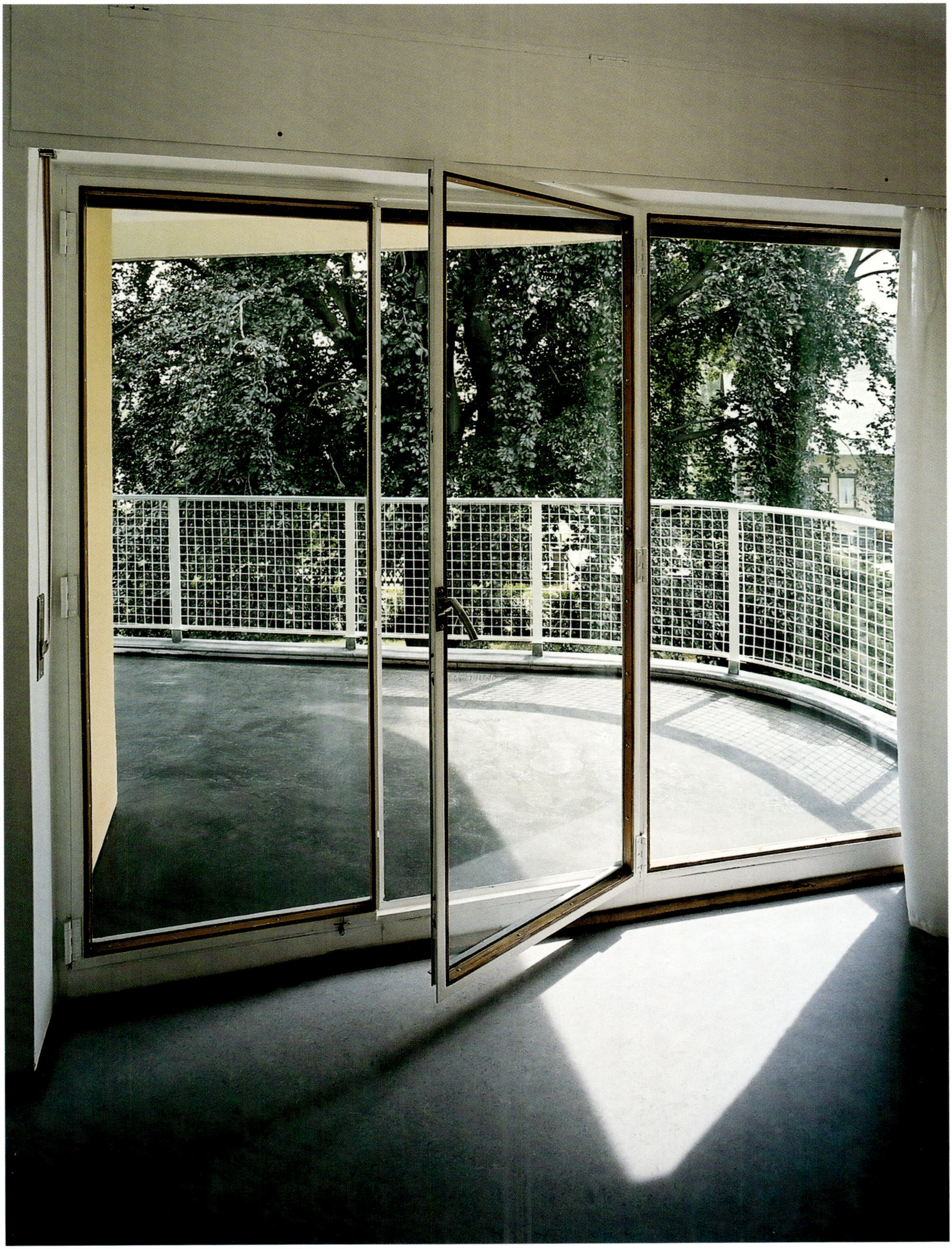

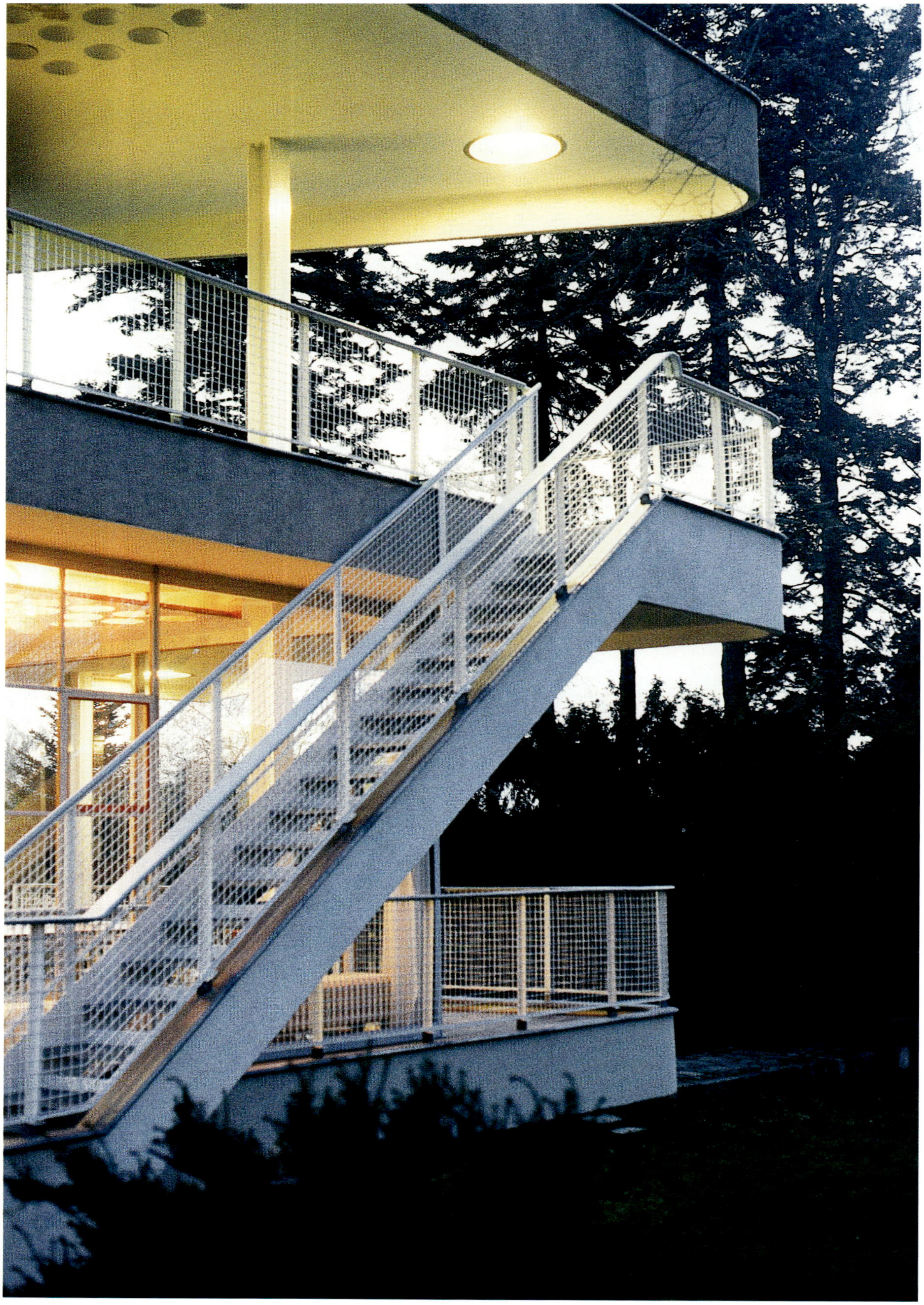

Das Programm für die Zukunft

Nachdem das Haus Schminke schwere Stürme der Zeitgeschichte überwinden musste und zwischenzeitlich schon fast gestrandet war, gelang es Dank der Hilfe der Wüstenrot Stiftung wieder Kurs aufzunehmen. Heute sorgen sich die engagierten Mitglieder des Haus Schminke e.V. ehrenamtlich um das Haus.

Kindheitserinnerungen und die Sorge um das Haus führte die Töchter des Nudelfabrikanten Schminke gleich nach der politischen Wende zurück nach Löbau. Erschrocken über den Zustand des Hauses, sahen sie doch in Anbetracht spielender Kinder die Verbindung zu ihrer Mutter, die in den Jahren 1945 bis 1951 hier ein Kindererholungsheim unterhalten hatte. Dieser Eindruck war fundamental für die Überlassung des Hauses an die Stadt Löbau und die Festschreibung der heutigen Nutzung.

Ein weiteres Vermächtnis der Familie Schminke ist die dauerhafte Zugänglichkeit des Hauses. Somit ist es das einzige von Scharoun gebaute Wohnhaus, welches den Besuchern offen steht. Dies führte dazu, dass sich das Landhaus Schminke zu einem der stärksten Besuchermagnete der Stadt Löbau entwickeln konnte.

Noch heute beeindruckt Scharouns Grundrisslösung, wenn man bedenkt, dass das Haus für die Bedürfnisse einer Familie konzipiert wurde und heute von wesentlich größeren Gruppen, wie Kinder, Jugendliche, Behinderte, Fachpublikum, unproblematisch genutzt wird. Es finden statt:

- Kreativwerkstätten, Schulprojekte, Sport und Spiel, Familienfeste
- Kabarett, Konzerte, Lesungen, Filmabende, Ausstellungen
- Führungen, Fachvorträge, Podien, Workshops, Geschichtswerkstatt.

Als erweiterter Raum, mit jahreszeitlich wechselndem Aussehen und sich ändernden Nutzungsmöglichkeiten, ist auch der Garten Teil des Hauses. Er ist somit Pendant zur benachbarten Teigwarenfabrik, die, in vielen Teilen erkennbar, ebenfalls die einmalige Handschrift Scharouns trägt.

Ziel des Vereins Haus Schminke e.V. ist die offene, pädagogisch begleitete Jugend- und Freizeitarbeit. Obgleich Löbau etwas abseits der architekturtouristischen Zentren liegt, gehört es dennoch zum laufenden Programm, Architekten und Studenten, Fachleuten und Interessierten das international bekannte Haus der Moderne in Führungen und Veranstaltungen zu zeigen. Das Haus entwickelt sich dadurch auch zum Kulturereignis und Bildungsstandort für Architektur, Bauwesen und Gartengestaltung in Löbau, Sachsen.

Haus Schminke
Kirschallee 1 b
02708 Löbau

täglich von 10 bis 17 Uhr geöffnet

Tel.: ++49 – 03585 – 862133
Fax: ++49 – 03585 – 833010
Mail: info@haus-schminke.de
www.haus-schminke.de

Frank Sohr

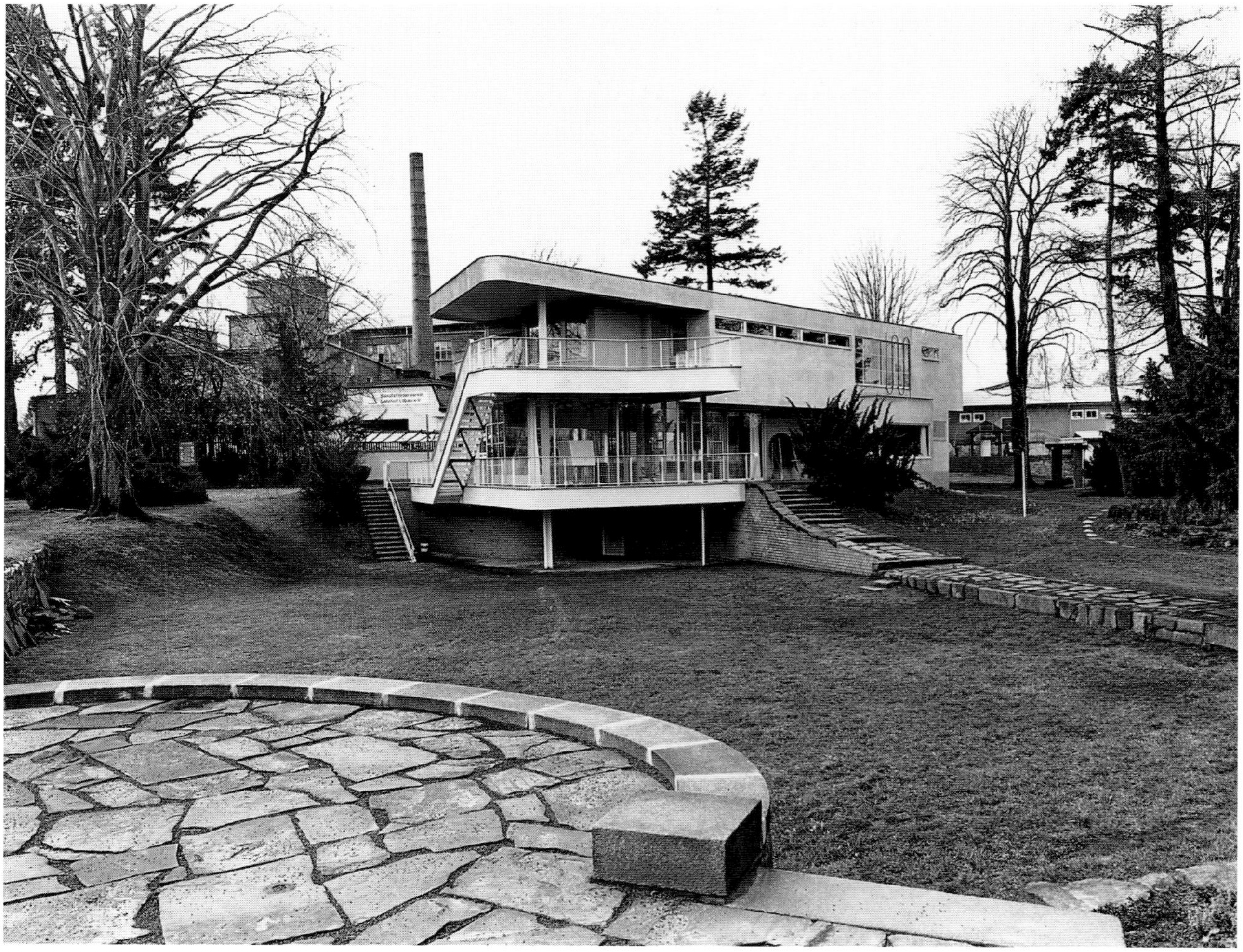

Haus Schminke – ein Kulturdenkmal zwischen Monument und Dokument

Ulrich Rosner

Haus, Garten und ehemalige Fabrik von Norden, Aufnahme 2001

I

Haus Schminke[1] in Löbau mutet damals wie heute innerhalb der traditionell-handwerklich geprägten Hauslandschaft der Oberlausitz wie ein Exot an. Beispiele des Neuen Bauens finden sich hier nicht mehr als ein Dutzend. Das Löbauer Haus ist das einmalige Ergebnis einer nicht wiederholbaren Konstellation: der Verbindung zwischen dem jungen Architekten Hans Scharoun und dem Löbauer Teigwarenfabrikanten Fritz Schminke und seiner Frau Charlotte, einer, wie sich herausstellen sollte, kongenialen Partnerschaft. Die private Nutzung der 1933 bezogenen Fabrikantenvilla währte nur zwölf Jahre. Danach bestimmten öffentliche Funktionen den Umgang mit dem Gebäude: Erholungsheim für Kinder aus dem kriegszerstörten Dresden, Haus der FDJ und der Pioniere 'Oswald Richter', seit 1990 schließlich Freizeitzentrum, betrieben durch einen gemeinnützigen Verein. Das Haus gilt als ein Hauptwerk der klassischen Moderne, setzt sich aber mit seiner dynamisch-organisch aufgefassten Gestaltung sowie exklusiven Detaillösungen deutlich von zeitgenössischen Wohnbauten der Avantgarde ab.

Bereits seit dem Ende der fünfziger Jahre strebte das damalige Institut für Denkmalpflege Dresden die Unterschutzstellung des Gebäudes an, die 1978 rechtlich vollzogen wurde. Seither rissen die Bemühungen um eine Sanierung nicht ab, verbunden mit der Forderung nach einem denkmalverträglichen Nutzungskonzept.[2] Ein Gegenstand der praktischen Denkmalpflege ist das Haus Schminke erst mit der nun abgeschlossenen, grundlegenden Instandsetzung geworden, der ersten nach fast siebzig Jahren. Das Resultat, über das hier zu berichten ist, wird von allen an der Sanierung Beteiligten – Wüstenrot Stiftung, Stiftungsbeirat, Planungsbüro, Projektsteuerung, Gutachter, Denkmalbehörden – gleichermaßen verantwortet. Dass es auch denkmalschutzrechtlich genehmigt ist, soll nicht unerwähnt bleiben. Es spricht für ein gutes Arbeitsklima, dass die entscheidenden Festlegungen während der turnusmäßigen Beratungen gemeinsam getroffen wurden – hier zählten am Ende Argumente, nicht Auflagen.

II

Haus Schminke ist, baulich gesehen, immer noch die Fabrikantenvilla von 1933 mit der benachbarten einstigen Anker-Teigwarenfabrik, die heute als Lehrbauhof dient.[3] Dass das Gebäude auch 'Landhaus' war, kommt in der später durch Eigenheime und Kleingärten veränderten Umgebung dagegen weniger zum Ausdruck. Die Ausblicke aus Haus und Garten sind nicht mehr die der dreißiger Jahre. Der Garten selbst ist mit Relief und Wegesystem noch vorhanden, aber Teiche und ursprüngliche Detaillierung fehlen. Zwar ist das Gebäude seit fünfzig Jahren ein Ort der Jugend und Begegnung, jedoch führte diese Umnutzung äußerlich zu keinen gravierenden Veränderungen. Maßstab für die Wiederherstellung der baulichen Hülle konnte also nur der Zustand von 1933 sein, da dieser – wenn auch unter einer Alterungs- und Verschleißschicht – noch erhalten war. Auch im Innern hatte die großzügige räumliche Disposition unverändert die Zeiten überdauert. Verschiedene Einbaumöbel erinnern noch an die Nutzung durch die Familie Schminke. Das Haus auch mit seinen Innenräumen wieder an den Zustand der dreißiger Jahre heranzuführen, der sich durch die berühmte Fotoserie von Alice Kerling (1933) bleibend eingeprägt hat, erschien zunächst verlockend. Welcher Stellenwert kommt in diesem Zusammenhang dem Jugend- und Freizeithaus zu? Obwohl diese Nutzung schon viermal so lange währt wie die ursprüngliche Bestimmung, fällt es schwer, ihr tatsächliches Gewicht für die historische Bedeutung des Gebäudes zu bestimmen. Noch ist die Geschichte des 'Pionierhauses' nicht geschrieben.[4] Bezogen auf den Zustand der Erbauungszeit, hat die jüngere Nutzungsgeschichte Garten und Haus zwar vereinfacht und ausgeräumt hinterlassen, jedoch materiell in der Hauptsache erhalten. Eine gestaltgebende zusätzliche Schicht ist aber nicht greifbar, sondern – nüchtern betrachtet – Reduktion, Alterung und Verschleiß. Damit ergab sich das denkmalpflegerische Thema der Sanierung: die Erhaltung und möglichst schonende Reparatur des Bestandes und der Umgang mit den Alterungsspuren und den eingetretenen Verlusten im Verhältnis zur ursprünglichen Aussage des Hauses. Oder anders gesagt: Wieviel Scharoun und Schminke konnte, durfte und musste im heutigen Freizeitzentrum bewahrt werden?

III

Die großzügig und maßgeblich durch die Wüstenrot Stiftung geförderte Sanierung hat alle denkmalpflegerischen Wünsche nach weitgehender Substanzerhaltung berücksichtigt. Der gesamte konstruktive Aufbau sowie alle prägenden Bauelemente konnten bewahrt werden. Besonders zu nennen sind die einfach verglasten

**Südostseite
Aufnahme 1999**

Stahlfenster, die Terrassengeländer, der bauzeitliche Außenputz, ein Großteil der runden Glasbausteine in verschiedenen Dach- beziehungsweise Deckenbereichen, sämtliche Außen- und Innentüren, die großen Schiebetüren, alle noch vorhandenen Einbauschränke, die Böden aus Terrazzo und Marmor, die Lichtdecke im Wintergarten sowie die Heizkörper, Rolladenkästen, Holzrolläden, Fensterbänke und Küchenfliesen. Bemerkenswert erscheint auch, dass wichtige Bauteile wie die teilweise sehr geschädigten Stahlfenster und Terrassengeländer in situ und damit zerstörungsarm aufgearbeitet werden konnten.[5] Ein solches Ergebnis, das durch gründliche planerische Betreuung und interdisziplinäre Vorgehensweise ermöglicht und durch den reparaturfähigen Zustand des Hauses begünstigt wurde, ist für ein Baudenkmal der Moderne durchaus nicht selbstverständlich.[6] Dass die außergewöhnlichen Rahmenbedingungen bei dieser Sanierungsmaßnahme nicht den Alltag denkmalpflegerischer Praxis widerspiegeln, muss hier nicht betont werden. Die herausragende Bedeutung des Kulturdenkmals erforderte auch eine nicht alltägliche Vorgehensweise.

Im Folgenden soll nur der Außenputz näher betrachtet werden, der an der Formung der Baugestalt wesentlichen Anteil hat. Während viele traditionelle Putze des 18. und 19. Jahrhunderts wie eine Haut den Unregelmäßigkeiten des Untergrunds folgen, besteht die Aufgabe des Putzes am Löbauer Haus darin, dem Gerüst des Stahlskeletts und der durch die Betonstein-Ummauerung gegebenen Grundform eine homogene Schale zu geben. Seine Ausführung nicht als immateriell erscheinender Glattputz, sondern als körniger, ungestrichener Kratzputz mit Glimmerzusätzen verleiht ihm eine dafür günstige Textur. Insbesondere bei den bandartigen Schürzen der beiden Terrassen und des Daches ist eine punktgenaue Ausführung notwendig, damit die eindrückliche Wirkung dieser Bauteile voll zur Geltung kommt. Gegen Abnutzung, Fleckigkeit oder Fehlstellen ist dieser Außenputz letztlich anfälliger als ein herkömmlich aufgefasster Putz, da neben der Oberfläche auch die Gesamtgestalt des Bauwerks betroffen ist. Dies zeigte der Zustand des Hauses Schminke vor der Sanierung deutlich. Den reparaturfähigen Originalputz zu bewahren, erschien in Löbau selbstverständlich, schloss aber auch einen 'Verlust' mit ein: das Weiß von einst war trotz spürbarer Aufhellung nicht wiederzugewinnen. Aufgrund des unterschiedlichen Aufhellungsgrades nach der Reinigung und sichtbarer Reparaturstellen stellt sich auch die alte Homogenität (noch) nicht wieder ein.[7] Auf einen vereinheitlichenden Anstrich ist jedoch mit Rücksicht auf die originale Materialsichtigkeit und die ungeschmälerte Wirkung der reflektierenden Putzbestandteile verzichtet worden. Dies fiel umso leichter, als durch die Entfernung fehlerhafter Putzausbesserungen und gezielte Ergänzungen die Primärform des Bauwerks vor allem auf der Gartenseite wieder erlebbar geworden ist. Neben der erreichten Aufhellung liegt darin der entscheidende Gewinn der Putzinstandsetzung. Auch die Beseitigung des vergröberten Dachaufbaus und die wiederhergestellte knappe Blecheinfassung der Terrassen- und Dachränder haben maßgeblich dazu beigetragen, die Prägnanz der alten Linienführung wieder zu verdeutlichen.

Unabhängig davon, wie man zur These von der Unfähigkeit der Moderne zu altern[8] steht, ist es wohl entscheidend, am konkreten Gebäude und Bauteil konservatorische und rekonstruierend-gestaltende Maßnahmen angemessen zu gewichten. Fest steht, dass nur eine vollständige Neuputzung nach der alten Rezeptur dem Haus zur optischen Makellosigkeit früherer Tage verholfen hätte. Eine solch eingreifende Therapie wird vielleicht einmal notwendig sein – im Jahr 2000, dem 67. Lebensjahr des Gebäudes, war sie es nicht.

IV

Wie die Entwurfsgeschichte belegt[9], waren die Innenräume im Haus Schminke auf den bereits vorhandenen Garten bezogen, für die speziellen Bedürfnisse der Bewohner konzipiert und dementsprechend ausgestattet. Nicht nur die überwiegend von Scharoun selbst entworfenen Möbel, auch Farbe, Oberflächen und Licht spielten dabei eine wesentliche Rolle. Die berühmt gewordene offene Raumstruktur, die den Außenraum in einer beständigen Klimax von den Wirtschaftsräumen bis zum Wintergarten immer wirkungsvoller einbezieht, ermöglicht eine flexible, letztlich aber auf das Wohnen ausgerichtete Nutzung.

In den fünfziger Jahren gingen mit Ausnahme des Flügels und einer Sofabank im Elternschlafzimmer alle beweglichen Ausstattungsteile verloren. Nicht mehr vorhanden sind auch die stark farbigen, unterschiedlich strukturierten Tapeten, die meisten Leuchten und die bauzeitlichen Bodenbeläge mit Ausnahme der Stein- und Betonböden (Marmorboden im Wintergarten, Terrazzobeläge in den Wirtschaftsräumen). Es verschwand aber nicht alles, was an die ehemalige private Nutzung erinnert. Die fest eingebauten Möbel (Schränke in Keller, Halle, Kinderzimmer, Küche, Flur Obergeschoss und Elternschlafzimmer) blieben erhalten, ebenso die Zimmer- und Schiebetüren, das markante Treppengeländer oder die raffinierte Lichtdecke im Wintergarten, weil diese Elemente auch bei der veränderten Nutzung ihren Zweck erfüllten.

Im Gegensatz zur äußeren Hülle ist der Zustand der Innenräume aber insgesamt fragmentarisch. Damit ist eine wesentliche Komponente des Hauses heute nur noch ansatzweise erlebbar: die durchgestaltete, nirgendwo dem Zufall überlassene Einheit des Räumlichen mit der Ausstattung. In der zentralen Halle war dies besonders eindringlich gelöst. Dort stoßen große, heute ungegliederte Wandflächen aufeinander, die ehemals durch ausgreifende, gestängeartige Beleuchtung und kontrastierende Farbigkeit belebt waren. Die Hallenwand in Richtung Kinderspielecke war durch dreieckige silberne und schwarze Flächen gegliedert, wobei jedoch die helle Farbe der Treppenwand ungefähr in der Breite der Treppenanlage in die Hallenwand hineinreichte. Dem entsprach eine (heute nicht mehr verständliche) Abrundung der sonst rechtwinkligen unteren Kante der Hallenwand.[10] Durch die schräg aufeinander prallenden Farbzonen und die damit entstehende Diagonallinie erhielt die Halle erst ihre eindrucksvolle Dynamik, wie sie ähnlich das elegante Brüstungsband des Treppenlaufs und der Galerie durch bauliche Mittel bewirkt. Gleichzeitig wurde der Treppenanstieg im Raumkontinuum von Eingangsbereich, Halle und oberer Galerie durch das Mittel der Farbe als gesonderter Funktionsbereich betont. Das Farbkonzept stand ferner im Dienst der fluktuierenden Raumfolge und ihrer von West nach Ost zunehmenden Öffnung in den Gartenraum. Je mehr sich die Räume nach außen öffneten, desto mehr nahm die Intensität der Farben ab, um den Farbklang der Natur auch innen ungestört erlebbar zu machen.

Die räumliche Wirkung der Ausstattung und Oberflächen zeigte sich eindrucksvoll auch im Wohnraum. Dieser erhielt durch das rechtwinklige große Sofa, den freistehenden Kamin mit Stuhl, den Flügel, die verschiedenen Rabitzblenden und Lampen der Decke wirksame plastische Fixpunkte. Diese waren zugleich unverrückbare Nutzungsinseln, festgelegt durch auf sie ausgerichtete Belichtung und Deckengestaltung. Dem Sitzbereich der großen

Blick in die Halle, Aufnahme 1998

Sofabank entsprachen eine langgezogene Deckenschürze, drei Leuchten und ein breiter Tapetenstreifen, der sich durch erhöhten Glanzgrad von der übrigen Deckentapete abhob. Die halbrunden Deckenblenden befanden sich genau über Kamin und Flügel und wurden durch unterschiedliche Strukturierung der Tapeten subtil zur vollen Kreisform ergänzt. Bei künstlicher Beleuchtung bildeten sich annähernd kreisrunde Reflexionsfelder über den Plätzen. Zum dynamisch in den Gartenraum drängenden Tiefenzug des fast überlangen Wohntraktes setzte die Ausstattung somit das notwendige, beruhigende Gegengewicht. Auch ohne Schließung der vorhandenen Schiebetüren und Vorhänge wirkte der Raum nicht leer, sondern wohnlich.

Alle Facetten dieses Raumkunstwerks wiederzugewinnen, scheiterte zunächst an der teilweise unzureichenden Befundlage. Während die verlorenen Teile des Mobiliars, der Kamin im Wohnraum oder die Lampen durch Entwurfspläne Scharouns und die historischen Fotoaufnahmen gut dokumentiert sind, bleibt die Kenntnis der einstigen Farbigkeit lückenhaft, da die Tapeten als Farbträger in den fünfziger Jahren bis auf winzige Reste beseitigt wurden.[11] Der einzige flächige Farb- und Materialbefund fand sich im oberen Schrankflur: ein strukturierter, intensiv blauer Gummibelag mit grau abgesetzten Dreiecken vor den Türen – eine Ausführung, die bislang nur durch die zeitgenössischen Fotos und Beschreibungen bekannt war. Zwar lassen sich die überlieferten Farbangaben[12] – Blau, Rot, Orange, Schwarz, Grau, Silber, Gelb, Weiß – den verschiedenen Wand-, Decken- und Bodenbereichen zuordnen, aber die genauen Farbwerte sind nicht bekannt. Hinzu kommt, dass je nach Untergrund derselbe Farbton unterschiedlich wirken konnte, da die Bauhaustapeten durch wechselnde Struktur und wechselnden Glanzgrad belebt waren.

Obwohl die zahlreichen Reste der originalen Ausstattung eine Vervollständigung des alten Raumbilds geradezu nahelegen, würde somit eine Rekonstruktion mit wissenschaftlichem Anspruch an Grenzen stoßen und in mancher Hinsicht mehr einer atmosphärischen Annäherung gleichkommen. Eine mögliche Wiederaufnahme nur ausgewählter Elemente, zum Beispiel der Beleuchtungskörper im Wohnraum, der silber-schwarzen Färbung der Hallenwand oder der beiden Gartenteiche, böte lediglich einen Ausschnitt aus der ursprünglichen Gesamtanlage und könnte sich mit dem Anspruch des Entwurfs, der auf ein Gesamtkunstwerk zielt, nicht messen. Letztlich war die Ausgestaltung der Innenräume so gezielt auf die individuellen Bedürfnisse und Vorlieben des Bauherrn zugeschnitten, dass eine vollständige Wiederherstellung auch einen Funktionswandel des Hauses bedingen würde, um glaubwürdig zu sein: vom Freizeitzentrum zum Privathaus eines Bauherrn auf den Spuren von Fritz und Charlotte Schminke oder zum Museum für die vergangene Wohnkultur einer Löbauer Fabrikantenfamilie. Eine völlig neue Farb- und Ausstattungskonzeption, die auf die heutige Nutzung Bezug nimmt, bliebe dazu eine widersprüchliche Alternative, denn sie impliziert eine Abkehr vom Raumbild der dreißiger Jahre, das aber teilweise noch gegenwärtig ist.

Nach ausführlicher Diskussion fiel die Entscheidung für die heutige schlichte Lösung. Das Innere präsentiert sich somit wesentlich nüchterner als einst: Es dominieren große, in einem gebrochenen Weißton auf glatter Tapete gehaltene Wand- und Deckenflächen sowie ein graublauer Linoleumboden. Vor diesem unauffälligen Hintergrund setzen die erhaltenen Bauteile und Ausstattungsstücke die einzigen Farbakzente gemäß den Befunden der Erbauungszeit. Neu Hinzuge-

Wohnraum und Wintergarten, Aufnahme 2001

fügtes wie Böden, Lampen oder nutzungsbedingtes Mobiliar tritt formal und farblich bewusst zurück. Einen großen Gewinn stellt die behutsame Reparatur der verbliebenen bauzeitlichen Elemente dar, wie ein Blick etwa auf die Wand- und Einbauschränke, die Außen- und Innentüren, die zahlreichen Metallbauteile, die Küchenfliesen, die Heizkörper oder die Fensterbänke deutlich macht. Das ursprüngliche Ineinander aus Raumbildung und Raumausgestaltung wird aber nicht erreicht. Manche Bauteile wie die unterschiedlichen Blenden an der Decke des Wohnraums bleiben ohne entsprechendes Mobiliar sogar unverständlich. Der Wohnraum selbst, der einer 'architektonischen', festen Möblierung bedarf, wirkt heute unfertig und ausgeräumt. Hier kollidieren die erwünschte Mehrzwecknutzung und die ehemalige Wohnfunktion. Ob die gewählte 'neutrale' Fassung der Innenräume, die auf interpretierende Zutaten auch nicht ganz verzichten kann (zum Beispiel neue Leuchten in Halle und Wohnraum), Bestand haben oder neue Gestaltungsüberlegungen auslösen wird, werden die kommenden Jahre zeigen.

V

In der aktuellen Diskussion um die Reparaturfähigkeit der Moderne[13] dürfte Haus Schminke als Beispiel behutsamer Substanzbewahrung künftig zu beachten sein. Ausgangspunkt der Sanierung war einerseits ein vernachlässigtes, aber authentisches Dokument der Baukultur um 1930, andererseits ein in seiner künstlerischen Aussage reduziertes Monument des Neuen Bauens. Die Instandsetzung hat den hohen dokumentarischen Rang des Gebäudes durch gezielte Reparatur bewahrt, darüber hinaus aber auch Qualitä-

**Nordseite
Aufnahme 2001**

ten, die durch Verschleiß, unkontrollierte Alterung oder geänderte Details verdeckt waren, wieder sichtbar gemacht. So steht heute die Fabrikantenvilla auch als Baudenkmal der dreißiger Jahre äußerlich wieder eindrücklicher vor uns.

Verallgemeinern lässt sich der in Löbau erfolgreiche konservatorische Ansatz jedoch nicht. Der vergleichsweise gute bauliche Zustand kam dem Erhaltungsziel entgegen. Vor allem entfiel die sonst vorherrschende 'Fassungsfrage', da das Bauwerk der dreißiger Jahre später nur unerheblich verändert worden war. In Löbau ging es, mit wenigen Ausnahmen[14], nicht um die Erhaltungswürdigkeit späterer Zutaten, sondern um die Bewertung von Alterungsspuren und Verlusten. Die künstlerische Bedeutung, soweit sie in der Einheit von Ausstattung und Raumanlage sowie von Garten und Haus bestand, war glaubwürdig im Ganzen nicht wieder zu gewinnen, sondern nur punktuell zu verdeutlichen. In erster Linie sind hierfür mangelnde restauratorische Befunde, vor allem aber die veränderte Nutzung verantwortlich.

Ähnliches gilt für den Garten, dessen beziehungsreiche, durch Charlotte Schminke ganz persönlich geformte Gestaltung kaum wiederholbar ist. Dies schließt nicht aus, die enge räumliche Verbindung zwischen Gebäude und Garten wenigstens an den Nahtstellen weiter herauszuarbeiten. Ein Hauptelement der Gesamtanlage, die beiden Gartenteiche, fehlt weiterhin. Damit bleibt das architektonisch gewollte und von Anfang an auch so empfundene Bild des Hauses als 'Schiff'[15] unvollständig. Die Verluste gehören zur zweiten, öffentlichen Existenz des Baus, die seine Eigentümer mit der Einrichtung eines Erholungsheims für Kinder 1946 selbst begründet haben. Daraus entstand eine widersprüchliche Situation, die nach der abgeschlossenen Sanierung noch offensichtlicher ist: Das öffentliche Freizeitzentrum steht zur Privatheit der einstigen Fabrikantenvilla, die baulich und in vielen Details wieder sehr präsent wirkt, durchaus in einem Spannungsverhältnis.

Obwohl der reduzierte Erhaltungsgrad der Anlage inzwischen Teil seiner Geschichte und von dokumentarischem Interesse ist, wird der Denkmalwert des Hauses zweifellos durch die künstlerische Bedeutung des Erstzustands begründet. Eine Auseinandersetzung mit dem Monument 'Haus Schminke' wird also weiterhin notwendig sein. Dazu dienen nicht zuletzt die im Innern ausgestellten historischen Fotoaufnahmen, die auch den unkundigen Besucher zum vergleichenden Sehen und damit zur notwendigen Wertung auffordern. So viel ist sicher: Neben der lebendigen Realität des Freizeitzentrums wird sich das Bild des Hauses, wie es 1933 durch die Fotografie inszeniert wurde, weiterhin behaupten.

Nordseite, Aufnahme August 1933

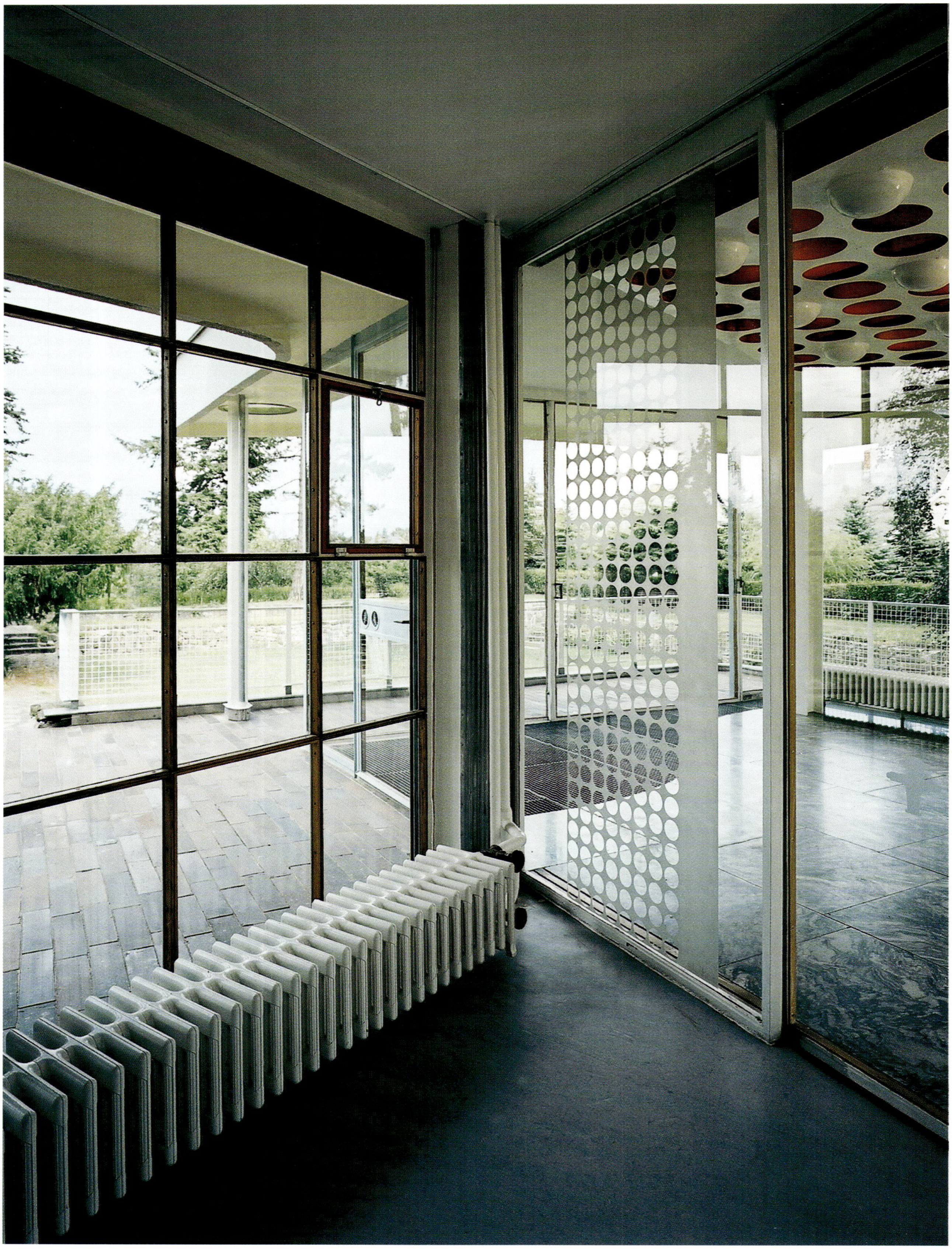

Bauklimatische Aspekte
Heizungs- und Lüftungskonzept

Klaus Graupner und Falk Lobers

Das vor etwa siebzig Jahren erbaute Haus Schminke enthält eine ganze Reihe von Entwurfs- und Konstruktionslösungen, die bei heutigen Gebäuden zwar selbstverständlich sind, aber sowohl unter winterlichen als auch unter sommerlichen Bedingungen immer wieder zu bauklimatischen Problemen führen können. Solche Lösungen sind unter anderem:
- große Fensterflächen,
- Flach- beziehungsweise Warmdach einschließlich Terrassendach,
- der Baukörper ist stark gegliedert, zum Beispiel Auskragungen; damit ergeben sich geometrisch bedingte Wärmebrücken.
- Unterschiedliche Materialien und Konstruktionen treffen aufeinander; damit ergeben sich stofflich bedingte Wärmebrücken.
- Wintergarten.

Trotz dieser aus bauklimatischer Sicht charakteristischen Merkmale für modernes Bauen gibt es zwischen dem Haus Schminke und allen historischen Gebäuden – unabhängig von deren Alter und Baustil – eine völlige Übereinstimmung in zwei wesentlichen Punkten:

a) Der vorhandene bauliche Wärmeschutz entspricht nicht den heutigen Anforderungen an einen baulichen Mindest-Wärmeschutz.

b) Eine 'Nachbesserung' des baulichen Wärmeschutzes ist vor allem aus denkmalpflegerischen und/oder konstruktiven Gründen nicht oder nur sehr bedingt möglich.

Anmerkung: Der Mindest-Wärmeschutz soll die Tauwasserfreiheit raumseitiger Oberflächen beziehungsweise die Vermeidung von klimabedingten Feuchteschäden gewährleisten.

Diese beiden Punkte a) und b) kennzeichnen die bauklimatische (thermisch-hygrische) Ausgangssituation wohl eines jeden historischen Gebäudes. 'Ausgangssituation' ist der vor der Instandsetzung, Rekonstruktion, Modernisierung, Umnutzung usw. vorhandene Istzustand. Die künftige Nutzung des historischen Gebäudes ergibt dann sehr oft eine thermisch-hygrische Belastung der historischen Bausubstanz, für die sie nicht vorgesehen war. Dazu kommen heutige Behaglichkeitsansprüche.

Die vorstehende Charakterisierung gilt nicht nur für das Haus Schminke, sondern generell für die Bauten der klassischen Moderne des 20. Jahrhunderts. Darüber hinaus zeigt die Bauhaus-Architektur noch weitere, für sie typische, bauklimatisch relevante Merkmale:
- Einfachverglasungen in einfachen Metallrahmen,
- ausgeprägte Fensteröffnungsmöglichkeiten.

Für die Fensteröffnungsmöglichkeiten wurden teilweise bemerkenswerte technische Lösungen entwickelt und realisiert, die nicht nur das Fensteröffnen schlechthin, sondern ein sehr differenziertes, spaltweises Öffnen ermöglichen. Dazu gehören auch speziell geschaffene mechanische Vorrichtungen, die das zum Lüften notwendige Öffnen und Schließen der Fenster bequem ermöglichen, aber manuell nicht direkt erreichbar sind. Derartige Öffnungsmöglichkeiten finden sich bei den derzeit gebräuchlichen Fensterkonstruktionen nicht einmal ansatzweise. Und manchmal verfügen auch heutige Architekten nicht mehr über das ausreichende Gespür für eine notwendige und sinnvolle Fensteröffnung.

Zielstellung

Selbstverständlich dürfen nach der Instandsetzung, Rekonstruktion usw. eines historischen Gebäudes und der sich anschließenden neuen Nutzung keine klimabedingten Schäden am Bauwerk und seiner Ausstattung entstehen. Das ist nur zu erreichen durch eine ganzheitliche Betrachtung der Komponenten baulicher Wärmeschutz, Nutzung, Heizung und Lüftung. Daraus resultiert die bauklimatische Grundforderung für historische Gebäude: Nutzung, Heizung und Lüftung müssen zwingend auf den vorhandenen baulichen Wärmeschutz des Gebäudes abgestimmt werden. Unter Umständen sind spezielle heizungs- und lüftungstechnische Maßnahmen nicht zu umgehen. 'Speziell' heißt, es sind auf den konkreten Anwendungsfall (Einzelfall) abzustimmende technische Lösungen erforderlich.

Anmerkung: Zur Lüftung gehört selbstverständlich auch die so genannte freie Lüftung, also Fenster- und Fugenlüftung, Lüftungswirkung von Kaminen, Öfen, Treppenhäusern usw.

Ausdrücklich sei darauf hingewiesen, dass mit dem (formalen) Einhalten der DIN 4108 (Wärmeschutz im Hochbau) und/oder der Energieeinsparverordnung im Allgemeinen der vorstehend genannten bauklimatischen Grundforderung nicht entsprochen wird.

Bauklimatische und gebäudetechnische Bestandserfassung und -bewertung

Hinsichtlich der Gebäudetechnik des Hauses Schminke sind aus bauklimatischer Sicht vor allem die Lüftungs- und die Heizungstechnik von Interesse.

Die Lüftung des Gebäudes erfolgte durch Fenster- und Fugenlüftung, also durch 'freie Lüftung'. Lediglich in der Küche befand sich zusätzlich in der Außenwand ein Abluftventilator. Unter Verwendung heutiger Begriffe waren demnach eine ständig wirksame Grundlüftung sowie zahlreiche Möglichkeiten für eine Stoßlüftung vorhanden.

Die Heizung des Gebäudes erfolgte durch eine Schwerkraft-Warmwasserheizung mit gusseisernen Kohlegliederkesseln und einem offenen Ausdehnungsgefäß. Zwei Kessel dienten der Gebäudeheizung und ein Kessel der Warmwasserbereitung. Das Verteilungssystem entsprach einer so genanten 'unteren Verteilung', die Hauptvorlaufleitungen befanden sich unter der Kellerdecke. Bedingt durch die Schwerkraftheizung standen nur geringe Umtriebsdrücke für die Wasserzirkulation innerhalb des Heizsystems zur Verfügung. Folglich mussten Rohrleitungen einschließlich der Heizkörperanbindungen mit relativ großen Rohrdurchmessern verlegt werden. Auch andere Details der Rohrverlegung/-führung resultieren aus den technischen Bedingungen der Schwerkraftheizung. Beispielsweise wurden im Kellergeschoss für die Installation der Hauptrücklaufleitungen spezielle Rohrkanäle im Fußboden geschaffen.

Bei Beginn der Instandsetzungsarbeiten waren zwar die ursprünglichen Kessel nicht mehr vorhanden, jedoch andere wesentliche Einheiten und Teile der historischen Heizungstechnik: unter anderem die meisten gusseisernen Rippenheizkörper einschließlich ihrer ursprünglichen Anordnung, Rohrleitungen und Heizkörperventile in den Haupträumen des Hauses; Fußbodenheizung im Wintergarten; Kesselraum und Schornsteinanlage; Verteilungsleitungen einschließlich ihrer (optisch beeindruckenden) Absperrschieber im Kellergeschoss. Insofern war von vornherein der Gedanke 'Technisches Denkmal' sehr naheliegend. Dazu kamen weitere und vielleicht sogar noch wesentlichere Aspekte, die (soweit technisch möglich) für eine Erhaltung der historischen Heizungstechnik und die Beibehaltung der Heizungskonzeption sprachen:

a) Die Heizkörper mit ihren sichtbaren Anschlussleitungen und Ventilen sowie die Wintergarten-Fußbodenheizung waren Bestandteile der Raumgestaltung.

b) Die Anordnung der Heizkörper und der partiellen Fußbodenheizung im Wintergarten sowie die vom Bauherren Schminke vorgegebene Nutzung der Räume beziehungsweise Raumbereiche waren untrennbar miteinander verbunden. Unter 'Anordnung der Heizkörper' ist hier die 'Stelle der Wärmezuführung' zu verstehen.

c) Insgesamt ist das im Haus Schminke realisierte, stark nutzungsgeprägte Heizungskonzept aus bauklimatischer Sicht eine überzeugende und beeindruckende ingenieurtechnische Leistung. Sicherlich erlaubt der heutige Stand der Heizungstechnik andere Detaillösungen, aber die prinzipielle, bauklimatisch begründete Heizungskonzeption würde auch heute nicht anders aussehen.

Der Erdgeschossgrundriss auf Seite 124 zeigt die Anordnung der Heizkörper und Heizflächen im Eingangs- und Wohnbereich einschließlich Wintergarten. Der unmittelbar neben dem Haupteingang angeordnete Heizkörper wirkt abschirmend, analoge Heizkörper befinden sich auch bei den Außentüren im Küchenbereich und beim Terrassenzugang im Obergeschoss.

Konsequent wird Wärme den vorwiegend im Sitzen genutzten Bereichen zugeführt. Dabei sind die Heizkörper unterhalb der Fenster angeordnet, um die die Behaglichkeit beeinträchtigenden Fensterflächen (kalte Oberfläche, Zugerscheinungen) zu kompensieren.

Ein interessantes Detail ist die Wärmezuführung um das gesamte Wasser-

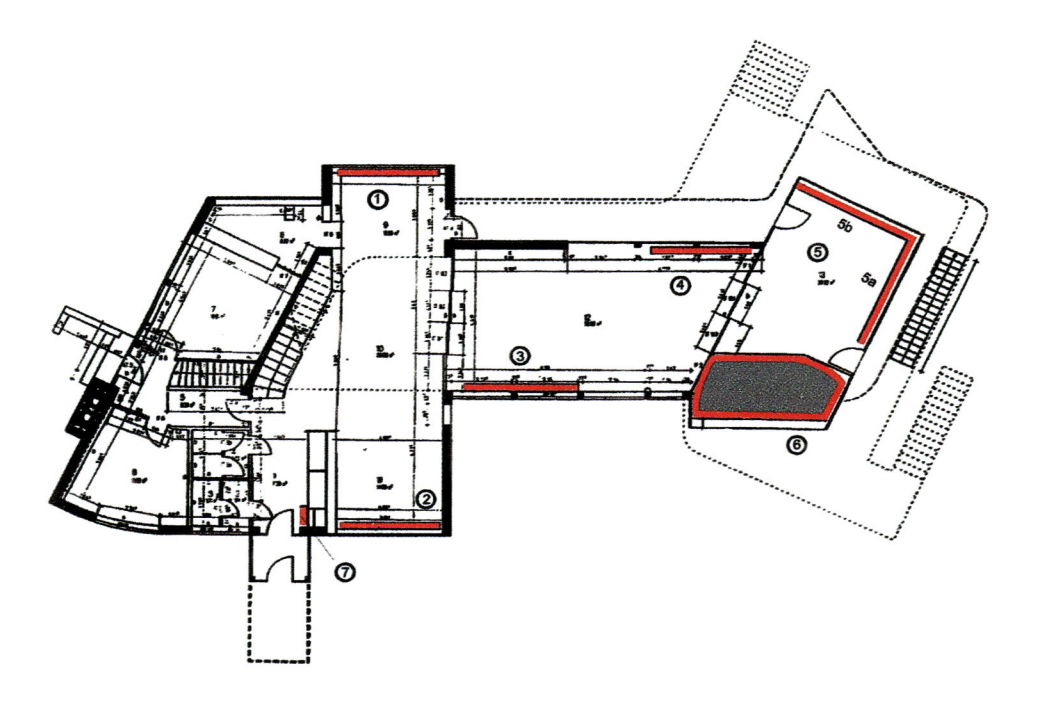

Erdgeschossgrundriss mit der Anordnung der Heizkörper und Heizflächen im Eingangs- und Wohnbereich einschließlich Wintergarten

1 Essbereich (Abb. S. 79 unten)
2 Spiel-/Aufenthaltsbereich der Kinder (Abb. S. 82 oben)
3 Sitzbereich Wohnraum (Abb. S. 80)
4 'Musikbereich' im Wohnraum
5 Sitzbereich Wintergarten (Abb. S. 81)
5a Heizkörper
5b Fußbodenheizung
6 Wärmezuführung um das Wasserbecken im Wintergarten

becken im Wintergarten. Dadurch werden verschiedene Effekte erreicht: unter anderem eine Mindesttemperatur für das Wasserbecken (eventuell Fische) und seine Umpflanzung (unter anderem Kakteen) sowie die Wärmezuführung für den südlichen Bereich des Wintergartens. Die Heizkörper sind unterhalb des Fußbodens angeordnet.

Eine besondere Erwähnung verdient auch die im nördlichen Teil des Wintergartens vorhandene partielle Fußbodenheizung. Das Heizelement in Form einer einfachen Rohrschlange liegt unmittelbar auf der Rohdecke. Darüber befindet sich lediglich ein Gitterrost als Abdeckung. Da die Rohrschlange nicht in einen Estrich eingebettet oder mit Platten abgedeckt ist, hat diese Fußbodenheizung eine weit ge-

Die unterhalb des Fußbodens angeordneten Heizkörper für die Wärmezuführung um das Wasserbecken im Wintergarten (Zustand vor der Instandsetzung)

Partielle Fußbodenheizung im nördlichen Teil des Wintergartens (Zustand nach der Instandsetzung)

ringere Trägheit als heute übliche Systeme und kann daher sehr schnell den jeweiligen Bedürfnissen angepasst werden. Für diese konstruktive Lösung ist die Bezeichnung 'Fußbodenheizung' nicht ganz korrekt. Tatsächlich handelt es sich hier um eine Kombination aus Fußbodenheizung und Unterflurheizung, denn durch die Öffnungen des abdeckenden Gitterrostes kann kühle Luft in den so genannten Unterflurbereich (Bereich unterhalb Oberkante Fußboden) eindringen, sich erwärmen und als erwärmte Luft wieder in den Raum einströmen – bauklimatisch eine sehr sinnvolle Lösung. Bei der in den Unterflurbereich eindringenden Luft handelt es sich um die Raumluft, die sich an der Nordverglasung des Wintergartens abkühlt und deshalb nach unten strömt. Die Wärmeabgabe dieser Heizung erfolgt zu etwa 60 Prozent durch Konvektion und zu etwa 40 Prozent durch Strahlung.

Noch ein ganz praktischer Gesichtspunkt: Fotos aus dem Jahr 1933 zeigen als Originalbestuhlung des Wintergartens so genannte Freischwinger (Abb. S. 81). Es bestand also keine Gefahr, dass Stuhlbeine im Gitterrost stecken blieben. Auch bei diesem technischen Detail darf also – analog zu vielen anderen Details – von einer entsprechenden Abstimmung zwischen Bauherr, Architekt und Haustechnikplaner ausgegangen werden.

Die gezielte, auf den jeweiligen Nutzungsbereich abgestimmte und entsprechend regelbare Wärmezuführung lässt aber auch erkennen, dass die historische Heizungsanlage nicht für eine ständige und allgemeine Durchheizung des Hauses vorgesehen war. Ob dafür das Motiv der Kosteneinsparung und/oder das Vermeidenwollen von Energieverschwendung (heutiger Begriff: Energiebewusstsein) ausschlaggebend war, sei dahingestellt, denn beides gehört letztlich zusammen.

Die auf die Nutzungsbereiche abgestimmte Wärmezuführung kann auch als 'thermische Zonierung' bezeichnet werden. Als Musterbeispiel können die Kinderzimmer gelten: Ihre Hausaufgaben erledigten die Kinder an klappbaren Schreibplatten; die Wärmezuführung erfolgte – bei Bedarf – nur in diesen beziehungsweise über diesen Bereich, also nicht über die gesamte Fensterbreite. Die Kinderzimmer dienten in erster Linie als (kühler) Schlafbereich, der folglich auch nur wenig Heizung erhielt; der Hauptaufenthaltsbereich für Eltern und Kinder gleichermaßen war das Erdgeschoss.

In diesem Zusammenhang ist es unbedingt notwendig darauf hinzuweisen, dass um 1930 die Behaglichkeitsansprüche in der Heizperiode weit geringer waren als heute. Sie waren seinerzeit noch geprägt von der Ofenheizung und einer Wärmedämmung der Außenbauteile, die im Allgemeinen nicht einmal den heutigen Min-

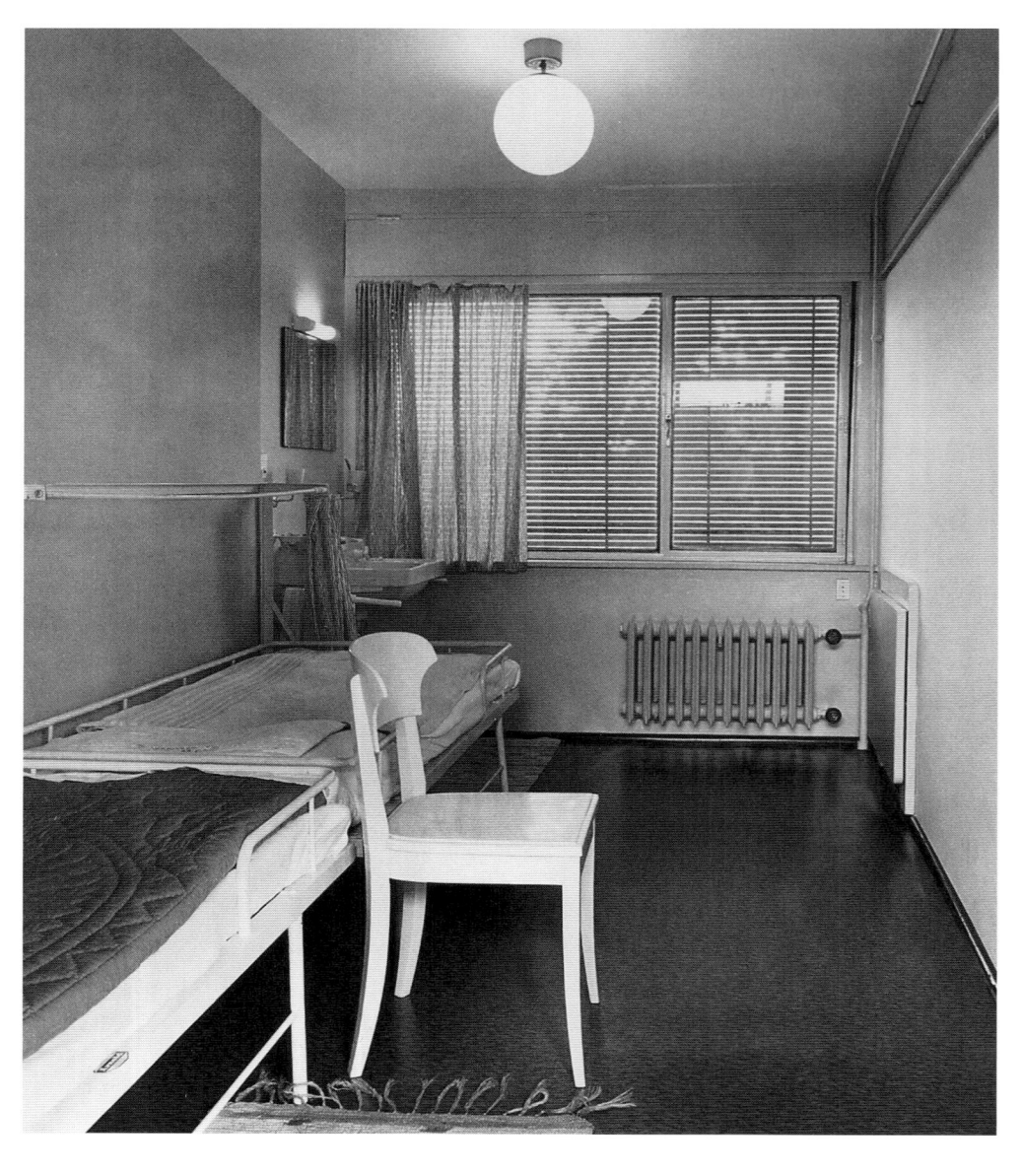

Rechts an der Wand die heruntergeklappte Schreibplatte im Kinderzimmer mit direkt danebenliegender Wärmezufuhr

dest-Anforderungen an die raumseitige Oberflächentemperatur entsprach. Es kann davon ausgegangen werden, dass an kalten Wintertagen die vom Menschen empfundene Temperatur in Wohnräumen etwa zwei bis vier Grad unter den heute üblichen Werten lag. Folglich gab es damals auch andere Bekleidungsgewohnheiten als heute. Da das Haus Schminke nicht mehr für Wohnzwecke dient, dürfte es für die künftigen Nutzer zumutbar sein, wenn an sehr kalten Wintertagen nicht an jeder Stelle des Hauses den Behaglichkeitsansprüchen oder -erwartungen unserer Zeit entsprochen werden kann.

Zur Bestandserfassung gehört auch die Suche nach klimatisch bedingten Schäden. Die vor Beginn der Instandsetzung insgesamt vorhandenen wesentlichen Schadensbilder resultieren aus der Konstruktion sowie der Art und Weise, wie in den letzten Jahrzehnten mit dem Gebäude hinsichtlich der erforderlichen laufenden Wartung und 'Bedienung' (einschließlich unsachgemäßer Reparaturen) umgegangen wurde. Es war jedoch auffällig, dass raumseitig sichtbare klimatisch bedingte Schäden kaum vorhanden waren. Es gab keinerlei Kondensationsfeuchteschäden, keinen Schimmelpilzbefall. Selbstverständlich ist es an den Einfachverglasungen und deren einfachen Metallrahmen zur Kondensation von Raumluftfeuchte gekommen. Das Kondensat wurde in den dafür vorgesehenen Wassersammelrinnen aufgefangen, teilweise hat es auch zu intensiven Korrosionsschäden an den Metallrahmen geführt. Diese Kondensationsschäden (unter anderem an der Nordseite des Wintergartens) müssen aber auch unter dem Aspekt des nicht immer zweckmäßigen Umgangs mit dem Gebäude nach 1945 gesehen werden (Lüftung, Entfernen des Kondensats aus den Sammelrinnen, Heizung usw.).

Obwohl das Gebäude nicht nur einen unzureichenden Wärmeschutz aufweist, sondern auch noch zeitweise einer intensiven Nutzung mit entsprechender Feuchtebelastung ausgesetzt war, ist es trotzdem praktisch aus bauklimatischer Sicht nahezu bauschadensfrei gewesen. Dafür gibt es, wenn man von der bereits erwähnten bauklimatischen Grundforderung für historische Gebäude ausgeht, nur eine Erklärung: Trotz der ganz unterschiedlichen Nutzungsbedingungen und der vom jeweiligen Nutzer vorgenommenen Heizung und Lüftung des Gebäudes in den vergangenen etwa 70 Jahren müssen vor allem vorhandene bauliche Randbedingungen dem Entstehen von klimabedingten Feuchteschäden entgegengewirkt haben. Diese Randbedingungen im Sinne von bauklimatischen Wirkprinzipien sind:
- Das Fenster fungiert als 'Sollbruchstelle'. Wenn Raumluftfeuchtigkeit kondensiert, dann darf das (hauptsächlich) nur an den Fenstern geschehen (Wassersammelrinne). Das heißt, von den Raumumschließungskonstruktionen muss das Fenster die kleinste Oberflächentemperatur besitzen. Dieses Wirkprinzip ist als allgemein anerkannte Regel der Technik zu verstehen.
- Es sind Gebäudeundichtheiten, insbesondere Fensterfugen, vorhanden. Durch den damit verbundenen ständig wirkenden Lüftungseffekt wird ein Teil der im Gebäude entstehenden Feuchtigkeit sofort aus dem Gebäude entfernt (Grundlüftung). Also Verringerung der Taupunkttemperatur der Raumluft und damit Verringerung der Kondensationsgefahr.

Diese beiden bauklimatischen Wirkprinzipien sind in der Lage, ein gewisses 'Fehlverhalten' des Nutzers (zum Beispiel beim Öffnen der Fenster) auszugleichen und tragen somit wesentlich zur Vehinderung von entsprechenden Bauschäden bei. Folglich durften bei den Instandsetzungsarbeiten diese Wirkprinzipien nicht verloren gehen.

Bei der bauklimatischen Bewertung der historischen Konstruktionen und für die Ableitung von baulichen und gebäudetechnischen Maßnahmen im Rahmen der denkmalpflegerischen Zielstellung und der konstruktiven Möglichkeiten (zum Beispiel Nachbesserung des Wärmeschutzes; zusätzliche Heizkörper) spielt die künftige Nutzung, aber auch deren Vergleich mit der bisherigen Nutzung eine wesentliche Rolle. Hierbei geht es um die mit der Nutzung verbundenen Temperatur-, Heizungs- und Lüftungsanforderungen sowie um die bei der Nutzung im Gebäude entstehende Wärme und Feuchtigkeit (Wasserdampf). Die nach der ursprünglichen Wohnnutzung erfolgte Nutzung und die künftige Nutzung des Gebäudes lassen sich mit 'clubartig' bezeichnen. Die für eine Wohnnutzung typischen, mit Feuchteentwicklung verbundenen Vorgänge sind nicht vorhanden. Es gibt

- keine regelmäßige Dusch-/Badbenutzung,
- keine regelmäßige Küchenbenutzung für Kochzwecke,
- kein Waschen und Trocknen von Textilien.

Außerdem wird es künftig auch nutzungsfreie oder nutzungsarme Tage und kaum Übernachtungen geben. Das heißt, die künftige mittlere tägliche Feuchtelast wird nicht größer sein als bei einer Wohnnutzung. Jedoch können sich stundenweise 'Spitzenbelastungen' durch große Personenzahlen ergeben (zum Beispiel bei Veranstaltungen), die zu einer wesentlich größeren und häufigeren maximalen täglichen Feuchtelast führen können als bei einer Wohnnutzung. Insgesamt wird sich also die mittlere Feuchtebelastung für die Baukonstruktionen nicht erhöhen. Diese Feststellung ist insbesondere für die bei der Ausbildung der Warmdachkonstruktion zu berücksichtigende Wasserdampfdiffusion sowie für die Beurteilung der künftig auf den raumseitigen Oberflächen zu erwartenden Kondensation von Raumluftfeuchte von großer Bedeutung.

Die künftig auftretenden Feuchte-Spitzenbelastungen können jedoch auch in der kalten Jahreszeit durch gezielte Fensterlüftung einschließlich Fugenlüftung aus dem Gebäude abgeführt werden. Eine funktionierende Fensterlüftung ist deshalb von gleich großer Bedeutung wie bei der ursprünglichen Wohnnutzung. Jedoch muss in Zukunft bewusster gelüftet werden als das offensichtlich vor der Instandsetzung geschehen ist.

Eine spezielle Feuchtequelle ist das im Wintergarten vorhandene Wasserbecken. Solange die Wassertemperatur im Becken etwa der Raumlufttemperatur entspricht oder sogar niedriger ist, kann die verdunstende Wassermenge als unbedenklich angesehen werden.

Hinsichtlich der künftigen Temperaturanforderungen sind keine nennenswerten Unterschiede zur Wohnnutzung vorhanden.

Aus bauklimatischer Sicht muss Haus Schminke als beeindruckendes Ergebnis einer ganzheitlichen Planung von Nutzung, Wärmeschutz, Heizung und Lüftung beurteilt werden. Die Planungen erfolgten unter anderem auf der Grundlage eines verständnisvollen Zusammenwirkens von Bauherr, Architekt und Haustechnikplaner. Es wurde erreicht, dass

- sich praktisch keine Feuchteschäden einstellen konnten,
- in erster Linie bauliche Mittel das bauklimatische Funktionieren des Gebäudes sicherten,
- Wärmegewinne durch Sonneneinstrahlung systematisch in die Beheizung des Gebäudes einbezogen werden konnten,
- den unterschiedlichen Behaglichkeitswünschen des Bauherrn und seiner Familie sehr differenziert entsprochen werden konnte, dazu gehörte auch – trotz der großen Fensterflächen – das

Beherrschen der sommerlichen Raumlufttemperaturverhältnisse (Lüftungsmöglichkeiten, Sonnenschutzvorrichtungen),
- sich die erforderliche Mitwirkung des Nutzers bei der Raumklimagestaltung auf einen zumutbaren, überschaubaren und allgemein verständlichen Mindestumfang beschränkte.

Da das seinerzeitige bauphysikalische/bauklimatische Wissen wesentlich geringer war als heute, darf davon ausgegangen werden, dass der Architekt Hans Scharoun und/oder seine Mitarbeiter über beachtliche Erfahrungen und wahrscheinlich gleichermaßen über ein beachtliches praktisches Vorstellungsvermögen zum genannten Problemkreis verfügten. Diese Aussage wird auch nicht dadurch geschmälert, dass vielleicht die eine oder andere bauklimatisch sinnvolle Lösung dem Zufall zu verdanken ist.

Insofern war und ist Haus Schminke nicht nur eines der wichtigsten Architekturwerke der klassischen Moderne, sondern gleichzeitig auch eine bauklimatische Glanzleistung mit überzeugender technischer Umsetzung, die ihrer Zeit weit voraus war und auch heute noch von ihrer ganzheitlichen Konzeption her voll bestehen kann. Dieser (Ingenieur-) Aspekt findet sich wohl in keiner der zahlreichen Laudatien zur Instandsetzung des Hauses Schminke. Und er ist erstaunlicherweise auch bei vielen Gebäuden der 'heutigen Moderne' nicht zu erkennen...

Anmerkung: Diese Feststellungen werden nicht durch die Tatsache beeinträchtigt, dass mit den heutigen Kenntnissen und Baustoffen bei einem (fiktiven) Neubau von Haus Schminke für alle nichttransparenten Bauteile mühelos ein besserer Wärmeschutz erreicht werden könnte.

Für die Instandsetzung und Sanierung sowie die künftige Nutzung von Haus Schminke ergaben sich unter anderem folgende wesentliche Schlussfolgerungen beziehungsweise Empfehlungen:

1) Beibehaltung der bauzeitlichen Heizungs- und Lüftungskonzeption.
2) Erhaltung und Instandsetzung der bauzeitlichen Fensterkonstruktionen (Einfachverglasung mit einfachem Metallrahmen) einschließlich der Lüftungsmöglichkeiten.
3) Die Dachkonstruktionen erfordern eine Verbesserung des Wärmeschutzes.
4) Eine Dauernutzung des Wintergartens ist nach wie vor nicht möglich, das heißt der Wintergarten ist kein ständiger Bestandteil des Wohnraumes.
5) Eine Wiederherstellung der ursprünglichen Schwerkraftheizung wird als nicht vertretbar angesehen. Die Begründung liegt in den wesentlichen Vorteilen, die mit der empfohlenen Pumpen-Warmwasserheizung verbunden sind, wie Wirtschaftlichkeit, Regelungsverhalten, Nutzerfreundlichkeit.
6) Erhaltung der bauzeitlichen Heizkörper sowie weiterer Bestandteile der ursprünglichen Heizungsanlage.
7) Die Regelungsfähigkeit der Heizungsanlage ist zu verbessern.
8) Mit dem Ausbau des Kellergeschosses für eine künftige Nutzung sind spezielle Maßnahmen auch in den Bereichen Wärmedämmung und Heizungstechnik unumgänglich.
9) Damit das Gebäude weiterhin 'bauklimatisch funktioniert', ist ein entsprechendes Mitwirken des Nutzers unerlässlich (gezieltes Lüften, Benutzung der Jalousien und Vorhänge, zweckmäßige Anwendung der vorhandenen heizungstechnischen Möglichkeiten). Lüftung und Jalousien sind nicht nur im Winter von Bedeutung, sondern auch an sommerlichen Tagen zum Regulieren der Raumlufttemperatur.
10) Dem Nutzer wird eine Art Merkblatt mit entsprechenden Nutzungshinweisen übergeben.

Spezielle Probleme

Fenster
Ziel: Die Fenster müssen 'Sollbruchstellen' für die Kondensation von Raumluftfeuchtigkeit bleiben.

Die vorhandene Einscheibenverglasung im einfachen Metallrahmen hat einen Wärmedurchgangskoeffizienten von $k = 5{,}2$ W/m²K (gemäß DIN 4108/04). 'Einfacher Metallrahmen' bedeutet hier ein massives Metallprofil ohne Wärmedämmung beziehungsweise thermische Entkopplung. Da bei den anderen Außenkonstruktionen insbesondere durch Wärmebrücken effektive k-Werte bis zu etwa 3,0 W/m²K auftreten, darf k-Fenster keinesfalls kleiner sein. Damit ist – aus bauklimatischer Sicht – eindeutig vorgegeben, inwieweit überhaupt eine Wärmeschutzverbesserung an den Fenstern zulässig ist, ohne dass an anderen Bauteilen Feuchteprobleme auftreten.

Die Realisierung von $k = 3{,}0$ W/m²K erfordert eine Zweischeibenverglasung. Durch Einsetzen einer zweiten Glasscheibe in die vorhandenen Metallrahmen, eine Art Aufdoppelung, würde sich jedoch lediglich $k = 4{,}1$ W/m²K einstellen (gemäß DIN 4108/04). Zudem ist diese konstruktive Lösung aufgrund der vorhandenen Metallsprossenbreite nur bei einem kleinen Teil der Fenster realisierbar. Die Verwirklichung von $k = 3{,}0$ W/m²K würde demnach die völlige Aufgabe der bauzeitlichen Fensterkonstruktion bedeuten.

Auch der ökonomische Aspekt spricht nicht für eine neue Fensterkonstruktion. Eine Veränderung des k-Wertes von 5,2 auf 4,1 W/m²K ergibt bei den derzeitigen Energiekosten eine Heizenergiekosten-Einsparung von circa 2,50 Euro pro Quadratmeter Fensterfläche und Jahr, bei einer Veränderung von $k = 5{,}2$ auf 3,0 W/m²K sind es circa 6 Euro pro Quadratmeter Fensterfläche und Jahr. Diesen Einsparungen stehen zumindest bei der zweiten Variante beträchtliche Investitionskosten für die erforderliche neue Fensterkonstruktion gegenüber.

Verschiedentlich wird der Einbau neuer Fenster bei historischen Gebäuden mit der Wärmeschutzverordnung (WSVO) begründet – das ist falsch. Die sich – scheinbar – aus der WSVO ergebende Forderung, dass „außenliegende Fenster und Fenstertüren sowie Dachfenster" bei „erstmaligem Einbau, Ersatz oder bei der

Öffnungsmechanik für das Fensterband oberhalb der Schrankwand im Flur im Obergeschoss (Zustand vor der Instandsetzung)

Das Fenster im Flur vom Obergeschoss wird durch einen fensterbreiten Heizkörper abgeschirmt. Die vom Heizkörper aufsteigende warme Luft wird nicht durch ein überstehendes Fensterbrett behindert.

Erneuerung" einen k-Wert < 1,8 W/m²K aufweisen müssen, gilt tatsächlich nur dann, wenn dabei die Schutzfunktion des Fensters als Sollbruchstelle gegenüber einer zu hohen Raumluftfeuchte nicht verloren geht. Andernfalls würden Bauschäden regelrecht vorprogrammiert. Die WSVO beinhaltet in § 11(2) eine klar gefasste Ausnahmeregelung für solche Maßnahmen, die die Substanz oder das Erscheinungsbild des historischen Gebäudes beeinträchtigen würden. Und Feuchteschäden führen zu einer Beeinträchtigung der Substanz! Die WSVO respektiert eindeutig die bauklimatischen Besonderheiten historischer Gebäude. Die Neufassung der WSVO, die im Jahr 2002 verbindlich werdende Energieeinsparverordnung (EnEV), enthält die gleiche Ausnahmeregelung.

Selbstverständlich hat der Wärmeschutz eines Fensters auch etwas mit Behaglichkeit zu tun: Je größer der k-Wert des Fensters ist, desto stärker kühlt sich die Raumluft am Fenster ab und in Zusammenhang mit der kalten Fensteroberfläche kommt es im Fensterbereich zu Zugerscheinungen einschließlich Strahlungszug. Diese Diskomforterscheinungen machen sich besonders beim Sitzen im Fensterbereich bemerkbar. Gerade diese Sitzbereiche sind jedoch beim Haus Schminke durch Heizkörper abgeschirmt.

Der Wärmeschutz des Fensters ist aber im Haus Schminke auch durch Herablassen der (historischen) Jalousien und Schließen der Vorhänge beträchtlich verbesserbar. Wird beides gleichzeitig getan, ergibt sich für das Fenster ein k-Wert von etwa 2,0 W/m²K, das entspricht dem Wirken einer Wärmeschutzverglasung. Wenn dazu noch der Abschirmungseffekt durch den Heizkörper kommt (z. B. Sitzbereich Wohnraum), ist die Behaglichkeit auch an sehr kalten Wintertagen gesichert.

Für die zum Teil raffinierte Fensteröffnungstechnik im Haus Schminke findet sich ein Beispiel im Obergeschoss. Im Flur mit seinen eingebauten Schränken befindet sich oberhalb dieser Schrankreihe ein Fensterband. Da dessen Fensterelemente vom Flur aus nicht direkt manuell erreichbar sind, wurde für die beiden hintersten Elemente eine Öffnungsmechanik angebracht. Die erforderlichen Bediengriffe liegen auf dem Schrank und sind vom Flur aus problemlos bedienbar.

Ein weiteres bauklimatisches Detail ist das große Fenster im Flur vom Obergeschoss, das durch einen fensterbreiten Heizkörper abgeschirmt wird. Außerdem ist das Fensterbrett so gestaltet, dass die vom Heizkörper aufsteigende warme Luft nicht durch ein überstehendes Fensterbrett behindert wird.

Auch für die öffenbaren Fensterelemente in der gläsernen Südseite des Wintergartens ist eine spezielle Öffnungsmechanik vorhanden.

Dachkonstruktion
Die äußere Ansicht des Hauses Schminke wird wesentlich geprägt von der Linienführung und den Proportionen im Dachbereich. Das ist eine Folge der schlank und leicht wirkenden Dachkonstruktion, also letztlich ihrer Baukonstruktion.

Die Dachkonstruktion – es ist ein so genanntes Warmdach – muss primär den Anforderungen der Statik und des Wärmeschutzes entsprechen. Die sich dabei ergebende Konstruktion (zum Beispiel Abmessungen) ist unter anderem von den Baumaterialien abhängig. Auch um 1930 gab es bereits Ansprüche an den Wärmeschutz einer Warmdachkonstruktion. Sie waren zwar bescheidener als heute, aber dennoch hätte sich mit den damals üblichen Baustoffen eine relativ massige Konstruktion ergeben, denn die heute üblichen hochwertigen Wärmedämmstoffe standen nicht zur Verfügung. Insofern ist es außerordentlich bemerkenswert, dass die Originaldachkonstruktion eine Wärmedämmschicht aufweist. Es handelt sich dabei um eine 11 Millimeter starke Holzfaserplatte mit der Bezeichnung 'Celotex'. Die Rohdichte dieses Dämmstoffes beträgt 200 ... 600 kg/m³, die Wärmeleitfähigkeit λ etwa 0,045 ... 0,75 W/m·K – das ist auch aus heutiger Sicht ein recht hochwertiger Dämmstoff. Aber, und das ist sicherlich überraschend, dieser Wärmedämmstoff wurde nicht eingesetzt, um einen besonders guten Wärmeschutz der Dachkonstruktion zu erreichen, sondern um durch eine geringe Bauhöhe der Konstruktion eine leicht wirkende Dachkonstruktion zu erzielen. Denn die so wärmegedämmte Dachkonstruktion hat keinen besseren Wärmeschutz als er zur Bauzeit gebräuchlich war. Das heißt, diese seinerzeit nicht allgemein übliche Wärmedämmung wurde aus gestalterischen Gründen vorgesehen. Zur Verdeutlichung einige Zahlenwerte: 11 Millimeter Celotex erbringen je nach λ-Wert im thermisch stationären Zustand die gleiche Wärmedämmwirkung wie etwa 30 ... 50 Zentimeter Stahlbeton beziehungsweise wie 12 ... 20 Zentimeter Vollziegelmauerwerk.

Mit der bauzeitlichen Dachkonstruktion und ihrem relativ geringen Wärmeschutz sind bauklimatische Probleme verbunden.

Winterfall: Es stellen sich zeitweise raumseitige Oberflächentemperaturen ein, die unter der Taupunkttemperatur der Raumluft liegen (Kondensationsgefahr) und die für die Raumnutzer ein unbehagliches Raumklima hinsichtlich der empfundenen Temperatur ergeben (Zugerscheinungen einschließlich Strahlungszug).

Anmerkung: Die vom Menschen empfundene Temperatur (auch als resultierende oder operative Temperatur bezeichnet) resultiert zu etwa gleichen Anteilen aus der Lufttemperatur und der über Fußboden, Decke, Fenster, Wände usw. gemittelten Oberflächentemperatur (= mittlere Umgebungstemperatur).

Sommerfall: An Strahlungstagen ergibt sich für die tragende Konstruktion eine thermische Beanspruchung, die infolge des damit verbundenen Ausdehnungsverhaltens eine Rissbildung im Anschlussbereich Dachkonstruktion / Außenwand begünstigt (Schadensbild bei Bestandserfassung).

Von den vorstehend genannten drei Problemen kommt der Kondensationsgefahr die geringste Bedeutung zu, um so gravierender sind die beiden anderen. Daher wurde die dringende Empfehlung gegeben, den Wärmeschutz der Dachkonstruktion deutlich zu verbessern. In intensiver Zusammenarbeit mit dem Architekturbüro wurde eine realisierbare Lösung entwickelt. In den Hauptdachflächen ist nunmehr eine circa 8 Zentimeter dicke hochwertige Wärmedämmung vorhanden; die bauzeitliche Wärmedämmung konnte nicht gehalten werden.

Durch die neue Wärmedämmung hat sich gewissermaßen als 'Nebenprodukt' auch eine drastische Reduzierung der Wärmeverluste durch die Dachflächen ergeben, das bedeutet auch eine Senkung der Heizkosten. Ausdrücklich sei jedoch darauf hingewiesen, dass bei historischen Gebäuden nicht der Aspekt der Energieeinsparung, sondern generell das bauklimatisch schadensfreie Funktionieren des Gebäudes von primärer Bedeutung ist.

Bauzeitliche Heizungstechnik
Die für den Umgang mit der bauzeitlichen Heizungstechnik geltenden Aspekte und die sich daraus ergebenden Schlussfolgerungen wurden bereits dargelegt. Daraus folgten für die Fachplanung Heizungstechnik zwei spezielle Schwerpunkte.

1) Wohnbereich im Erdgeschoss einschließlich Wintergarten: Instandsetzung und zu einem kleinen Teil Rekonstruktion der bauzeitlichen Heizungstechnik wie Heizkörper, Heizkörperventile und Anschlussleitungen.

2) Kellergeschoss: Beibehaltung und Erweiterung des unter der Decke befindlichen horizontalen Verteilungssystems (Hauptrohrleitungen) einschließlich Instandsetzung der die Ansicht dieser Rohrleitungen prägenden bauzeitlichen Absperrschieber. Da das Kellergeschoss künftig in die Nutzung einbezogen wird, wurde die erforderliche Beheizung realisiert. Das Kellergeschoss erhielt einen eigenen Heiz- und Regelkreis; das ist vor allem notwendig, weil es zum großen Teil an Erdreich grenzt und sich daher bauklimatisch völlig anders verhält als Erd- und Obergeschoss. Darüber hinaus erfolgte die Durchführung verschiedener Einzelmaßnahmen, wie zum Beispiel die Umstellung der Schwerkraft-Warmwasserheizung mit Kohlekesselanlage und offenem Ausdehnungsgefäß auf eine Pumpen-Warmwasserheizung mit Gaskesselanlage und geschlos-

Die beiden demontierten Heizkörper vom Musikbereich des Wohnraumes

Instandgesetzte Absperrschieber im Kellergeschoss

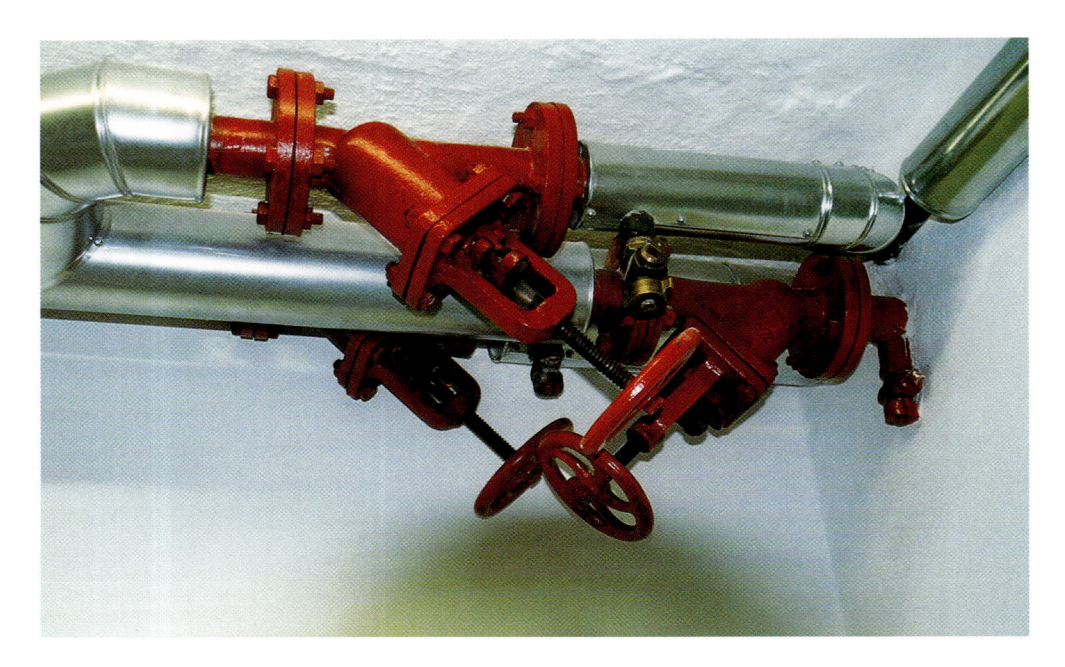

senem Ausdehnungsgefäß unter Beibehaltung der bauzeitlichen Schornsteinanlage in baulicher Hinsicht; nutzungsbedingt mussten in einigen Räumen die Heizkörper zur Erzielung der benötigten Heizleistung vergrößert werden; Einbau einer modernen Regelungstechnik.

Die historischen Heizkörper wurden vor Ort einer Einzeldruckprüfung unterzogen, mit dem Ergebnis, dass mit einer weiteren Standzeit von circa 50 Jahren gerechnet werden kann. Die mit den Arbeiten betraute Firma hat mit außerordentlicher Umsicht und handwerklichem Geschick gearbeitet. Das verdient hervorgehoben zu werden, weil bei den Montagearbeiten an den großen Heizkörpern ein hohes Risiko für die Dichtheit der Verbindungsstellen zwischen den einzelnen gusseisernen Gliedern bestand. Auch die noch vorhandenen historischen Heizkörperabsperrventile und Absperrschieber konnten mehrheitlich aufgearbeitet und wieder installiert werden. Allerdings ist bei diesen Armaturen ein hundertprozentig dichtes Schließen nicht zu garantieren.

Ausbau Kellergeschoss
Die Heizungsrohre für die künftige Beheizung sind offen an der Außenwand unmittelbar über dem Fußboden verlegt. Dadurch ist eine gewisse Wärmezuführung an diesen Wandbereich über nahezu die gesamte Außenwandlänge gegeben, wodurch möglichen Kondensationserscheinungen an dieser Wärmebrücke entgegengewirkt wird.

Infolge der unter der Kellerdecke verlegten, wärmegedämmten Rohrleitungen war im Kellergang teilweise nur eine lichte Raumhöhe von circa 1,78 bis 1,80 Meter vorhanden. Bei der öffentlichen Nutzung des Gebäudes ist damit eine beträchtliche Unfallgefahr verbunden. Durch entsprechende Veränderungen wurde eine Vergrößerung der lichten Raumhöhe um etwa 15 Zentimeter erzielt.

Im größten Kellerraum steht vor der Nordwand ein großer, kompakter bauzeitlicher Schrank, der für verschiedene Einlagerungen diente. Er sollte erhalten bleiben. Dieser unmittelbar an die Außenwand grenzende Schrank stellt in bauklimatischer Hinsicht eine innere Wärmedämmung dar. Im Zusammenhang mit der künftigen Kellergeschossnutzung ergab sich eine nennenswerte Gefahr, dass hinter diesem Schrank Kondensation ein-

Das ausgebaute Kellergeschoss mit Teilen der Hauptrohrverteilung unter der Kellerdecke sowie links im Bild der vor der nördlichen Außenwand stehende große Schrank. Hinter einer Abdeckung, im Bild als schwarzer Streifen zwischen Fußboden und Wand erkennbar, befinden sich die im Sockelbereich verlegten Heizrohre

schließlich Schimmelpilzbildung auftreten kann. Die im Sockelbereich verlegten Heizrohre können das Problem abschwächen, aber nicht beseitigen. Da eine äußere Wärmedämmung aus denkmalpflegerischen Gründen (sie hätte unter anderem die Aufgabe eines historischen Terrassenbelags bedeutet) nicht realisierbar war, wurde statt dessen vollflächig auf die gesamte Nordwand eine innere Wärmedämmung in Form von 3 Zentimeter dicken Calciumsilikatplatten aufgebracht ($\lambda = 0{,}06$ W/m·K). Da dieses Material ein kapillaraktives Feuchteverhalten besitzt, erübrigte sich eine Dampfsperre wie sie bei 'klassischen' Innendämmungen zumeist unumgänglich ist. Bei dieser Lösung wurde auch die relativ geringe Belastung der Außenwand durch Erdreichfeuchte berücksichtigt.

Das Haus Schminke wurde hier als ein Musterbeispiel für ein weitestgehend von Haus aus bauklimatisch funktionierendes Gebäude charakterisiert. Als Musterbeispiel kann aber auch der Umgang aller an den Planungen dieser Instandsetzung und Sanierung Beteiligten miteinander zum Wohle dieses historischen Gebäudes gesehen werden – eine derartige positive Arbeitsatmosphäre ist bei historischen Gebäuden leider durchaus nicht immer selbstverständlich.

Auch wenn im vorstehenden Beitrag bei weitem nicht alle bauklimatischen Einzelmaßnahmen bei der Instandsetzung und Sanierung des Hauses Schminke in Löbau vorgestellt werden konnten, so ist doch zu hoffen, dass die Bedeutung bauklimatischer Aspekte und die Notwendigkeit ihrer Einbeziehung in die Planungen für das Bauvorhaben deutlich geworden sind. 'Bauklimatische Aspekte' heißt ganzheitliche Betrachtung der Zusammenhänge zwischen Wärme-/Feuchteschutz, Nutzung, Heizung und Lüftung – das ist weit mehr als das Erbringen von bauphysikalischen Nachweisleistungen.

Die bauphysikalische Untersuchung von Einzelproblemen (zum Beispiel. nach DIN 4108 Mindestwärmeschutz; Energieeinsparverordnung) kann nicht einmal vom Ansatz her die geistige Grundlage für den Umgang mit einem historischen Gebäude sein. Ebensowenig wie es allgemeingültige Vorzugs- oder Universallösungen für historische Gebäude geben kann.

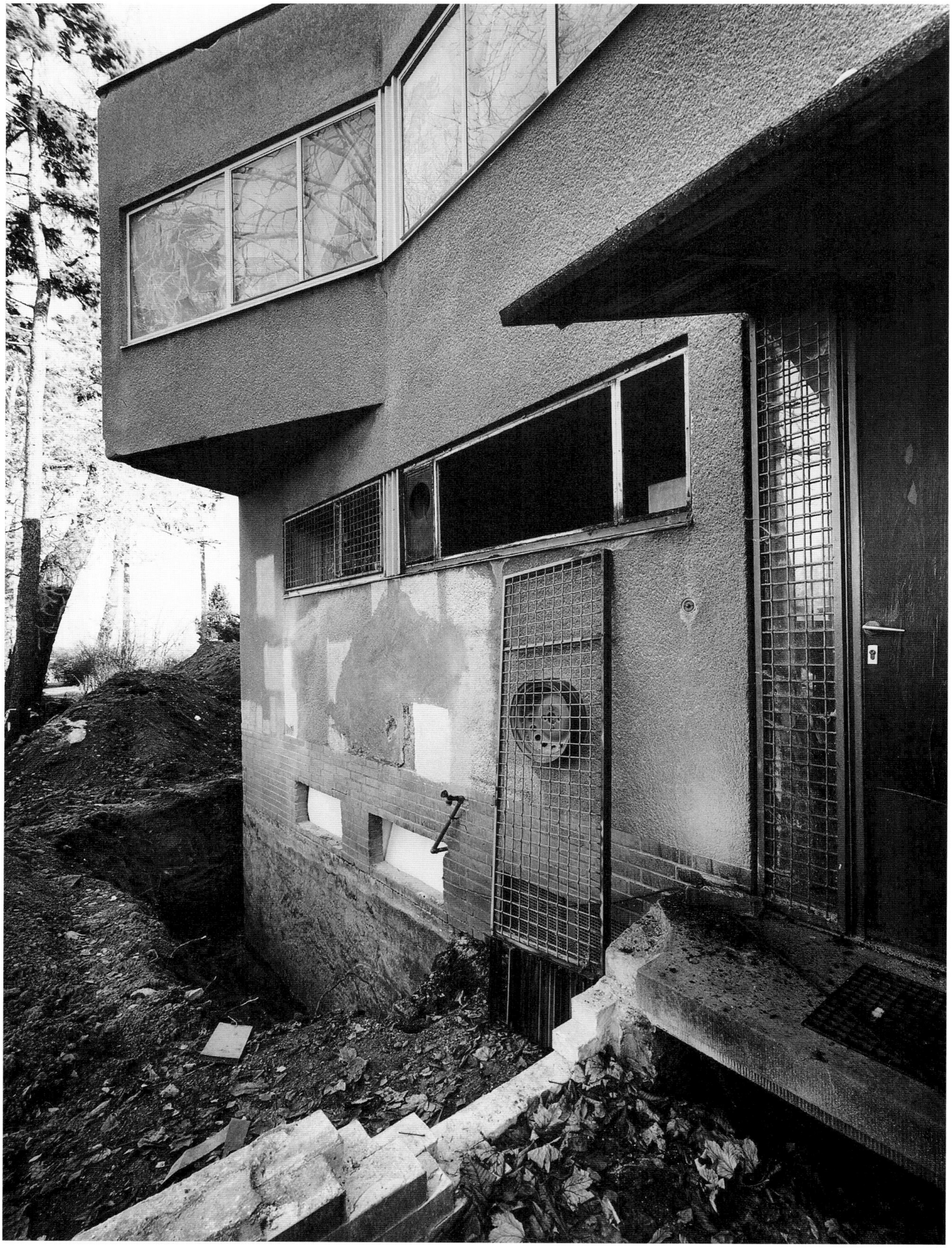

Restauratorische Untersuchungen am und im Haus Schminke

Auswertung, Vorversuche und Umsetzung am Objekt

Helmut F. Reichwald

Mit der Planung zur Instandsetzung von Haus Schminke fanden erste restauratorische Voruntersuchungen in den Innenräumen und an der Fassade statt, die nach einer Auswertung in einem zweiten Durchgang ergänzt und während der Baumaßnahme fortgeführt wurden.[1] Die bauzeitlichen Sichtflächen hatten sich innen nur an den holzsichtigen Ausstattungsteilen erhalten, alle anderen Oberflächen und Gliederungen waren mehrfach überarbeitet oder durch Renovierungen verändert, vereinzelt auch ausgetauscht worden. Im Außenbereich gehört noch großflächig ein weiß durchfärbter Edelkratzputz zum bauzeitlichen Bestand, der jedoch durch erhebliche Ablagerungen an der Oberfläche seine ehemalige weiße, architekturprägende Aussage eingebüßt hatte. Die glatt verputzten Flächen an den Untersichten und Wänden im Terrassenbereich sind ebenfalls Bestand aus der Bauzeit, sie waren jedoch mehrfach repariert und überarbeitet. Die anderen Bauelemente aus Stahl und Blech waren innen wie außen Gegenstand mehrerer Reparaturphasen und erhielten ebenfalls mit jeder Renovierung eine Neufassung. Am Wintergarten wurden sie zum Teil auch durch neue Bauteile ersetzt.

Eine nach der Baufertigstellung 1933 angelegte Fotodokumentation in schwarz-weiß von Alice Kerling vermittelt sehr eindrucksvolle Bilder des vollendeten Bauwerks mit Innenraumsituationen und Ausstattung. Die in ausgezeichneter Qualität angelegte Dokumentation gibt uns eine Vorstellung von der Ausstattung der Räume mit den verschiedenen, architekturgebundenen Gliederungen, deren Farbgebungen sich auf den Fotografien jedoch lediglich in unterschiedlichen Grauwerten abzeichnen. Der Versuch, anhand der Grauwerte des vorhandenen Fotomaterials die einzelnen Farbwerte zu bestimmen, scheiterte trotz modernster Technik. Auch andere Quellen wie der Schriftverkehr zwischen dem Architekten und der Bauherrschaft über bestimmte Details der anstehenden Ausführung, Kostenvoranschläge mit angegebenen Materialvorschlägen und genannten Farbgebungen sind kein ausreichender Beleg für eine tatsächliche Ausführung. Dennoch wurde das gesamte Material im Vorfeld ausgewertet[2], immerhin gelang es somit zu einem – wenngleich auf alle Details kritisch zu hinterfragenden – Überblick über die gesamte Ausstattung der einzelnen Räume zu gelangen. Sehr hilfreich waren die verschiedenen Aufnahmesituationen der Innenräume mit den – im Gegenlicht sich abzeichnenden – Strukturen der Decken- und Wandbereiche. Diese strukturierten Oberflächen, die in den Kostenvoranschlägen als Salubra- beziehungsweise Blasentapete bezeichnet waren, sind demnach auch zur Ausführung gekommen. Welche der genannten Tapetentypen als Untergrund beziehungsweise als Zwischenschicht in welcher Kombination in den einzelnen Räumen angebracht wurden, ließ sich anhand der Fotodokumentation nicht klären.

Auch die darauf erfolgten Farbfassungen zur Gliederung der Räume ließen sich anhand der Fotodokumentation nicht hinreichend entschlüsseln.[3] Lediglich die leicht glänzenden Oberflächen auf einigen der Aufnahmen lassen auf ein Bindemittel schließen, welches nicht einem Leimfarbenanstrich mit immer stumpf auftrocknender Oberfläche entspricht. Folglich kamen Materialien zur Anwendung, die einer Emulsionsfarbe mit hohem Bindemittelanteil entsprechen. Dies ist nicht mit den neuzeitlichen Materialien mit hohem Kunststoffanteil (Dispersionen) zu verwechseln, die es zu dieser Zeit noch nicht als Handelsprodukt gab. In den Kostenvoranschlägen wird das Fabrikat 'Faserit' genannt, ein Produkt, welches in seiner genauen Zusammensetzung heute nicht mehr bekannt ist. Ein Hinweis auf die Behandlung der Deckenflächen im oberen Flur „zwei Mal mit Faseritlack schwarz zu streichen und mit weißen Linien zur Hälfte kassettenartig zu teilen" sagt lediglich etwas über die Farbgebung mit einer gewünschten Dekoration aus.[4] Der Begriff 'Faseritlack' war im herkömmlichen Sinn kein Lack, sondern ein Bindemittelgemisch mit glänzender Oberfläche. Solche Begriffe sind schon seit Anfang des 20. Jahrhunderts bekannt, als emulgierte Produkte industriell hergestellt auf den Markt kamen.[5] In der Regel bestanden diese Emulsionen aus Kasein, Terpentinharz, Wachs und Naturharzen wie Dammar und andere. Je nach Zusammensetzung konnten diese matt bis leicht glänzend eingestellt werden. Sie waren mit Wasser verdünnbar und leicht zu verarbeiten.

Scharoun hat Haus Schminke mit modernen Werkstoffen wie Stahl, Beton, Bimsstein und andere Materialien konzipiert und erstellt, die Oberflächen aber mit traditionellen, handwerklichen Werkstoffen wie Leinölfarben (innen), Standölfarben (außen), Emulsionsfarben gestaltet. Kalk als traditionelles Anstrichmittel kam nur in den Kellerräumen zur Anwendung.

Die von ihm als 'Zwischenschicht' verwendeten Strukturtapeten in den einzelnen Räumen waren ein Hilfsmittel zur Oberflächengestaltung, die durch andere

**Fragment der bauzeitlichen Blasen- beziehungsweise Noppentapete an der rechten Wange am ehemaligen Bücherregal im Wohnzimmer links vom Zugang.
Oben: Streifen ohne Fassung.
Unten: Leichte Abnahme aufgrund mangelhafter Klebung.**

Effekte, zum Beispiel Beleuchtung, erst zur Geltung kamen.[6] Diese aufgebrachten 'Zwischenschichten' wie Salubra- und Blasentapeten waren wohl von Anfang an ein Schwachpunkt des Scharounschen Gestaltungskonzeptes. Schon auf den Aufnahmen, zum Beispiel von der Halle in den Wohnraum, ist an der Decke zu erkennen, dass die aufgeklebten Tapetenbahnen an den Stoßkanten nicht sauber verarbeitet waren. Jede einzelne Tapetenbahn zeichnet sich ab, ein Verarbeitungsfehler, der wohl bei nachfolgenden Renovierungen eine weitere Überarbeitung nicht mehr zuließ und zum Verlust der ursprünglichen Oberflächengestaltung geführt hat. Salubratapeten gab es seit dem 19. Jahrhundert, sie sind als so genannte Prägetapeten mit den unterschiedlichen Oberflächen bis Anfang 1940 in Neubauten verwendet worden. Dabei handelt es sich um ein aus Papiermaché hergestelltes Material mit Leimbindungen in einer Schichtdicke von circa 1 bis 2 Millimeter – je nach Oberflächenprägung. Die Verarbeitung und Anbringung auf Mörteluntergründen verlangt eine sorgfältige Vorbereitung der Mörteloberfläche mit streichfähiger Makulatur. So genannte Noppen- oder Blasentapeten sind vereinfachte Herstellungsformen, die dünnschichtig produziert werden, aber ebenfalls eine sorgfältige Verarbeitung benötigen, wenn auf ihnen ein Anstrich erfolgen soll. Ein kleiner Beleg von der Noppentapete war ungefasst an der Wange des im Wohnzimmer ehemals angebrachten Bücherregals als

Überlappung auf der Holzoberfläche vorhanden. Die Verklebung zum Untergrund war äußerst gering, ein Hinweis, dass hier von Anfang an keine ausreichende Haftung vorlag.

So weit zu Interpretationen der vorhandenen Fotodokumentation und einiger Aussagen zu den Material- und Farbangaben in den Kostenvoranschlägen. Für die Zeit nach 1951 liegen Protokolle und Rechnungen vor, die weitere Veränderungen am Haus sowie 'Schönheitsreparaturen' belegen.[7]

Restauratorische Untersuchungen
Trägermaterialien wie Stahl, Bleche, Holz und Mörtel hatten ein mehrfach verändertes Erscheinungsbild. Lediglich formal waren die bauzeitlichen Gliederungen und Anordnungen zum Teil noch vorhanden. Ziel der Voruntersuchung war es, der weiteren Planung und Konzeptfindung eine erste Übersicht über den noch vorhandenen, wenn auch zum Teil verdeckten, Bestand zu verschaffen. Weiterhin war zu überprüfen, inwieweit die einzelnen Bauelemente, Einbauten, Mörteloberflächen zum bauzeitlichen Bestand gehören und ob deren Erhaltungszustand eine Reparatur zulässt.

Von Anfang an war vorgesehen, alle Veränderungen und Reparaturen sowie Renovierungsphasen mit zu erfassen, um diese gegebenenfalls in ein Gesamtkonzept einzubinden und soweit möglich als Bestand der Nutzungsgeschichte zu erhalten. Um die gesicherten bauzeitlichen Fassungsschichten für ein Konzept verwerten zu können, waren in einer zweiten Kampagne weitere Detailuntersuchungen notwendig. Ging es bei der Voruntersuchung darum, noch vorhandene Fassungssubstanz zu ermitteln, dienten weitere Untersuchungen zur genauen Erfassung und Verteilung der Farbgestaltung. Dies geschah durch weitere Sondagen vor Ort an den einzelnen Bauelementen und zur weiteren Absicherung durch Mikroquerschliffe entnommener Proben und deren mikroskopische Auswertung. Weiterhin war zu klären, mit welchen Methoden die bauzeitliche Fassungssubstanz und auch nachfolgende Schichten erhalten werden können, um diese für spätere Überprüfungen verfügbar zu halten.

Nach der Vorlage des Berichts zur Voruntersuchung vom 26. Juni bis 2. Juli 1998 beschloss der wissenschaftliche Beirat der Wüstenrot Stiftung, die restauratorischen Untersuchungen weiterzuführen, bis Klarheit über alle Bereiche mit gesicherten Anhaltspunkten zur ehemaligen Oberflächengestaltung von Scharoun vorlagen, die von jenen Bereichen zu differenzieren waren, an denen es keinerlei Informationen über die ursprüngliche Gestaltung mehr gab.

Zusammenfassung der Untersuchungsergebnisse, Materialbestimmungen und Arbeitsproben sowie die restauratorische Umsetzung am Objekt
Zur besseren Übersicht werden die einzelnen Bauelemente und Raumteile in der Abfolge nach Bestand, Materialgefüge, Zustand, ehemalige Oberflächengestaltung, Erhaltungsfähigkeit, Substanzschutz und möglichen sowie umgesetzten Maßnahmen zur Präsentation gegliedert.

Die Untersuchungen und Auswertungen sind schriftlich und fotografisch dokumentiert.

Für den Außenbereich sind auf den Kopien der Fotodokumentation nach Fertigstellung des Gebäudes (Zustand 1933) die Befundstellen eingetragen.[8] Die Untersuchungen vor Ort waren durch weitere Auswertungen der Proben im Labor zu ergänzen. Nach der Einbettung der entnommenen Proben und den Anschliffen konnten die Schichtenabfolgen abgeklärt werden. Bei den mikroskopischen Untersuchun-

Befundstellenplan der Untersuchung vor Ort und der entnommenen Proben im Eingangsbereich

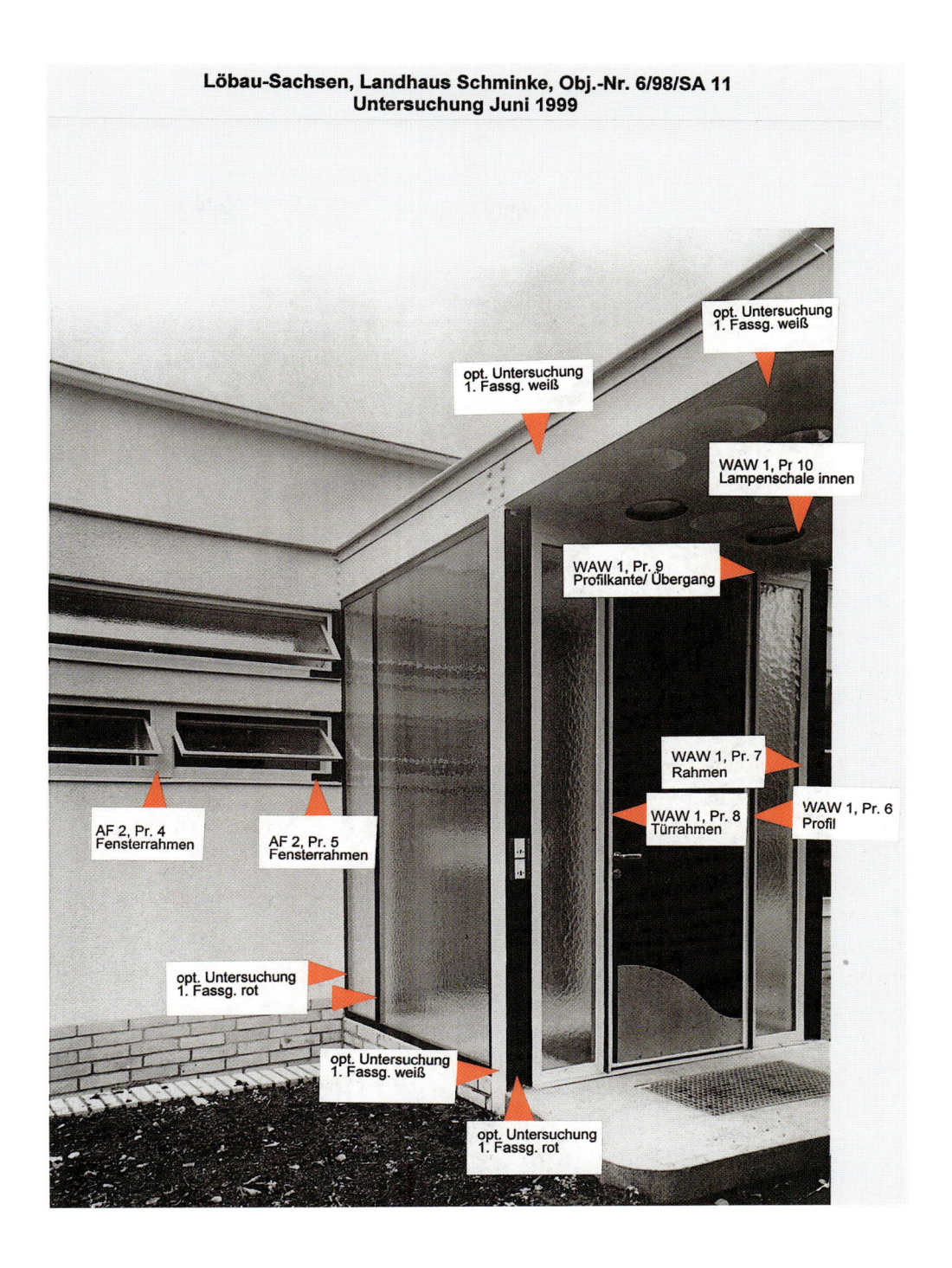

Löbau-Sachsen, Landhaus Schminke, Obj.-Nr. 6/98/SA 11
Untersuchung Juni 1999

- opt. Untersuchung 1. Fassg. weiß
- opt. Untersuchung 1. Fassg. weiß
- WAW 1, Pr 10 Lampenschale innen
- WAW 1, Pr. 9 Profilkante/ Übergang
- WAW 1, Pr. 7 Rahmen
- WAW 1, Pr. 8 Türrahmen
- WAW 1, Pr. 6 Profil
- AF 2, Pr. 4 Fensterrahmen
- AF 2, Pr. 5 Fensterrahmen
- opt. Untersuchung 1. Fassg. rot
- opt. Untersuchung 1. Fassg. weiß
- opt. Untersuchung 1. Fassg. rot

gen konnte weiterhin festgestellt werden, dass die Farben der bauzeitlichen Anstriche erhebliche Beimischungen von grobteiligen Pigmenten haben, also nicht so feinteilig wie unsere heutigen Materialien sind. Aus diesem Grund ließen sich die Farben nicht nach RAL-Karten bestimmen. Dies gilt hauptsächlich für die graublauen und roten Farbtöne, soweit diese als Ölfarbe zur Ausführung kamen. Es wurden nach den ausgewerteten Farbtönen extra Mischungen angesetzt, um den Befund umsetzen zu können.

Löbau-Sachsen, Landhaus Schminke, Objekt-Nr. 698/SA-11-Löbau	

Befundblatt für Probe 13 mit mikroskopischer Aufnahme der Probe im Auflicht und UV-Licht

AW 13, AF 21/22 Probe 13 Befundstelle Fenstertlg. Wellenprofil	Querschliff Auflicht / UV-Fluoreszenz aufgen. in 80facher Vergrößerung
Schicht-Nr. / Schichtenabfolge	mittlerer Teil der Probe 13
0 — Metall	
01 — Oelschicht mit Weißpigment	
1 — rot	
02 — rot dunkler	
2 — rot	
03 — rotbraun	
3 — rot	
04 — rot heller	
4 — rot	
05 — Mennige	
5 — rot zweischichtig	
06 — hellrot	
6 — rot	Sichtfassung

Sichtfassung
⇑
⇑
⇑
⇑
⇑
⇑
⇑
⇑
⇑
⇑
Träger

Bearbeiter H.F. Reichwald
Untersuchung Juni 1999

Fassaden und Gliederungselemente im Außenbereich

Mörtelflächen
Bestand: Bis auf Teilbereiche, die durch Feuchtigkeit, undichte Dachanschlüsse, defekte Dachrinnen und Fallrohre zerstört waren, ist der bauzeitliche Oberflächenmörtel noch großflächig erhalten.

Materialgefüge: Es handelt sich um einen hydraulischen, einfarbigen werkseits hergestellten Edelputz mit gleichmäßiger Korngrößenverteilung mit Zuschlagstoffen aus Kalkstein, dessen Oberfläche aufgerauht wurde (Kratzputz).

Zustand: Der Mörtel ist in sich stabil, die Oberflächen zeigen nur geringe Abrieberscheinungen. Auf den Oberflächen hat sich eine gleichmäßige Schmutzschicht abgelagert. Optisch ergab dies eine graubraune Farbwirkung.

Ehemalige Oberflächengestaltung: Zur Entstehungszeit waren die Oberflächen weiß. Der als so genannter Edelputz aufgetragene Mörtel ist in seiner gesamten Schichtdicke gleichmäßig durchfärbt. Nach dem Auftragen des Mörtels sind die Oberflächen mit einem 'Brett' abgerieben worden. Dies ergab eine einheitlich aufgeraute Oberfläche, die ohne weitere Farbbehandlung als Gestaltungselement der Fassaden stehen blieb.

Erhaltungsfähigkeit: In sich geschlossene Mörtelflächen haben eine gute Anbindung zum Untergrund, nur punktuell waren Hohlstellen festzustellen. Durch starke Bewitterung beziehungsweise undichte Fallrohre und der damit verbundenen Durchfeuchtung gab es größere Verluste, die hauptsächlich die Schürzen an den Terrassen, die rechte Fassadenfläche am Eingangsbereich und die Rückfront am Küchentrakt betrafen.

Substanzschutz und mögliche Wiederherstellung: Auf der ehemaligen weißen Oberfläche lagen erhebliche Schmutzablagerungen, die in die feinteilige Mörtelstruktur der Oberfläche eingedrungen waren und sich teils fest mit dem Untergrund verbunden haben. Eine Rückführung auf die noch vorhandene Oberfläche des weiß durchfärbten Mörtels wäre ohne Substanzverlust nicht möglich gewesen. Die heute zur Verfügung stehenden Reinigungsverfahren sind zwar vielseitig, in der Anwendung aber nur bedingt für bestimmte Oberflächen geeignet. Im vorliegenden Fall wurde ein in Frankreich entwickeltes Verfahren getestet. Es handelt sich um ein so genanntes Wirbelverfahren, bei dem verschiedene feinteilige Sand- und Pulvermischungen (Quarz/Marmor) mit geringem Druck von einer speziellen Düsenpistole auf die Oberfläche verteilt werden und hier einen Abrieb der verkrusteten Ablagerungen bewirken. Die Anwendung erfolgt ohne chemische Zusätze im Trockenverfahren.

Bei einer sachgemäßen Anwendung kann ein schonender Abrieb der Verschmutzungen an der Oberfläche des Mörtels erreicht werden, nicht dagegen in den Vertiefungen, weil hier die Schmutzpartikel eingebunden sind. Die Probeflächen zeigen zwar eine erhebliche Aufhellung, führten aber zu einem Reinigungseffekt, der nur die Oberflächen der Kornmischung betraf. Würde man versuchen, die zwischen der Körnung liegenden, versinterten Oberflächen des Bindemittels abzutragen, erreicht man zweierlei: eine weiße Oberfläche, die optisch dem ehemaligen Edelputz entspricht, aber zu einer Zerstörung des Materialgefüges führt, welches dann über längere Zeit kontinuierlich abwittert und eine Zerstörung der Fassadenhaut bewirkt.

Ergebnis: Eine Aufhellung der Fassadenflächen war möglich, nicht aber eine Rückführung auf die ehemals weiße Oberfläche.

Weitere Versuche wurden mit dem wish-ab-Granulat ausgeführt, auch hier konnte die Oberfläche aufgehellt, aber

Reinigungsprobe an der Fassade mit wish-ab-Granulat zur Abnahme der Schmutzablagerungen

kein besseres Ergebnis erzielt werden. Eine weitere Beprobung mit dem Joos-Verfahren führte zu dem besten Ergebnis, es ließ sich eine fast gleichmäßige Aufhellung der Oberfläche erreichen, ohne die Substanz zu gefährden.

Dieses Verfahren kam später ganzflächig in Zonen mit erheblicher Oberflächenverschmutzung durch mehrfache Anwendung zur Ausführung. Dennoch verblieben Schmutz und durch Kohlenheizung entstandene Ablagerungen, die nichts mit der materialbedingten Alterung zu tun haben, also auch nicht als 'Patina' zu bezeichnen sind.

Instandsetzung: Nach der Untersuchung, Bestandsaufnahme und Beprobung sind vor Ort die Bereiche festgelegt worden, die aufgrund ihrer Zerstörung nicht mehr reparaturfähig waren. Durch exaktes Ausschneiden der zerstörten Zonen war es möglich, den Untergrund für

Arbeitsprobe mit Joos-Verfahren zur Abnahme der Oberflächenverschmutzung an dem Fassadenbereich rechts vom Kamin

Mörtelversatzstück als Reparatur der Fassade im noch feuchten Zustand vor Abreiben der Oberfläche

die 'Versatzstücke' eines nachgestellten Mörtels vorzubereiten. Als Grundmaterial diente eine vergleichbare Mörtelmischung eines 'Edelputzes' mit hydraulischem Bindemittel und Kornzuschlägen in einer weißen Grundausmischung, die werkseitig zur Verfügung stand. Durch Beimengung von farbigen Sanden, Schiefermehl und einem geringen Pigmentanteil konnte eine Grundfarbigkeit erreicht werden, die dem gealterten und nicht mehr blütend weißen Originalmörtel entsprach. Weitere Farbkorrekturen waren durch ungebundene Farblasuren zur jeweiligen Umgebung der gereinigten Oberflächen möglich. Nach mehrfacher Beprobung kam dieses Verfahren an den Fassaden zur Ausführung.

Glatte Mörtelflächen im Fassadenbereich
Bestand: Neben den Edelputzflächen an den Fassaden sind glatte Mörtelflächen an

Reparierte Fassadenfläche: An der linken Fensterkante verläuft vertikal ein circa 10 Zentimeter breiter Streifen mit einer Mörtelkittung im Endzustand

den zurückspringenden Fassadenteilen und an Untersichten der Terrassen vorhanden.

Materialgefüge: Es handelt sich um glatt verstrichene Oberflächen eines feinkörnigen Mörtels, der ehemals farbig gefasst war. Hierzu gehören auch die farbig abgesetzten Schürzen an den Überdachungen der Terrassen.

Zustand: Durch Feuchtigkeit waren Teilbereiche der Mörtelflächen bereits abgängig. Die untere Anbindung zum Terrassenbelag war durch Zementmörtel ersetzt worden. Spätere Anstriche mit unterschiedlichen Materialien haben zu erheblichen Abplatzungen geführt.

Ehemalige Oberflächen: Die Oberflächen waren zwischen Deckenuntersicht, Wandflächen und Schürzen farbig abgesetzt. Mehrschichtige, nachfolgende Anstriche haben teilweise den Befund Weiß für die Deckenuntersichten und Gelb für die Wände übernommen, jedoch in unterschiedlichen Farbnuancen.

Erhaltungsfähigkeit: Die Deckenuntersichten und große Teile der Wandbereiche an den Terrassen waren reparaturfähig.

Substanzschutz und mögliche Wiederherstellung: Auszuwechseln waren die durch Feuchtigkeit zerstörten Zonen, weil hier eine hohe Salzbelastung vorlag. Alle nachfolgenden Anstriche, die keine Haftung mehr zum Untergrund hatten, mussten bis auf eine tragfähige Schicht entfernt werden, dennoch konnten Bereiche mit den verschiedenen Fassungsabfolgen erhalten werden. Der verbliebene Bestand war im Mörtelbereich an den Fehlstellen in Art, Technik und Oberflächenstruktur zu schließen. Mit einer Neufassung nach Befund in Silikattechnik ließ sich das ehemalige Erscheinungsbild wiedergewinnen.

Metallelemente
Bestand: Fenster, Fenstergitter, Türrahmen, Geländergitter, Treppen und Rolladenkästen waren bis auf die schräge Fensterfront am Wintergarten noch weitgehend vorhanden.

Materialgefüge: Es handelt sich um Metallkonstruktionen, Gitterelemente und verzinkte Bleche, die verschraubt, geschweißt und vernietet sind.

Zustand: Soweit die Metallelemente nicht ständig der Feuchtigkeit ausgesetzt waren – wie Boden- und Terrassenanschlüsse, verstopfte Ablaufschienen etc. – war der bauzeitliche Bestand intakt.

Ehemalige Oberflächengestaltung: Alle Metallelemente – soweit diese zum Baubestand gehören – haben noch durchgängig die Erstfassung mit allen nachfolgenden Beschichtungen. Die Farbgliederung außen besteht aus einem blaugrauen Anstrich für die Fenster und Terrassengeländer, Weiß für den Eingangsbereich und die Gitter an den Fenstern und Terrassen und einem kräftigen Rot zur Akzentuierung von verschiedenen Fenstern, Rolladenkästen und Elementen an den Terrassen. Im Innenbereich sind die Fenster weiß gestrichen, Türrahmen, Treppengeländer sowie Stützen im Wintergarten waren akzentuiert abgesetzt.

Erhaltungsfähigkeit: Die Schwachpunkte der Metallkonstruktionen waren augenscheinlich, sie zeichneten sich durch starke Roststellen mit zum Teil zerstörten Verbindungen am Objekt ab. Hiervon sind hauptsächlich die unteren Anschlussbereiche am Wintergarten betroffen sowie die Balkon- und Terrassengeländer.

Substanzschutz und mögliche Wiederherstellung: Nach mehrfacher Baubegehung und Diskussionen mit verschiedenen Handwerksfirmen während der Untersuchungskampagne ergaben sich verschiedene Möglichkeiten, die vom kompletten Ausbau aller Metallelemente bis zur Reparatur vor Ort reichten. Hier sollen noch einmal die diskutierten Möglichkeiten festgehalten werden, wie sie in dem Bericht vom 8. April 2000 genannt sind.

• Ausbau aller aus Metall gefertigten Ele-

Befundblatt für Probe 15 mit mikroskopischer Aufnahme der Probe im Auf- und im UV-Licht

Löbau-Sachsen, Landhaus Schminke, Objekt-Nr. 698/SA-11-Löbau

Terrasse 1/3 EG Probe 15 Befundstelle Handlauf Obersicht		Querschliff Auflicht / UV-Fluoreszenz aufgen. in 80facher Vergrößerung
Schicht-Nr.	Schichtenabfolge	
0	Metall	
01	Mennige	
01.1	weiße Grundschicht	
1	grau-blau	bauzeitlich
2	weiße Schicht mit Verschm.	
03	rot dünne Schicht	
3	rot mit Schmutzschicht	
04	weiße Grundschicht	
4	rot mit Schmutzschicht	
05	helles rot	
5	rot	
06	helles rot	
6	rot	
07	weiße Grundschicht	
7	rot zweischichtig	
08	Mennige	
8	rot zweischichtig	Sichtfassung

Sichtfassung
⇑
⇑
⇑
⇑
⇑
⇑
⇑
⇑
Träger

Bearbeiter H.F. Reichwald
Untersuchung Juni 1999

mente zur Reparatur beziehungsweise Ergänzung und Transport in Werkstätten der Anbieter.

'Vorteil': Alle Elemente sind in ihrer Konstruktion zugänglich, die Schwachstellen können durch bessere Verfahren ausgewechselt werden. Nach Abnahme aller Deckschichten (Ablaugen / Sandstrahlen) werden die Metalloberflächen gereinigt und für eine Vollverzinkung vorbereitet. Bei handwerklich einwandfreier Ausführung kann die Lebensdauer der Metallelemente mit solchen Verfahren durchaus verlängert werden.

Nachteil: Alle Metallelemente verlieren ihre originale Anbindung, die Substanzzerstörung an den Mörteln der Fassaden (Fensterausbau) und in den Innenräumen wäre erheblich.

Mit der Abnahme aller Deckschichten zur Vollverzinkung gehen sämtliche Fassungen unwiederbringlich verloren. Alle Verbindungen der einzelnen Elemente müssen ersetzt werden, damit sind die Handwerkstechniken der dreißiger Jahre nicht mehr nachvollziehbar.

Möglichkeiten zur Reparatur vor Ort: Wenn durch gezielte Eingriffe die bereits stark angegriffenen und abgängigen Metallelemente entfernt und ersetzt werden, beschränken sich die Reparaturen auf Teilbereiche, ohne das gesamte Gefüge zu tangieren. Ein solches Verfahren war nur mit sensibilisierten Handwerkern möglich, die durch Erfahrung und eigenes Geschick an der Lösung der Probleme mitgearbeitet haben. Als Vorgabe sind Arbeitsmuster zum Beispiel an den Fenstern, am Geländer der Treppenanlage und an den Terrassen angelegt worden, um eine Einarbeitung in die Materie zu ermöglichen. An stark durchrosteten Stellen mussten zwangsläufig Reparaturen erfolgen, die Teilverluste der Oberflächen zur Folge hatten.

Behandlung der Oberflächen: Nach den Untersuchungen konnte die ehemalige Farbgliederung erfasst werden. Bis auf wenige Ausnahmen, zum Beispiel an den Fenstergittern im Außenbereich oder den Gittern am Treppenaufgang, entsprach die angetroffene Farbgebung weitgehend dem angetroffenen Bestand. Die ursprüngliche Vorbehandlung sämtlicher Metallelemente bis auf die verzinkten Wellbleche erfolgte mit einem Grundanstrich von Mennige. Darauf sind die Farbgliederungen in Weiß, Blaugrau und Rot mit einer bleiweißhaltigen Öl- beziehungsweise Standölfarbe angelegt. Nachfolgefassungen ließen verschiedene Abweichungen vom bauzeitlichen Farbsystem erkennen, auch wurden die mehrschichtigen Farbaufträge mit unterschiedlichen Materialien ausgeführt. Die Untersuchung ergab, dass eine Schichtentrennung (Freilegung) auf den bauzeitlichen Bestand in Teilbereichen möglich gewesen wäre, wegen des enormen Zeitaufwands stand dies jedoch zu keiner Zeit zur Diskussion. Für eine Neufassung nach Befund unter Beibehaltung möglichst vieler Bereiche mit dem bauzeitlichen Fassungsbestand und nachfolgenden Fassungsschichten kamen verschiedene Verfahren zur Herstellung einer Haftbrücke in Frage.

- Sandstrahlen der unteren, kritischen Zonen, zum Beispiel an den Geländern, um Roststellen zu beseitigen und verstopfte Wasserabläufe wieder zu öffnen. Die oberen Zonen der Gitter, Fenster, Geländer und anderes wurden nur mit wenig Druck übergangen, um die Oberfläche aufzurauen und sie für einen Anstrich griffig zu machen, ohne tiefer liegende Schichten zu zerstören.
- Anschleifen der Oberflächen, soweit der Schichtenaufbau noch ausreichend Haftung hatte, zum Beispiel Fenstergitter und alle Fassungen auf den Metallelementen im Innenbereich.

Halle: Wand-Decken-Anschluss mit Schichtenabfolge der Renovierungsphasen nach Verlust der bauzeitlichen Strukturtapete

EG Halle 10, Innenwand a Befundstelle 016		Schichtenabfolge nach Befund vor Ort und nach mikroskop. Kontrolle v. Proben
Schicht-Nr.	Schichtenabfolge WAND	Schichtenabfolge DECKE
0	Mörtel	Mörtel
01	Tapete (fehlt)	Tapete (fehlt)
1	Fassung Phase 1 fehlt	Fassung Phase 1 fehlt
2	ockergelb	ockergelb
03	Grundschicht hell	Grundschicht hell
3	rot, braunrot	rot, braunrot
04	fehlt (vgl. 015)	fehlt (vgl. 015)
4	fehlt	fehlt
5	fehlt	fehlt
6	fehlt	fehlt
07	-	Grundierung
7	hellblau	hellblau
8	fehlt	dunkelblau
9	gelb-grün	(Fassung 8 blieb stehen)
010	weiß-graue Grundierung	weiß-graue Grundierung
10	malachitgrün	malachitgrün
11	Sichtfassung weiß-gelb	Sichtfassung weiß-gelb

Fassung 9 der Wand (gelb-grün) stand eindeutig zu Fassung 8 dunkelblau der Decke. Vgl. hierzu auch Innenwand g (hellblau Wand zu hellblau Decke, folgt zitronengelb Wand zu dunkelblau Decke, folgt gelb-grün Wand zu belassener Deckenfassung dunkelblau.

Innenräume
Treppenhaushalle mit Ess- und Spielbereich
Mit der Voruntersuchung (Bericht 12.2.1999) wurden die Farbgestaltungen in den zugänglichen Bereichen der Decken- und Wandzonen sowie an den Ausstattungselementen erfasst. Zur Nachuntersuchung im Juni 1999 stand in der großen Halle ein fahrbares Gerüst zur Verfügung. Damit waren die Decken und oberen Wandflächen zugänglich. Mehrere Sondagen konnten einen mehrschichtigen Fassungsaufbau nachweisen, keine dieser Farbschichten ließ sich jedoch der bauzeitlichen Ausstattung zuordnen, weil diese direkt auf der Mörteloberfläche liegen und nicht wie beschrieben auf einer zum ursprünglichen Bestand gehörenden Strukturtapete. Da es sich um bis zu elf ei-

genständige Fassungen und mehrere Zwischenschichten handelte, muss es einen Grund gegeben haben, die Strukturtapete mit der ursprünglichen Fassung bereits sehr früh zu entfernen.

Die gefundenen Fassungsschichten an den Decken und Wänden in der Halle haben keinen Bezug zu dem ehemaligen Konzept von Scharoun. Es handelt sich um Neufassungen entsprechend dem Zeitgeschmack und der Nutzung mit einer sehr unterschiedlichen Farbpalette. Dennoch sollten diese Schichten – sie sind nicht mehr durchgängig vorhanden – als Dokument der Nutzungsgeschichte erhalten bleiben.

Probleme bereitete vornehmlich die leimgebundene, auf jeden Fall wasserlösliche Sichtfassung, die keinen tragfähigen Untergrund für eine Neubearbeitung bot. Da auch die darunterliegenden Fassungen und Fassungsreste sehr empfindlich waren, konnte eine Abnahme der Sichtfassung nur mit entsprechender Vorsicht erfolgen. Um die darunterliegenden Schichten als Teil der Nutzungsgeschichte zu erhalten, wurden diese mit einer Makulatur und einer streichfähigen Tapete abgedeckt.

Nachdem keine hinreichenden Informationen am Objekt über den ursprünglichen Bestand vorlagen – und zwar weder hinsichtlich der Farbgliederung noch im Hinblick auf eine eventuell ehemals vorhandene Struktur –, bot sich die Verwendung einer glatten, streichfähigen Tapete an, die lediglich als Träger einer neutralen Farbkonzeption dienen sollte.

Der als Ölsockel gestrichene Wandbereich am Treppenaufgang ist in jüngerer Zeit mehr aus praktischen Gründen angelegt worden, er ist bauzeitlich nicht nachzuweisen.

Soweit Einbauten noch vorhanden waren, wie die Schränke unter der Treppe mit Ahornfurnieren und am Essplatz oder der farbig angelegte Wandschrank im Spielbereich, konnten diese repariert und mit den entsprechenden Oberflächen nach Befund versehen werden. Naturholzoberflächen erhielten nach Abnahme der Lacküberzüge aus neuerer Zeit einen farblosen Überzug. Der farbig gegliederte Wandschrank im Spielbereich konnte unter Beibehaltung vorhandener Schichten neu gefasst werden. Die ursprüngliche Fassung mit farbig abgesetzten Türen war ohne Grundierung direkt auf der Holz-

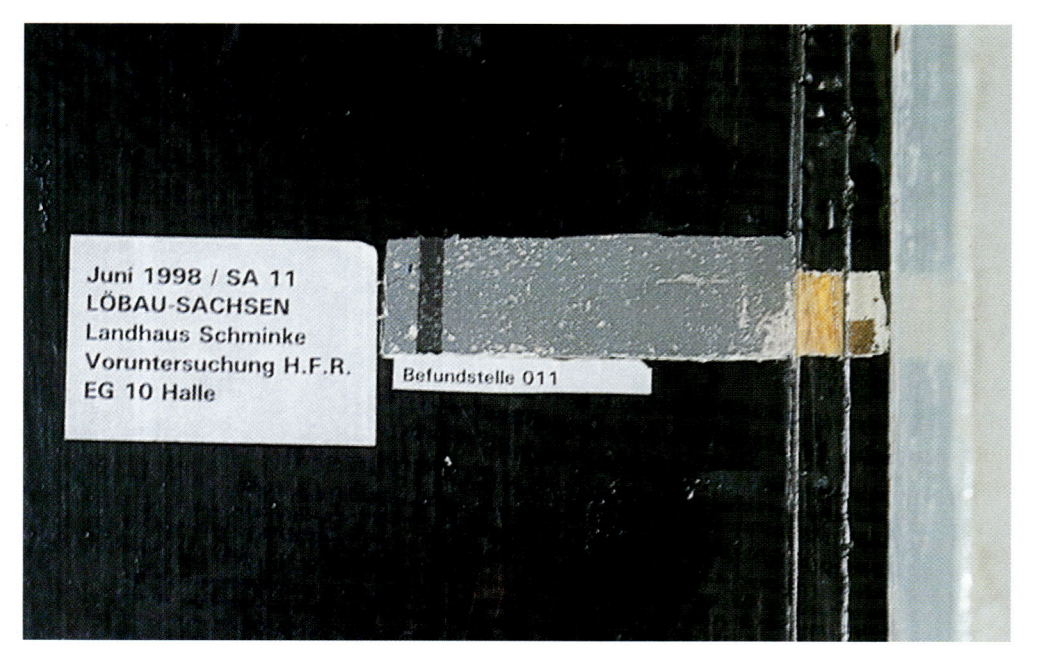

Befundstelle 011: Rechtes Türblatt des Schiebelements zwischen Halle und Wohnraum. Grauer Grundton mit vertikalen schwarzen Streifen

oberfläche angelegt. Die ehemalige Farbgebung besteht aus hellgrauen Fassungen an den Schiebetüren und den Rahmen sowie weiß, schwarz, blau, rot und gelb abgesetzten Türen, Rollenelement und Flächen. Die große schwarze Fläche auf der rechten Schrankseite könnte als Tafel gedient haben, weil diese ursprünglich einen matten Anstrich hatte. Alle anderen Farbflächen waren in einem leicht streifigen Ölfarbenanstrich ausgeführt.

Ein weiteres Ausstattungselement aus der Bauzeit sind die Schiebetüren zwischen Halle und Wohnbereich. Unter einem zweischichtigen schwarzen Anstrich liegt die bauzeitliche Fassung in einem grauen Grundton mit schwarzen und weißen, vertikal angelegten Streifen. Auf der Innenseite zum Wohnzimmer sind die zwei Schiebelemente monochrom grau gefasst, auch hier liegt über dieser Fassung ein zweischichtiger schwarzer Anstrich. Wegen der zukünftigen Nutzung und des hohen Aufwandes wurde auf eine Freilegung des Befundes zugunsten einer Überfassung verzichtet. Die an diesen Einbauten nachgewiesene Farbgebung wurde rekonstruiert.

Wohnzimmer

Wie in der Treppenhalle fehlte auch hier an der Decke und an den Wandflächen die erste Grundschicht mit der Strukturtapete. Die Schichtenabfolge ist hier nicht so umfangreich wie in der Halle. An der Decke ließen sich zwei Leimfarbenschichten in hellen, gelbgrauen Tönen nachweisen, an der ehemaligen Regalwand war zuunterst eine Grünfassung zu belegen. Alle Flächen sind bei vorangegangenen Renovierungen abgewaschen worden, ein Schichtzusammenhang war nicht mehr nachzuweisen. Auch hier wurde analog der Vorgehensweise in der Treppenhalle verfahren, indem eine glatte Tapetenschicht als Träger einer neutralen Neufassung diente, um die darunterliegenden Restbefunde zu erhalten.

Alle Fenster waren innen weiß gestrichen, im Wintergarten haben die Kippflügel eine Rotfassung. Die Leisten an der Verglasung waren ehemals naturholzsichtig mit einem farblosen Überzug. Befestigt sind die Leisten mit Messingschrauben. Alle nachfolgenden Anstriche haben die Naturholzleisten abgedeckt. Um dieses überaus wichtige Gestaltungselement wieder zur Geltung zu bringen, wurden die

Befundstelle 011 am Fenster im Wintergarten mit roter bauzeitlicher Fassung am Kippflügel und materialsichtigen Messingbeschlägen mit farblosem Lacküberzug

Naturholzleisten wie auch die Messingschrauben auf ihre ursprüngliche Oberfläche freigelegt und anschließend mit einem farblosen Überzug versehen.

Räume im Obergeschoss
An den Decken- und Wandflächen in den Räumen des Obergeschosses konnten unter den vorhandenen Sichttapeten und Anstrichen mehrere Fassungen nachgewiesen werden, die durch Vorarbeiten bei den jeweiligen Renovierungen erheblich gestört und nur noch in Resten vorhanden waren. Soweit Einbauten wie im ehemaligen Schlafzimmer der Familie Schminke noch vorhanden waren (Holztäfer, Einbauschränke), wurden diese in das Gesamtkonzept übernommen.

In den ehemaligen Kinderzimmern wie auch im Gästebereich zeigte sich eine vergleichbare Situation. Fragmentarisch erhaltene Fassungsreste unter den neuzeitlichen Tapeten und Anstrichen ließen keine konzeptionellen Zusammenhänge erkennen. Auch hier konnte nach Abnahme der Sichttapeten der noch vorhandene Bestand späterer Restaurierungsphasen durch eine streichfähige, glatte Tapete gesichert werden. An den Türzargen wie auch an den Fenstern waren die bauzeitlichen Fassungen durchgängig zu belegen.

Im oberen Gang im Anschluss an die Treppenhalle wurde vor Jahren eine vereinfachte Rekonstruktion im Deckenbereich (schwarze Grundfläche) durchgeführt. Diese Umsetzung berücksichtigt nicht die ehemals aufliegenden, hellen Gliederungen. Punktuelle Untersuchungen an der Decke führten zwar zu dem Ergebnis einer schwarzen Grundfläche, weiterreichende Anhaltspunkte zu den auf den bauzeitlichen Aufnahmen sichtbaren hellen Höhungen oder Linien ergaben sich nicht. Die Wandflächen zeigen in der Schichtenabfolge gelbe, rosa und grüne Fassungen. Ein schlüssiger Übergang zur Decke konnte nicht gefunden werden und ist aufgrund der erheblich reduzierten Flächen auch nicht zu erwarten.

Die Schrankeinbauten auf dem oberen Gang sind bis auf Reparaturen im Schlösserbereich noch bauzeitlich. Neben den holzsichtigen Oberflächen gehören die rot abgefassten, stehenden Trennelemente und das linke, zur Halle angeordnete, rote Schrankelement – farbgleich überfasst – zum Bestand.

Zusammenfassung
An den zum bauzeitlichen Bestand gehörenden Elementen konnten die ehemaligen Oberflächengestaltungen in ihrer Schichtenabfolge nachgewiesen werden. Soweit es die Metallelemente oder die aus Holz geschaffenen Einbauten betraf, ergaben sich nachvollziehbare Abläufe zu den bauzeitlichen Oberflächen und den nachfolgenden Veränderungen. Für Architekturglieder und Einbauten ließen sich ehemaliger Bestand und nutzungsbedingte Veränderungen feststellen; nicht jedoch für alle auf Mörtel liegenden Oberflächen im Innenbereich. Von den ursprünglich konzipierten Oberflächen für die Innenraumgestaltungen des Architekten Scharoun und des Auftraggebers Schminke hat sich nichts erhalten. Die anhand kleinteiliger Befunde spärlich vorhandenen Hinweise waren für eine Wiederherstellung der bauzeitlichen Gestaltung unzureichend. Hier fehlten substanzielle Belege der nur archivalisch und fotografisch dokumentierten Oberflächen.

Die Umsetzung der restauratorischen Befunde erfolgte durch verschiedene handwerkliche Betriebe. Anfänglich war es nicht leicht, diese auf ein Erhaltungskonzept einzustimmen, was auch ein Belassen nachbauzeitlicher Schichten beinhaltete. Dennoch waren die Handwerker bemüht, die Vorgaben zu respektieren und umzusetzen. Weitaus schwieriger war der Erhalt von Gebrauchsspuren zu vermit-

Schichtenabfolge an einer bereits vorhandenen Ausbruchstelle am unteren Metallprofil der Treppenwange

EG Halle 10 Treppenwange		Schichtenabfolge nach Befund vor Ort
Befundstelle 013 **unteres Profil** (wie 1998)		
Schicht-Nr.	Schichtenabfolge	
0	Metall	
01	Mennige	
1	kräftiges Rot mit Überzug	
2	rotbraun	
3	grün in grau übergehend	
04	helles Rot	
4	kräftiges Rot beschneidet helles Rot	
5	blau, hell	
6	blau	
7	grün, hell - darüber rot	
8	rot	Sichtfassung

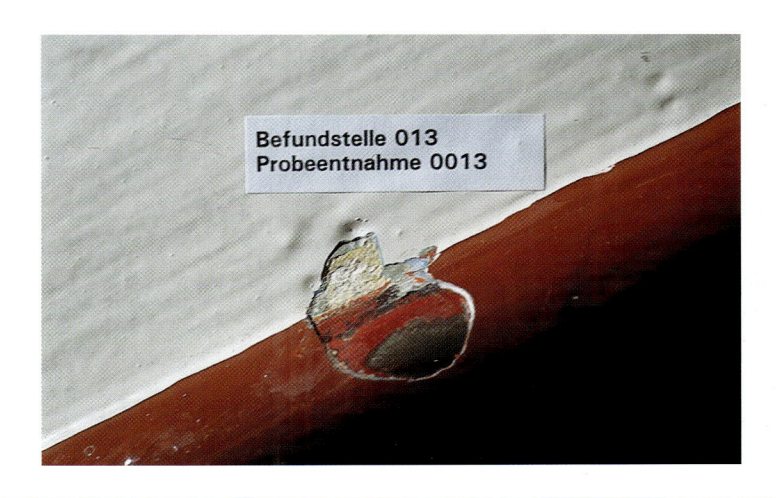

teln. Mechanische Beschädigungen im Holzfurnier oder Alterungsspuren waren nicht reparabel. Dabei geht es nicht um den Erhalt von Gebrauchsspuren im wörtlichen Sinn, sondern um die Tatsache, dass diese bei einer intensiven Nutzung entstehen und auch weiterhin zu akzeptieren sind.

Auch im Außenbereich wurden die Fehlstellen im Fassadenmörtel geschlossen und dem bauzeitlichen Bestand optisch angeglichen. Die Mörtelergänzungen lassen sich als Zutaten ablesen, sie weisen eine künstlich erzeugte Alterung auf. Der nachgestellte weiße Edelputz erhielt hierfür Zuschläge von farbigen Sanden, Schiefermehl und einem geringen Anteil eines natürlich gebrannten Pigments. Abschließend erfolgte der Auftrag einer am jeweiligen Umfeld orientierten Farblasur.

Die überkommene Substanz zu erhalten war das vorrangige Ziel einer behutsamen Instandsetzung und Restaurierung. Das Haus Schminke hat seine Geschichte, diese zu negieren stand ebensowenig zur Diskussion wie jedwede Rückführung auf 'ursprüngliche' Zustände. An den Bauelementen, die eine gesicherte Befundlage aufwiesen, konnten die Farbgebungen unter Erhaltung bauzeitlicher und nachfolgender Fassungsschichten durch eine weitere Überarbeitung wiedergewonnen werden.

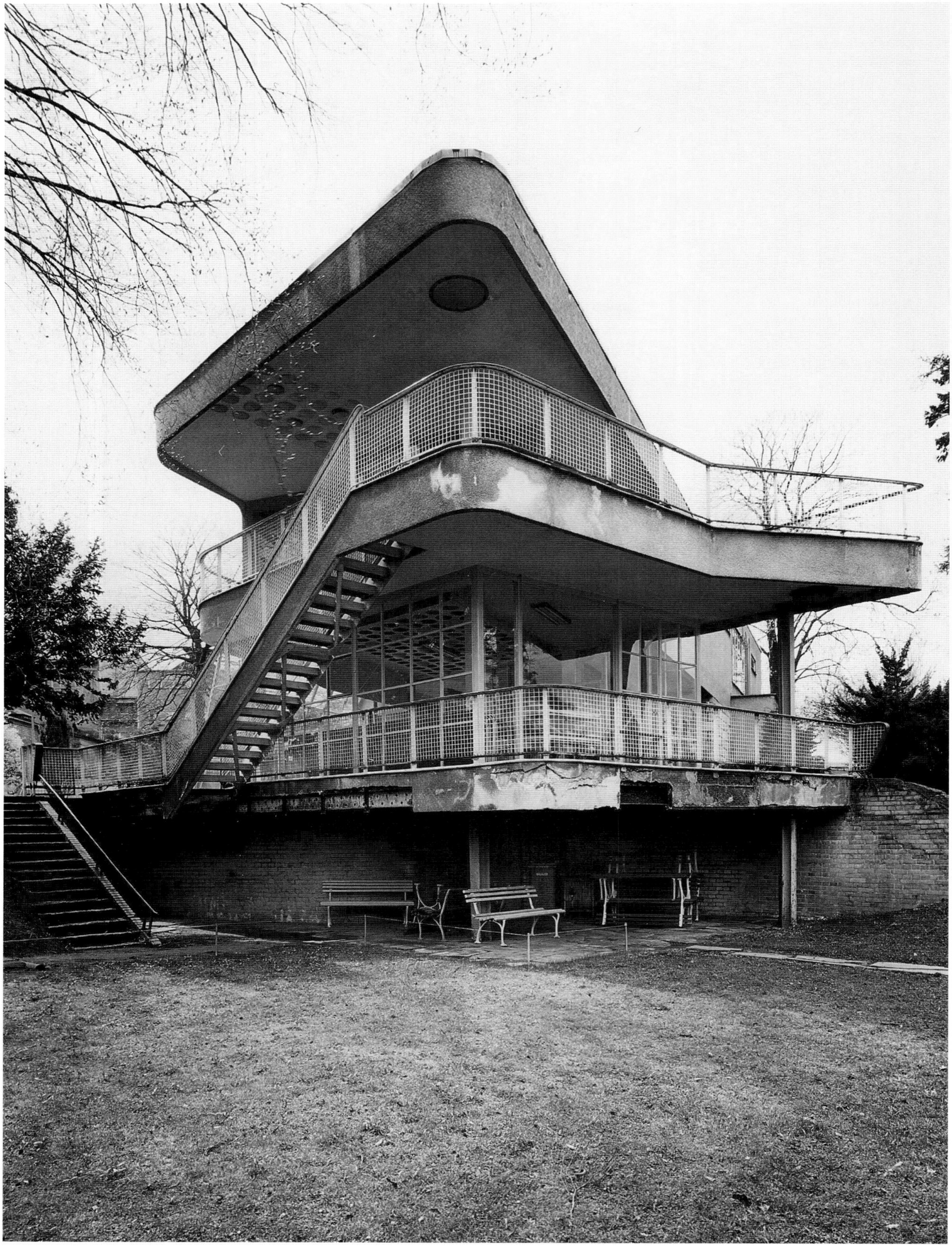

Die Instandsetzung

Christine Hoh-Slodczyk, Christiane Kluge, Helge Pitz

Terrassenbau vor der Instandsetzung, Aufnahme April 1999

I
Großzügigkeit und Flexibilität des Hauses ließen in der Vergangenheit die unterschiedlichsten Nutzungen zu: 1933 bis 1945 Wohnhaus der Familie Schminke, 1945 bis 1951 von Charlotte Schminke als Kinderheim geführt, nach dem Weggang der Familie aus der DDR zunächst Klubhaus der FDJ, 1963 Haus der 'Jungen Pioniere', seit 1990 Freizeitheim. Also immer ein Haus für Kinder und Jugendliche. Dafür hatte man 1973 lediglich die Sanitärräume im Erdgeschoss verändert, das Elternbad im Obergeschoss zum Verwaltungsraum umgenutzt. Die Gruppen – dies ist wichtig – arrangierten sich im Haus und mit dem Haus, arbeiteten nicht gegen das Haus. Sie wussten mit der Weitläufigkeit des Erdgeschosses umzugehen, ohne feste Zwischenwände einzufügen, und beließen die Raumzuschnitte des Obergeschosses, ohne Veränderungen vorzunehmen. Diese Nutzung, die auch Teil der Geschichte des Denkmals ist, hat das Haus über die Jahre gerettet und in seiner baulichen Substanz bewahrt.

Dass nach fast 70 Jahren, trotz der bestmöglichen Pflege, eine umfassende Instandsetzung erforderlich war, ist normal. Dass das Haus dabei jede Behutsamkeit, Aufmerksamkeit und Sorgfalt erwarten durfte, stand außer Frage.

Wie geht man mit einem Baudenkmal der Moderne um? Die Antwort: Nicht anders als mit jedem anderen Baudenkmal auch, sei es Schloss, Kirche oder Villa. Das erfordert:
- gezielte vorbereitende Untersuchungen mit Schadenserhebung und Schadensanalyse,
- die denkmalpflegerische Bewertung,
- eine Klärung der Nutzung,
- eine Planung mit dem Haus und nicht gegen das Haus,
- ein Sanierungskonzept für Haus und Garten,
- die genaue Beobachtung des Hauses während der Bauarbeiten,
- einen Pflegeplan.

Die heutige Nutzung ist ein Glücksfall für das Haus, schließt sie sich doch nahtlos an die bisherige an, nachdem die Erben mit der Schenkung des Hauses an die Stadt Löbau den Wunsch verbunden hatten, das Haus möge auch künftig einem sozialen Zweck dienen. Diesem Wunsch wurde gefolgt. Als 'Haus der Begegnung' bleibt das Haus Schminke ein Haus für Kinder und Jugendliche, zugleich ein sozialer und kultureller Mittelpunkt Löbaus, überregional ein Anziehungspunkt für Interessierte, Wissenschaftler und Künstler.

Es zeigte sich, dass die Umsetzung der vielseitigen Bedürfnisse, angefangen bei den Krabbelkindern über Jugendliche, Schachclubs et cetera bis zu den Senioren, vom Kabarett über Vorträge, Ausstellungen zum Kammerkonzert, viel mehr eine Frage des Terminkalenders ist als es die des Grundrisses war. Das Erdgeschoss mit seiner je nach Bedarf unterteilbaren Raumflucht ist prädestiniert als Ort für Begegnungen, Gruppenaktivitäten, kulturelle Veranstaltungen. Das Obergeschoss bietet Raum für Besprechungen und Seminare, eine Handbibliothek, für Studien- und Übungsräume, die man bei Bedarf als Gästezimmer nutzen kann. Das heißt Erd- und Obergeschoss blieben von Veränderungen unberührt. Lediglich der Keller wurde zusätzlich für die Arbeit der Jugendlichen hergerichtet, für Basteln, Töpfern, Musik, Computerbeschäftigung. Das bedeutete den Einbau neuer Sanitärräume und das Einbringen eines neuen Fußbodens.

Hinsichtlich der Instandsetzung gab es natürlich Erwartungen angesichts der vermeintlich so exakten Kenntnis des Hauses, besonders was die Farbe und eine mögliche Rekonstruktion des Innern betraf. Ebenso bestand die Hoffnung, ein Erscheinungsbild wiederzugewinnen, das dem aus der Literatur vertrauten Bild entsprechen könnte. Es gab aber auch Bedenken in Anbetracht der gravierenden Schäden an Fenstern und Terrasse, während man andererseits meinte, dass es so viel gar nicht zu reparieren gäbe.

Die Entscheidung zu einer Vielzahl der Fragen lag nicht immer sofort auf der Hand – im Gegenteil. Wir hatten aber das Glück, alle Probleme sowohl mit dem Beirat der Wüstenrot Stiftung als auch mit der Denkmalpflege eingehend diskutieren zu können. Da das Haus mit seiner minimierten Architektur auf jede Veränderung reagiert, war es um so wichtiger, dass alle Überlegungen und Entscheidungen, die vereinzelt auch wieder rückgängig gemacht werden mussten – wie dies schon bei Scharoun und Schminke der Fall war –, mit Bedacht getroffen werden konnten. Das verdanken wir den Bauherren von heute, der Wüstenrot Stiftung und der Stadt Löbau, die uns nicht nur das Vertrauen für diese Arbeit entgegenbrachten, sondern auch die nötige Zeit dafür ließen, und – last but not least – einer kompetenten Projektsteuerung, die uns ordnend und koordinierend den Rücken für ein ungestörtes Arbeiten frei hielt.

Wir konnten uns mit einem reichen Schatz an historischen Aufnahmen, Plänen, Kostenanschlägen, Rechnungen, Briefwechseln, den fundierten Untersuchungen von Klaus Kürvers[1] und vor allem mit dem Haus selbst ans Werk machen. Die Auswertungen der umfangreichen Archivmaterialien – man ist immer wieder überrascht, wie viele und enorm wichtige Detailinformationen zu einem Haus in Kostenanschlägen, Tagelohnzetteln und Rechnungen stecken – wurden durch ein Raumbuch, ein neues Aufmaß und die Gutachten der Fachingenieure ergänzt. Hier setzte das Haus, wie jedes andere Baudenkmal auch, seine eigenen Schwerpunkte. Untersuchungen zu bauklimatischen und restauratorischen Problemen, zur Beurteilung der Statik, des Putzes, der Materialien, vom Naturstein bis zum vorgefertigten Wellblech, stellten den möglichst schonenden Umgang mit dem Denkmal sicher und garantierten sowohl die Kalkulierbarkeit der Kosten als auch deren Einhaltung.[2]

Das Instandsetzungskonzept ging von der Erhaltung und behutsamen Reparatur aller original überkommenen Bau- und Ausstattungsteile aus. Dazu zählten im Innern Stahlfenster und Stahltüren, die holzsichtigen Türen und Einbauschränke, sämtliche Beschläge, Deckenrichterleuchten und Lichtdecken, Treppengeländer, Heizkörper, Terrazzo- und Natursteinböden, Fensterbänke aus Natur- und Kunststein, die Wellblechabdeckungen der Stützen zwischen den Fenstern, im Außenbereich Putz, Ziegelverblendungen und Klinkerbeläge, Fenstergitter, Wellblechverkleidungen, Terrassen, Treppen und Stützmauern.

Dank trefflicher Handwerker aus der Region konnten die einzelnen Teile vorzüglich aufgearbeitet werden. Alterung und Gebrauch wurden dabei weder übertüncht noch rekonstruierend überspielt, spätere Veränderungen und Reparaturen auf ihren Denkmalwert geprüft. So war ursprünglich beabsichtigt, die DDR-zeitlichen Sprosseneinsätze in den raumhohen Fenstern im Wohnraum und im Wintergarten zu belassen. Sie waren in einigen Fenstern nach dem Bruch der Ganzglasscheiben eingesetzt worden und hatten in ihrer behutsamen Einfügung den Räumen eine zusätzliche eigene Gestaltung gegeben. Sie standen für die Instandsetzungs- und Gestaltungsbemühungen einer Zeit, die von Mangelwirtschaft geprägt war, dienten mit ihrer Sprossung aber auch zur

Südseite des Hauses, links der ehemalige Appellplatz als Parkplatz, Aufnahme April 1999

Sicherheit der Kinder. Da sie den neuen sicherheitstechnischen Anforderungen nicht mehr standhielten, mussten sie entfernt und durch Verbundsicherheitsglas ersetzt werden.

Erhalten blieb dagegen der Appellplatz für die 'Jungen Pioniere' vor dem Haus, der Zeugnis ist für die politisch ausgerichtete Nutzung des Hauses über fast dreißig Jahre hinweg. Unangetastet blieb gleichfalls die Zuschüttung des Teiches, dessen Einfassung mit Bruchsteinmauerwerk weiterhin im Rasen ablesbar ist. Der Teich hatte seine Funktion wohl in dem üppig blühenden Familiengarten der Schminkes, nicht mehr aber in der gärtnerisch zurückgenommenen Anlage, deren Flächen für die neue Nutzung gefordert sind.

Nicht die Modernität einer vergangenen Zeit sollte rekonstruiert werden, sondern ein Gebäude instandgesetzt werden, das die Wechselfälle der Geschichte erfuhr, dessen künstlerische Qualität davon aber unberührt blieb.

Das heutige Aussehen des Hauses beruht auf der differenzierten Kenntnis des Baudenkmals. Sich ganz auf den Bau und seine auf kleinste Veränderungen reagierende Architektur einzulassen, war eine Grundbedingung und eine Herausforderung in jeder Phase der Arbeit. Dies betraf die hauptsächlichen Problemfelder der Instandsetzung – Dach und Fenster, und damit die Klimatisierung des Hauses, Putz und Fassade, Terrasse, Ausstattung und Farbe –, aber auch alle Bereiche der normalen bautechnischen Instandsetzung und Ertüchtigung des Hauses.

II
Konstruktion. Das Haus ist konstruktiv in seinem eingeschossigen Bauteil „aus Schwemmsteinen ohne Verwendung einer Eisenkonstruktion" gemauert, im zweigeschossigen Teil ein „Eisenfachwerk" oder „Eisenskelett", das im Erd- und Obergeschoss mit Bimsbetonhohlblöcken ausgefacht ist.[3] Die Eisenkonstruktion, die auch als Stahlkonstruktion bezeichnet wird, wurde so sparsam wie möglich eingesetzt: Sie habe den Zweck – so die verantwortliche Firma Christoph & Unmack im Vorwort zur statischen Berechnung –, „das Dach und das Obergeschoss zu tragen". Ferner solle die Stahlkonstruktion „die Mauer soweit tragen als es für die Sicherung der Fenster erforderlich wird"[4]. An Westseite und Südseite wurde sie aus Ersparnisgründen derart minimiert, dass der prüfende Civilingenieur bei der Bauabnahme am 17. November 1932 feststellte, die Gesamtanordnung der Trägerkonstruktion erscheine zwar zutreffend, die Trägerkonstruktion des Hauptdaches zeige bei circa 7 Meter Spannweite beim Begehen jedoch eine ziemliche Durchbiegung, so dass sich eine besonders sorgfältige Ausführung der Dacheindeckung empfehle. Außerdem dürften die Längsfronten des Gebäudes mit über 20 Meter Länge bei starken Temperaturunterschieden infolge der zu erwartenden Ausdehnung ziemliche Bewegungen ausführen. Wenn dadurch in statischer Hinsicht auch keine Nachteile zu befürchten seien, wolle er doch darauf hinweisen, dass im Umfassungsmauerwerk eventuell Risse entstehen können,[5] die dann auch tatsächlich aufgetreten sind.

Damit wurde schon bei der Bauabnahme erkannt, dass künftige Schäden nicht auf die Ausführung, sondern auf die äußerste Minimierung der konstruktiv-statischen Bauelemente des Stahlskeletts zurückgehen würden.

Fensterbänder und deckartig übereinander geschobene Sonnenterrassen verdeutlichen den Skelettbau im Äußeren des Gebäudes. Die Darstellung der Stahlträgerlage in den Strukturplänen zeigt mit Gefälle und Krümmungen aber auch die organische Lösung der Bauaufgabe – im Gegensatz zur orthogonalen Stahlträger-

Schadhaftes Dach mit veränderter Dachrandausbildung und defektem Rinnkessel, Feuchtigkeitsschäden im Mauerwerk, Aufnahme September 1999

lage in den frühen Bauten Mies van der Rohes[6], die mit der Reduktion auf die einfache geometrische Form einhergeht.

Die Schadensbilder hingen mit Konstruktion und Bauweise zusammen, aber auch mit falschen Reparaturen und einer teilweise unsachgemäßen Handhabung des Hauses. Vor allem handelte es sich um Feuchteschäden im Kellergeschoss, Putzschäden unterschiedlicher Art und Ursachen, Risse im Putz, teilweise im Mauerwerk, starke Rostschädigungen der Stahlbauteile im Terrassenbereich und an den Fenstern, Undichtigkeiten im Dachbereich einschließlich einer veränderten Dachrandausbildung, Verwerfungen und Fehlstellen im Terrassen-Klinkerbelag. An der Südseite verband sich die abgemagerte Stahlbetonkonstruktion mit der Problematik der Wärmespannung durch das kaum gedämmte Dach.

III
Dach. Die Instandsetzung des Daches konfrontierte uns mit einschneidenden Konsequenzen hinsichtlich des Erscheinungsbildes und der Klimatisierung[7] des Hauses. Das bauzeitliche Dach bestand aus einer 10 Zentimeter starken Stahlsteindecke mit 4 Zentimeter Aufbau aus Schlackenbeton, einer ursprünglichen Wärmedämmung von 11 Millimeter Celotex – das ist eine Isolierplatte aus Zuckerrohrfasern gegen Wärme und Kälte – und einem Flachdach mit Gefälle, zweilagiger Abdichtung und aufgewalzter Natursteinbestreuung. Das Wärmedämmverhalten war wenig zureichend, das optische Ergebnis dagegen bestechend: Die Dachrandausbildung mit rund gezogenen Verblechungen begrenzte den Baukörper wie eine akkurat gezogene, klare Linie – teils mit verrundetem Blechwulst, teils als knappe Kante im Bereich der Regenrinne, nur über dem Dach der Vorfahrt mit dem breiten Rand des U-Eisens (vgl. Abb. S. 68, 85-87). Dieses Bild war vermutlich 1971 bei der Erneuerung von Dach und Dachrinnen verloren gegangen.[8] Man hatte das bauzeitliche Dach durch eine vierlagige Bitumenbahn auf 4 Zentimeter starker Phenolharzplatte und 2 Zentimeter starker Holzschliffplatte aufgedoppelt, die Dachrandausbildung durch ein umlaufendes Blechband ersetzt.

Bei der Instandsetzung des erneut defekten Daches, das seit 1974 immer wieder Reparaturen verlangt hatte,[9] konnte man nicht auf die Scharoun-Lösung zurückgreifen. Zwar wollte man das ursprüngliche Erscheinungsbild wiedergewinnen, doch musste der Neuaufbau des Daches das Klima des Hauses und die gewachsenen Behaglichkeitsansprüche berücksichtigen, vor allem aber Temperaturbelastungen vermeiden, die zu einem Aufheizen des Daches, damit zur Dehnung der Materialien und in der Folge zu Rissebildungen führen würden.

Der bestehende Dachaufbau wurde bis auf die Rohkonstruktion der Stahlsteindecke mit Druckbeton abgebrochen und ein Warmdachaufbau mit einer 8 Zentimeter dicken, oberseitig kaschierten Wärmedämmung (λ-Wert = 0.04), darauf eine bituminös aufgebaute zweilagige Bitumendachbahn ohne Ballastierung aufgebracht. Zum Dachrand hin konnte die Dämmung durch die Verwendung eines wirksameren Dämmmaterials (λ-Wert = 0.25) auf 4 Zentimeter abgeschrägt werden. Die verrundete Dachrandausbildung, von der noch ein ursprüngliches Stück vorhanden war, wurde wiederhergestellt und nach Beendigung der Putzausbesserungen angebracht, einschließlich Kastenrinne, Rinnkessel und Fallrohre, die sämtlich erneuert werden mussten.[10] Ergebnis: Im Obergeschoss gelang der Dachaufbau ohne optische Einbußen; im Erdgeschoss ist die zusätzliche Dämmung für aufmerksame Betrachter als neue Zutat minimal sichtbar.

Schwierig war die Behandlung der bauzeitlichen Rotalith-Glaskörper, die in die Decke der Obergeschossterrasse und in die Betondecke des Vordaches eingelassen sind und das Tageslicht durch die Decke schimmern lassen – ein in beiden Bereichen besonderer Effekt. Das Problem bestand in der zum Teil sehr starken und nicht entfernbaren Verschmutzung der Glassteine, die im Terrassenbereich bei der DDR-zeitlichen Aufdoppelung des Daches durch Aufbringen des heißen Bitumens gesprungen sind und dabei mit Bitumen verklebt wurden. Ein geringer Teil der aus der Zeit stammenden Glaskörper wurde nach langer Recherche in einer Berliner Glasbaufirma gefunden, der überwiegende Teil nach einer neu gegossenen Form nachgebaut. Dass dies nach mehreren Fehlbränden auch gelang, ist nur der unverdrossenen Hartnäckigkeit der Farbglashütte Reichenbach GmbH zu verdanken. Die notwendige Abdeckung der neu eingebauten beziehungsweise gereinigten Glaskörper auf der Dachhaut erfolgte unter Zuhilfenahme von Fest- und Losflanschbauteilen mit schützendem Glaseinsatz. Dadurch war es möglich, mit einer sehr geringen, vom Boden aus nicht einsehbaren zusätzlichen Bauhöhe dieser Teile eine optisch ungestörte Dachfläche und damit Dachwirkung zu erzielen und den Bereich um die Rotalith-Glaskörper ohne Störung zu dämmen.

Zur Führung des Lichts vermitteln in der Terrassendecke des Obergeschosses Zinkblechtrichter zwischen Rotalith-Glaskörper und abgehängter Decke. Diese

Abbruch der bauzeitlichen Celotex-Wärmedämmung um das Glaskörperfeld im Dachbereich über der Terrasse, Aufnahme September 1999

Mit Bitumen verklebte, bauzeitliche Rotalith-Glaskörper, Aufnahme September 1999

Lichtschirme, die am oberen Rand stark korrodiert waren und einer Materialergänzung bedurften, waren ursprünglich, so das Ergebnis der naturwissenschaftlichen Untersuchung, mit Titanweiß gestrichen – eine sehr frühe Anwendung dieses Pigments, von dem zur Bauzeit des Hauses Schminke in Deutschland nur die Anatas-Form aus Importen verfügbar war.[11]

IV
Fenster. Die Wärmedämmung des Daches und damit ein funktionierendes Hausklima war neben der Reparierbarkeit der Stahlbauteile eine Voraussetzung für die Erhaltung der Stahlfenster und -türen samt ihrer Einfachverglasung.[12] Warum? Alle Räume mit Ausnahme von Küche, Anrichte und Fremdenzimmer liegen nach Süden und nehmen jede Sonnenerwärmung auf. Sie bilden eine natürliche Energiequelle, die in einem intelligenten Zusammenspiel aus exakt reagierender Heizung, vernünftiger Lüftung und temporärem Wärmeschutz aus Vorhängen und Rolläden effizient genutzt wird. Diese Wirkung war schon von Scharoun sehr genau geplant, bedarf allerdings der genauen Kenntnis, der präzisen Abstimmung und der sachgerechten Handhabung, die mittlerweile in Vergessenheit geraten waren: Eine exakt funktionierende Heizung reagiert auf die natürliche Erwärmung des Raumes und senkt die Leistung ab, eine bewusste Nutzung der wieder gang- und schließbar gemachten bauzeitlichen Lüftungsflügel sorgt für eine optimale Belüftung, der Gebrauch von Vorhängen, Rolläden, Schilfmatten am Blumenbeet des Wintergartens sichert einen temporären Wärme- und Kälteschutz. Vorhänge haben einen Abschirmeffekt, Rolläden im geschlossenen Zustand die Wirkung eines Zweischeibeneffekts – sie verhindern bei Kälte die Abkühlung und schließen in der heißen Sommerzeit die Wärme aus.

Diese Kombination erlaubte die Beibehaltung der Einfachverglasung. Bei einer Zweischeibenverglasung wäre der Scheibenbereich 'gedämmt', die Kältebrücke zu den Stahlprofilen verschoben und neuen Schadensbildern Vorschub geleistet worden, unabhängig von der Frage der Einpassungsfähigkeit der schwereren Scheiben in die vorhandenen Stahlrahmen und

Blick vom ehemaligen Wohnraum zum Wintergarten, Schiebetüren und Ostseite des Wintergartens mit DDR-zeitlichen Sprossenfenstern, südliches Schrägfenster 1988 nachgebaut, Aufnahme April 1999

der Verhältnismäßigkeit der Amortisation einer gegebenenfalls kompletten neuen Anlage gegenüber der Erhaltung des Baudenkmals.

Die Stahlrahmen der Fenster und Türen sind bis auf das seit langem marode gewesene, nie reparierte und 1988 durch einen Nachbau ersetzte Schrägfenster[13] im Wintergarten durchgängig aus der Bauzeit erhalten. Sie weisen im unteren Bereich und in den Rinnleisten starke Korrosionserscheinungen auf, teilweise mit Substanzverlust – vor allem an den Fenstern der Westseite, am Galeriefenster der Nordseite und an den Fenstern und Türen des Wintergartens. Dass sämtliche Fenster im eingebauten Zustand sorgfältig aufgearbeitet werden konnten, nachdem ihre Reparaturfähigkeit durch einen Restaurator an dem am meisten geschädigten Fenster geprüft worden war, war für das Haus sehr wichtig, weil dadurch die originale Anbindung der Fensterrahmen an Fassadenputz, Wand- und Deckenflächen erhalten blieb, damit eine Substanzzerstörung und die Vorbereitung einer neuen Schadensquelle – auch bei bestmöglicher Reparatur – vermieden wurde. 'Sorgfältig' meinte in diesem Zusammenhang nicht, bis auf den Stahl sandstrahlen und dann neu streichen, 'sorgfältig' bedeutete entrosten dort, wo Rost, Korrosion und Verschleiß der Stahlbauteile vorhanden waren.

Zur Aufarbeitung wurden die Stahlrahmen mit Ausnahme der Fenster, die mit geätzten Glasornamenten[14] versehen waren, überwiegend entglast, stark korrodierte Bereiche gesandstrahlt und, wenn nötig, materialtechnisch ausgebessert, die übrigen Flächen lediglich aufgeraut, um sie für den Anstrich griffig zu machen. Dadurch blieben die darunter liegenden Schichten erhalten und mit ihnen die historischen Farbschichten. Das Ergebnis ist kein makellos glatter Rahmen mit scharf geschnittenen Kanten, sondern eine Oberfläche, in der sich die Spuren vielfacher Reparaturen abzeichnen.

Eine Überraschung boten Art und Behandlung der Scharnierbänder an den Fenstern. Aus Messing, farblos lackiert, waren sie mit Sicherheit zunächst materialsichtig gedacht, den historischen Aufnahmen zufolge aber bereits im August 1933 wieder überstrichen. Dies wird dann verständlich, wenn man weiß, wie auf-

Fenster im ehemaligen Fremdenzimmer an der Westseite des Hauses: starke Korrosionsschäden mit Substanzverlust im unteren Bereich des Stahlrahmens und in der Rinnleiste, Aufnahme Juli 1999

Korrodierter Stahlrahmen der Ostfenster im Wintergarten, Aufnahme September 1999

merksam Scharoun die Wirkung von Material und Form beobachtete und nicht überzeugende Lösungen wieder rückgängig zu machen versuchte, und wenn man erlebt hat, wie störend die Materialfarbigkeit der Messingscharnierbänder im Fensterbild wirkt.[15] Nachdem die mit den Rahmen mehrfach überstrichenen Bänder zuerst nach Befund freigelegt, damit zugleich gangbar gemacht wurden, haben wir sie – wie offenbar schon Scharoun – nach Inaugenscheinnahme und einem Vergleich mit den historischen Aufnahmen wieder überstrichen. Materialsichtig – dies zeigen wiederum die historischen Aufnahmen – blieben dagegen die Messing-Linsenkopfschrauben, mit denen die holzsichtig belassenen eichenen Glasleisten[16] befestigt wurden. Sie waren noch in der Mehrzahl gut erhalten, wurden von Farbe befreit, neu lasiert und wieder verwendet;[17] verwitterte oder abgängige Glasleisten wurden durch neue Eichenleisten ersetzt.

Im übrigen ging es darum, Fenster, Türen und Lüftungsflügel gang- und schließbar und leicht bedienbar zu machen, die Messing- und Stahllaufschienen der Schiebetüren zu reinigen, leichte Verformungen auszurichten. Beibehalten und aufgearbeitet wurde auch das 1988 nachgebaute Schrägfenster im Wintergarten. Die beim Nachbau weggelassenen drei der ursprünglich sechs original überkommenen Lüftungsflügel wurden zur Gewährleistung der besseren Durchlüftung nachgebaut. Nicht ersetzt haben wir verloren gegangene geätzte Scheiben. Statt dessen konnten gesprungene geätzte Scheiben wie auch das bauzeitliche, heute nicht mehr verfügbare Drahtglas im Windfang mit Hilfe des Archäologischen Landesamtes in Dresden behutsam von beiden Seiten mit einem Zweikomponentenkleber geklebt werden.

Im Kellergeschoss zeigten die Fenster starke Schäden an den Rahmen; teilweise waren sie durch Treibrost verzogen. Die Aufarbeitung erfolgte in gleicher Weise wie bei den Fenstern und Türen im Erd- und Obergeschoss. Gleichzeitig mussten zwei fehlende Fenster im ehemaligen Kohlenkeller nachgebaut werden, an deren Stelle sich unter anderem die Kohlenschütte befunden hatte. Als Vorlage diente das im gleichen Raum befindliche Originalfenster, das zu diesem Zweck aufgemessen wurde. Um den Kindern und Jugendlichen einen freundlichen Ausblick in den Terrassenbereich des Kellers und in den Garten zu geben und zusätzliches Tageslicht in den Raum zu holen, wurde die stählerne Außentür gegen eine neue Stahlglastür ersetzt.

Integraler Bestandteil der Fenster und ihrer Konstruktion sind die Jalousienkästen und die Holzrolläden. Bei letzteren handelt es sich um einen sorgfältigen Nachbau aus DDR-Zeit, vermutlich aus den siebziger Jahren.[18] Die Überarbeitung und Gangbarmachung betraf das Ausbessern der Rolladenkästen, den Einbau einer Wärmedämmung im Rolladenkasten, den vorsichtigen Ausbau kaputter Rolladenstäbe und ihren Ersatz in gleicher Holzart, Abmessung und vorgefundener Verbindung (Drahtklammer), das Aufarbeiten des Gang- und Schließmechanismus, das Auswechseln oder Erneuern von Gurten, das Fetten von Walzen und Lagern und die Aufarbeitung der Oberflächen einschließlich eines neuen lasierenden Anstrichs.

V
Putz und Sichtmauerwerk. Die historischen Aufnahmen des Hauses vermitteln den Eindruck eines ehemals weiß verputzten Gebäudes. Diese Bilder weckten Erwartungen, denn der vorhandene Putz war im Laufe der Jahre durch Verschmutzung grau bis dunkelgrau geworden. Hinzu kamen vielfältige Schäden durch Risse, falsche Ausbesserungen, Befall mit Mikroorganismen, Feuchteschäden und Korrosion. Der Wunsch, optisch den Idealzustand wiederherzustellen, war groß. Auch ein Anstrich wurde diskutiert.

Untersuchungen erbrachten, dass das Haus mit einem original erhaltenen, weiß durchfärbten Edelkratzputz verputzt wurde – kein Glattputz, wie man ihn gerne mit Bauten der Moderne in Verbindung bringt. Dem hochhydraulischen Mörtel waren Zuschläge von Sand, Kalkstein und Glimmer beigemengt worden, die dem Putz je nach Lichtbrechung eine reflektierende Oberfläche verliehen.

Da sich der Putz im großflächigen Zusammenhang durch eine beeindruckende Stabilität auszeichnete, stand seine Ausbesserung und Erhaltung sehr schnell

Putzschäden durch falsche Putzausbesserungen, Aufnahme Februar 1998

außer Frage. Selbstverständlich wurde diskutiert, wie man mit dem ausgebesserten Putz umgehen solle. Muss man mit einem Flickenteppich an Ausbesserungen leben? Soll der Putz eventuell weiß gestrichen werden? Die Annäherung an die Entscheidung, damit auch die Annäherung an das heutige Erscheinungsbild des Gebäudes, erfolgte schrittweise – bis zu dem Moment, als es undenkbar erschien, die Putzstruktur in ihrer Körnigkeit und ihrem Glimmer zu überstreichen, wie man es heute leider vielfach sieht.

Verschiedene Reinigungsproben zeigten, dass der Putz zwar nicht strahlend weiß werden würde, dass aber ein überraschend starker Aufhellungsgrad zu erzielen ist. Die Reparatur erfolgte daraufhin in

Reinigungsproben an Putz und Verblendziegeln mit schonenden Pulverstrahlverfahren, Aufnahme September 1999

mehreren Schritten:[19] Reinigung mit einem schonenden Pulverstrahl-Verfahren, und zwar trocken als Niederdruck-Rotationswirbel-Verfahren (JOS-Verfahren), eine Algicid-Behandlung zur Entfernung des Mikroorganismenbewuchses, abschließend eine rasche Reinigung mit einem Kaltwasser-Hochdruck-Verfahren. Die Fassade wurde nicht weiß, sie wurde aber beeindruckend hell. Erst in diesem Zustand kennzeichnete man die Flächen und Vierungen, die ausgeschnitten werden mussten, um die Fehlstellen durch einen Reparaturputz auszubessern. Die feinen Putzrisse schloss man millimeterweise durch Injektionen.

Die Schad- und Fehlstellen wurden mit einer Mörtelnachmischung ausgebessert, die der ursprünglichen Zusammensetzung des Putzes folgte und durch Beimischung von Schiefermehl und Umbra dem erzielten Reinigungsgrad entsprechend abgetönt wurde. Starke Helligkeitsunterschiede zwischen Alt- und Neuputz wurden durch eine zusätzliche leichte Abtönung mit gleichen Beimischungen gemildert. Desgleichen wurden die Strukturunterschiede, die sich durch die unterschiedliche Konsistenz von neuem Putz und verwittertem Putz zwangsläufig ergaben, obgleich auch der Neuputz mit abgeriebener Oberfläche aufgetragen wurde, durch ein leichtes Anstrahlen etwas angeglichen. Man sieht im Augenblick die Ausbesserungsstellen noch. Doch werden sich die verbliebenen Helligkeits- und Strukturunterschiede durch Verwitterung im Laufe der Zeit aufheben. Es zeigen sich auch kleine Schwundrisse. Diese werden beobachtet und gegebenenfalls durch nochmalige Injektionen oder Verschlämmungen geschlossen. Damit blieb der Originalputz erhalten, zwar gealtert, aber in seiner Lebendigkeit bewahrt, die er durch einen Anstrich verloren hätte.

Gleiches gilt für die gelben Verblendziegel, die Scharoun sehr gezielt einsetzte, um den Baukörper zusätzlich zu artikulieren – im Sockelband des Souterrains, im Wandfeld der Nordfassade, in der Vertikalen des Schornsteins, in der Gartenzone des Kellergeschosses, die er durch die Stützmauern der Gartentreppen flankierte. Die durchwegs stark verschmutzten Ziegel wurden wie der Putz mit dem schonenden Pulverstrahlverfahren gereinigt, einige wenige Stellen, die ausgebrochen waren, durch neue Verblendsteine ersetzt. Lediglich die Stützmauern der Gartentreppen erforderten weitergehende Reparaturen (vgl. S. 170).

Die historischen Aufnahmen erwecken nicht nur den Eindruck eines ehemals weiß verputzten Gebäudes, der gleichmäßige Helligkeitsgrad der fast transparent wirkenden Südseite, aus der sich nur die Jalousienkästen dunkel abheben, deutet auf ehemals weiß oder sehr hell gestrichene Rinnkessel, Fallrohre, Kastenrinne und Wellblechverkleidungen hin (vgl. Abb. S. 85). Einen zusätzlichen Hinweis auf einen Anstrich liefert die Auftragsbestätigung der Kunst- und Bauschlosserei Paul Marcus vom 14. September 1932, in der die Firma „Säulenverkleidungen" in

Ausgeschnittene Vierungen zur Schließung der Schadstellen mit Reparaturputz nach erfolgter Reinigung des Putzes, Aufnahme September 2000

Eisen anbietet, „an der Innenseite mit gewelltem Marcuria-Silber-Blech, die Außenseiten mit gewelltem Eisenblech belegt, sonst glatt; die Eisenteile grundiert, die Marcuria-Silberteile geschliffen und poliert"[20]. Der an einer Erdgeschossverkleidung ermittelte restauratorische Befund „Ölschicht mit Bleiweiß" scheint diesen Hinweis zu bestätigen. Da Erkenntnisse zur Erstfarbigkeit jedoch fehlen, wurde von einer Farbgebung der Wellbleche Abstand genommen – auch von der zuletzt vorgefundenen roten Farbigkeit, die bis zur Instandsetzung dazu beitrug, ein eher fragmentiertes als einheitliches Bild der Fassade zu liefern. Statt dessen wurden die Metallteile der Fassade aufgrund der Unkenntnis der bauzeitlichen Fassung metallsichtig belassen, mit dem Ergebnis, dass die heutige Fassade trotz ihrer Altersspuren dem ursprünglichen Bild näher ist als vor der Instandsetzung.

VI

Terrassen. Ein gravierendes Schadensbild zeigten die Terrassen: Putzabplatzungen an den Terrassenschürzen durch Korrosionsschäden an den Stahlbauteilen der Trägerlagen und Geländerpfosten sowie Schäden an der Terrassen-Unterdecke, deren Putz und Wärmedämmung – letztere mit 11 Millimeter Celotex eher kosmetischer Natur – abgängig waren und deren Stahlsteindecke eine stellenweise extrem starke Korrodierung der Bewehrung aufwies.

Die Ursachen waren vielfältige. Sie liegen in der unterschiedlichen Qualität der Deckenfelder und deren jeweils konstruktiver Eigenart als frei kragende Terrassendecken oder Teilüberdachungen, in der Stützkonstruktion der Geländer, die an den außenliegenden Umwehrungen der Terrassenschürzen in engster Verbindung mit der Primärkonstruktion des Stahlbaus steht, in der mangelhaften Ausbildung der Fußbodenbeläge, die je nach Lage in Asphalt, Estrich und Bodenklinkern ausgeführt wurden, sowie in der im Laufe der Zeit gänzlich verrotteten, in den ursprünglichen Dimensionen sehr minimierten Entwässerung der Terrassen.

An der Stahlsteindecke waren die eingelegten Bewehrungsstähle an den Aufhängepunkten der alten Unterdecke, be-

Putzschäden an der unteren Terrassenschürze durch Auffrostung der Stahlbauteile, Aufnahme Februar 1998

Starke Korrosionsschäden an den Bewehrungsstählen der Stahlsteindecke, an Trägerlagen und Geländerpfosten, Aufnahme Februar 1998

sonders im Bereich der darüber stehenden Wintergartenfassade und der Fußbodenheizung im Wintergarten, zu circa 30 Prozent zerstört. Ein Neuaufbau der Stahlsteindecke, der den Ausbau des gesamten Wintergartenfußbodens zur Folge gehabt hätte, konnte mit einer zusätzlichen unterstützenden Stahlprofilkonstruktion vermieden, die Schwächung der Tragkonstruktion somit kompensiert werden.

Der Putz an den Terrassenschürzen war im Erdgeschoss komplett, im Obergeschoss teilweise zerstört. Die Ausmauerung der Erdgeschoss-Schürze, die an den Langseiten ursprünglich mit Bimsbetondielen und an den Rundungen mit Beton ausgeführt, an der Nordwestecke aber bereits mit Ziegelmauerwerk repariert wor-

Untere Terrassenschürze nach Entrostung der Stahlbauteile, Aufnahme Juni 2000

den war, lag zum Teil frei, zum Teil fehlte sie. Entsprechend verrostet, an mehreren Stellen schon durchlöchert, waren die Stahlbauteile. Die Reparatur konnte nur nach Entfernen der kaputten Terrassenschürze erfolgen. Sämtliche Stahlbauteile wurden durch Sandstrahlen komplett entrostet, die Schwachstellen ausgebessert und die Terrassenschürze – in Abweichung von der originalen Bauweise – in Ortbeton neu ausgeführt, da hierdurch die präzise Einbindung der Stahlbauteile besser gewährleistet werden konnte. Beide Terrassenschürzen – die obere Terrassenschürze konnte ausgebessert werden – wurden mit nachgemischtem Edelkratzputz überzogen.

Treppe und Geländer. Die Terrassen- und Treppengeländer waren in analoger Weise zu reparieren, da die Geländer in den unteren Bereichen durch Rost teilweise so zerstört waren, dass Ergänzungen notwendig wurden. Wie bei den Stahlfenstern gelang es auch hier, die Reparatur vor Ort im eingebauten Zustand vorzunehmen, so dass sämtliche Anbindungen an benachbarte Bauteile, soweit sie in Ordnung waren, erhalten werden konnten. Der Neuanstrich der Geländer sollte ursprünglich durch ein nur leichtes Aufrauen des vorhandenen Anstrichs vorbereitet werden, damit die darunterliegenden historischen Farbschichten erhalten blieben.

Da die Risse in den Anstrichen die Farbe aber schon beim leichtesten Sandstrahlen mit wenig Druck an einer Vielzahl von Stellen abplatzen ließen und ein widerstandsfähiger, rostbeständiger Anstrich zahllose Detailreparaturen durch gesonderten Farbaufbau erfordert hätte, entschied man sich, die Geländer der Terrasse mit Ausnahme einer Dokumentationsachse gänzlich von Farbe zu befreien, rostbefallene Flächen zu entrosten, mit zweifachem Rostschutz zu versehen und die Metallteile den restauratorischen Befunden gemäß im ursprünglichen Farbton neu zu streichen. Wiedergewonnen hat man damit ein beeindruckend filigranes Gitterwerk, dessen besondere Flechtung jetzt neu sichtbar ist.

Terrassenbeläge. Marode oder nicht mehr vorhanden waren die Terrassenbeläge – Klinker über Schutzestrich im Erdgeschoss, Gussasphalt im Obergeschoss. Im Erdgeschoss wurden die bauzeitlichen, zum Teil fest im Beton eingebundenen Klinker vorsichtig herausgenommen beziehungsweise -geschnitten und zur weiteren Verwendung eingelagert. Auf eine Schicht bitumengebundener Perliteschüttung und zwei Lagen Dichtungsbahnen, die an der Fassade und im Schürzenbereich mit Klemmkonstruktionen verwahrt wurden, kam ein Schutzestrich als Grundlage für die Verlegung der Bodenklinker im Mörtelbett. Zu beachten war dabei der Anschluss des Klinkerbelags im gebauten und überdachten Terrassenbereich an den Klinkerbelag im freien Terrassenbereich. Die Tatsache, dass dieser ursprünglich ohne jeden Unterbau rein im Erdreich verlegt war, hatte zur Verwerfung und zum Abriss vom gebauten Klinkerbelag geführt. Der fließende Übergang zwischen beiden Belägen wird künftig durch eine unsichtbar bleibende Stahlbetonkonstruktion unter den Erdreich-Klinkern ermöglicht, die den Erddruck abfängt und ein Absacken der Klinkerfläche verhindert.

Der Gussasphalt im Obergeschoss muss einem Kostenanschlag von 1939 zufolge schon sehr bald herausgenommen worden sein.[21] An seiner Stelle plante man einen Tonplattenbelag auf Zementestrich mit Pappisolierung, 10 mal 10 Zentimeter, grauporphyr. Ob der Belag in dieser Art ausgeführt wurde, ist nicht überliefert. Doch vermerkt die Mängelliste des Besichtigungsprotokolls vom 25. Oktober 1972: „Die Unterhaltungskosten dieser ehemaligen Villa [sind] sehr aufwendig", und notiert unter anderem: „Austrittsflächen: Die großen Flächen sind der Witterung ausgesetzt und für unser Wettergebiet ungeeignet. Durch die Decke dringt Wasser infolge Zerstörung der Isolierung. Sorgfältige Instandsetzung durch aufheben der Fliesen, aufbrechen und erneuern des Unterbetons, neuer Unterbeton, mehrfache Isolierung und aufbringen neuer Fliesen."[22] Den weiteren Protokollen ist die Reparatur der Terrassen, deren Anmahnung sich ab 1982 auf die Rekonstruktion des unteren „Balkons" zu konzentrieren begann, nicht zu entnehmen.[23] Vorhanden war statt des Tonplattenbelags jedoch ein DDR-zeitlicher Fliesenbelag, dessen hoher Unterbau eine Anhebung der obersten Stufen der Terrassenaußentreppe nach sich gezogen hatte.

Dies und die Undichtigkeit des Fliesenbelags führten zur Entscheidung, den Belag herauszunehmen und einen Gussasphalt-Estrich aufzubringen, wie er ursprünglich dort vorhanden war. Voraussetzung war die Wiedergewinnung der ursprünglichen, sehr flachen Bodenhöhe, für die die Profilanschlusszonen an die Terrassenschürzen, ins Gebäudeinnere und an die Terrassentreppe die Vorgabe waren. Der Gussasphalt wurde abschließend mit Polyurethan beschichtet, ursprünglich sei er – so die mündliche Überlieferung – rot durchgefärbt gewesen.

Gartentreppen. Die Terrassen sind durch zwei Treppen an den Garten angedockt – eine behäbige breite, die die Nordterrasse mit dem massiv gemauerten Gartenweg verbindet, und eine steilere, die von der Südostterrasse direkt in das Rasenparterre führt. Beider Stützmauern weisen im Ziegelmauerwerk Risse mit Rissuferversatz auf, die in der Nordtreppe durch Erddruck verursacht wurden und zu Ausbrechungen führten. Hier mussten die Ziegelmauerwerkswände in den Rissbereichen gänzlich abgetragen werden. Nach Ertüchtigung der Wände durch verdeckte Winkelstützmauern aus Stahlbeton konnten die Ziegel unter weitestgehender Verwendung der alten Steine neu aufgemauert, die Granitstufen im Erdreich neu verlegt werden.

Die Stützmauer der Osttreppe steht in nahezu Stufenbreite von der abgemauerten Erdreichwand entfernt frei, ihre Granitstufen lagern auf Stützmauer und Erdreichabmauerung. Die Risse waren durch Auffrostung entstanden, nachdem die Abdichtung zwischen Setz- und Trittstufen ausgebrochen war, das Wasser eindringen und zwischen die Ziegel einsickern konnte. Die Reparatur beschränkte sich hier dank der Stabilität der Mauer auf das Abdichten der Stufen und das Säubern und Neuverfugen des geschädigten Fugenbildes.

VII

Diskussionspunkte im Innern des Hauses waren die Umnutzung des Kellergeschosses, die Reaktivierung beziehungsweise Modernisierung der Haustechnik, das Konzept der Ausstattung.

Keller. Der Keller des Hauses Schminke bot mit Ausnahme der Technikinstallationen zur Regulierung der Heizung auf den ersten Blick nichts, was ihn von anderen geräumigen Kellern eines großen Einfamilienhauses unterschieden hätte: eine Schwerkraftheizung, die mit Kohlenschütte, Kohlenkeller und abgesenktem Heizraum an eine kleine Kraftzentrale erinnerte, großzügige und praktische Wirtschaftsräume[24] mit Waschküche, Trockenraum mit Trockenschrank, Näh- und Plättzimmer, Kartoffelkeller, zwei Wirtschaftsräumen, davon einer für die Milchwirtschaft, Kofferkeller, außerdem geschlämmte Wände, auf der Wand verlegte Installationen, einen Estrichboden, der von Bodenkanälen durchzogen, vielfach ausgebessert und gerissen war, Kassettenfüllungstüren aus Kiefernholz und seri-

Ehemalige Waschküche im Kellergeschoss mit Feuchteschäden und versotteter Schornsteinwand, Aufnahme September 1998

enmäßig hergestellte, zweiflügelige Stahlfenster mit Einfachverglasung und Nagetierschutz.

Und doch war der Keller im Kontext des Hauses etwas Besonderes: Er war über eine kurze offene Treppe, ohne abschließende Kellertür, vom Küchenflur aus betretbar, damit gleichsam die bequeme Erweiterung des Küchen- und Wirtschaftstraktes, und er war eine wichtige Voraussetzung für den fast autarken Haushalt der Familie und die Bewirtschaftung von Gartenland und Kleinvieh. Dieser Zusammenhang sollte mitteilbar bleiben, ebenso die ehemalige Funktion des Kellers als Keller. Die Änderungen durch Haustechnik und neue Nutzung waren deshalb auf ein Minimum zu beschränken: Räumlich bedeutete dies im Falle der Heizzentrale, dass die offenen Raumstrukturen trotz Abmauerung des überflüssig gewordenen Kohlenkellers und seiner Neunutzung als Requisitenraum so durch Mauern unterteilt wurden, dass sie nachvollziehbar blieben. Die Einrichtung zweier Sanitärräume im ehemaligen Trockenraum einschließlich des Einbaus einer zusätzlichen Tür wird als neue Zutat gezeigt. Der ehemalige Kofferkeller, dessen Holzverschlag zugunsten der Gewinnung eines großen Raumes entfernt wurde, ist weiter durch den an Ort und Stelle belassenen, von Scharoun entworfenen Schrank ablesbar. Die übrigen Raumzuschnitte blieben unberührt, die Fenster wurden aufgearbeitet, alle neuen Leitungen wie schon die Installationen Schminkes weiter auf der Wand geführt, die Wände frisch geschlämmt und damit die Charakteristika des Kellers erhalten.

Der eigentliche Kompromiss liegt in der Neugestaltung des Fußbodens. In Abwä-

Grundriss Erdgeschoss 1 : 200

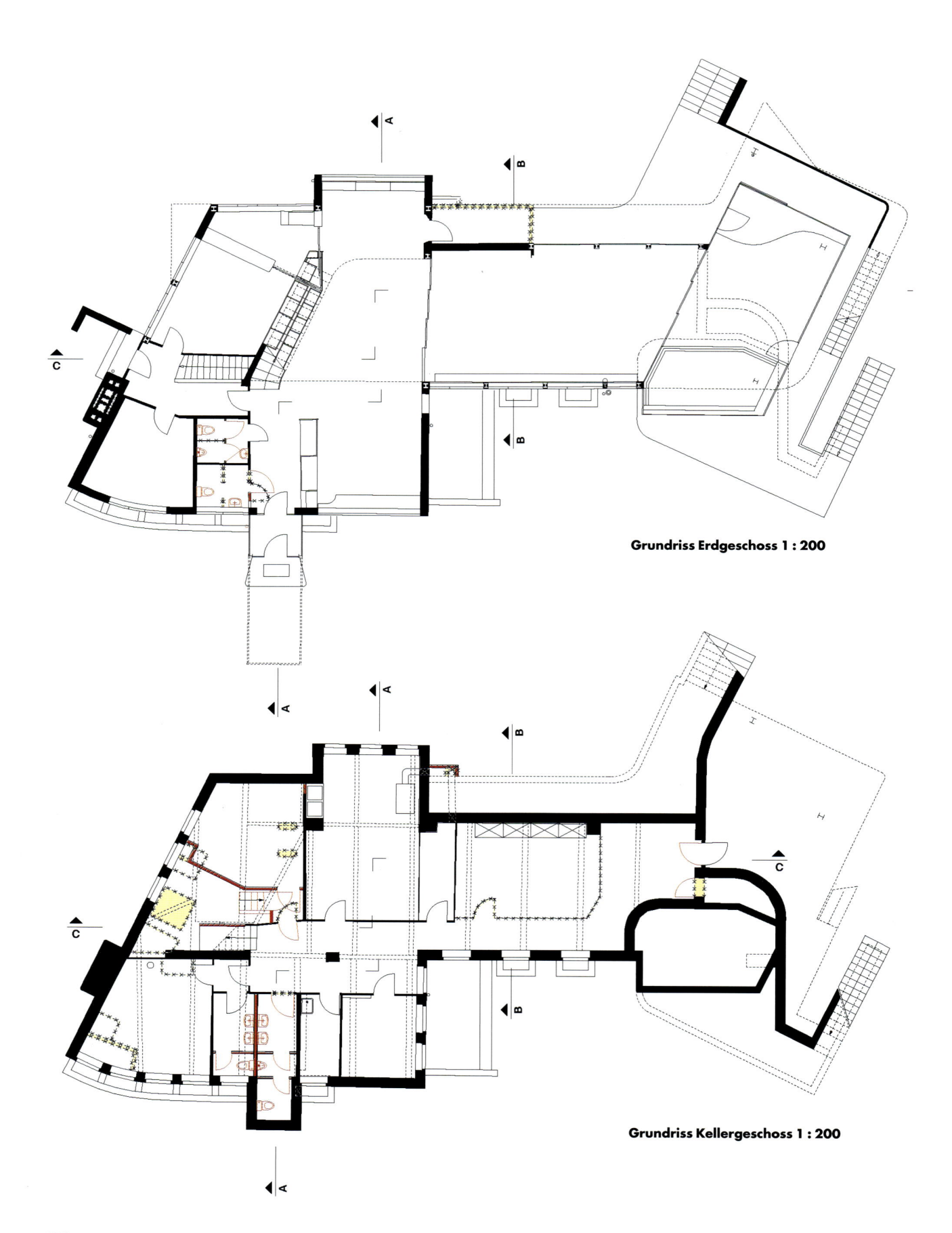

Grundriss Kellergeschoss 1 : 200

Grundriss Dachdraufsicht 1 : 200

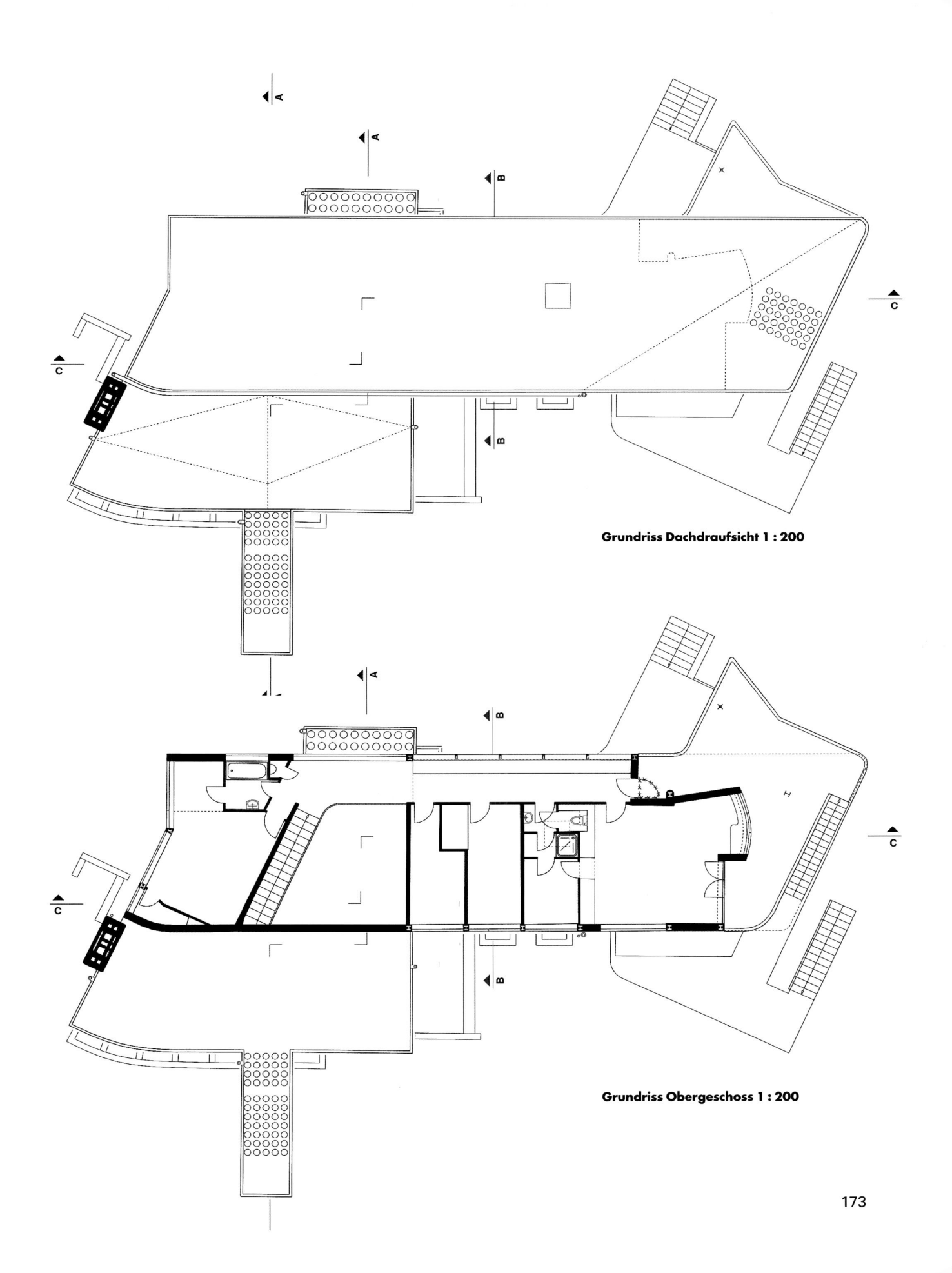

Grundriss Obergeschoss 1 : 200

Schnitt A–A 1 : 200

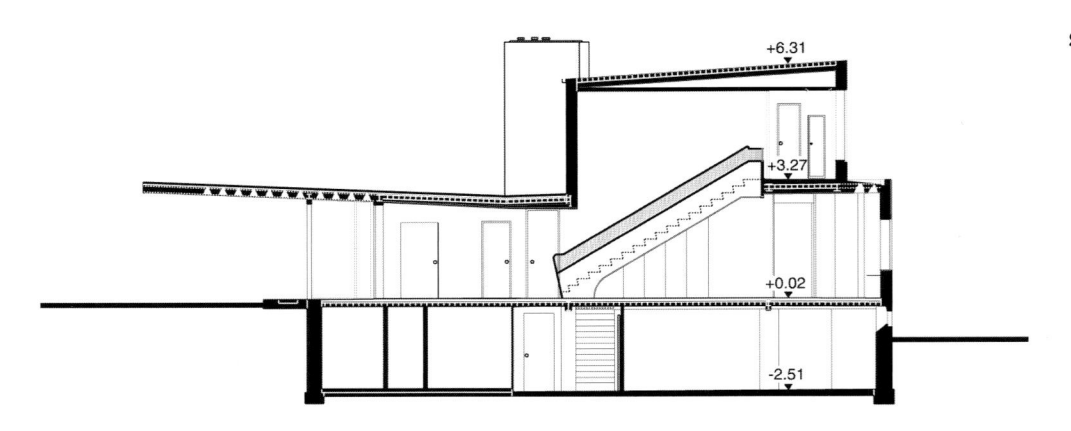

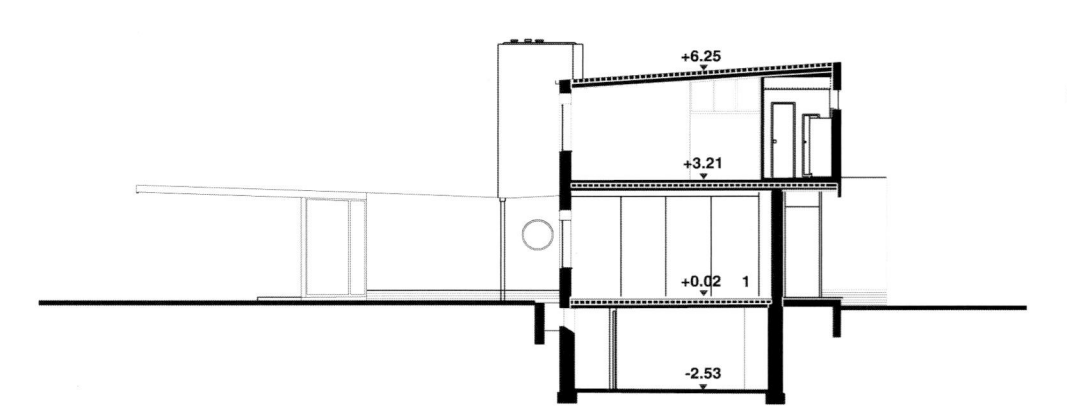

Schnitt B–B 1 : 200

gung der unterschiedlichen Belange wurde der kalte Estrichboden durch einen Gussasphaltboden ersetzt, der zur leichteren Pflege eine Polyurethanbeschichtung erhielt. Die ohne Zweifel verändernde Wirkung auf das Erscheinungsbild des Kellers wurde zugunsten der neuen Nutzung in Kauf genommen.

Im übrigen galt es, die aus „Hintermauerungssteinen üblicherweise"[25] aufgemauerten, durchfeuchteten Kelleraußenwände zu sanieren, deren Vertikalisolierung – wie beim zehn Jahre älteren Einsteinturm – eine Handbreit über der Fundamentunterkante endete.[26]

Haustechnik. Die Ertüchtigung der haustechnischen Anlagen erfolgte unter weitgehender Erhaltung der bauzeitlichen Installationen. Die neue Erdgasheizung mit Brennwertkessel wurde unter Verwendung der alten Kaminzüge am historischen Ort der alten Heizanlage eingebracht. Neue Elektroleitungen wurden nur dort verlegt, wo keine alten Leerrohre vorhanden waren beziehungsweise diese nicht weiter verwendet werden konnten. Das heißt sämtliche Beleuchtungskörper im Erd- und Obergeschoss – Ausnahme: Hallenwand und ehemaliger Essplatz – sitzen auch heute an alten Leitungsauslässen. Dabei handelt es sich ausschließlich um neue, der veränderten Nutzung und zurückgenommenen Ausstattung entsprechende Beleuchtungskörper.[27] Die al-

Schrankflur des Obergeschosses, bauzeitlicher blauer Gummibelag mit beige-grauen Dreiecken vor den Türen, stark spröde und verklebt, Aufnahme Dezember 2000

ten, von Scharoun entworfenen Lampen sind wie die Farben und das bewegliche Mobiliar verloren gegangen.

Die aus der Erbauungszeit stammenden, zu einem großen Teil noch vorhandenen gusseisernen Heizkörper konnten aufgearbeitet werden, nachdem eine Prüfung ihre Tauglichkeit bestätigt hatte. Sie wurden mit Naturharzöllack im ursprünglichen Weißton gestrichen. In diesem Zusammenhang konnte die ursprüngliche Heizsituation im Wintergarten wiederhergestellt werden, die vor der Fensterwand an der Ostseite des Wintergartens und am inneren Rand des tiefer liegenden Blumenbeetes gusseiserne Heizkörper vorsah, unter dem Tezett-Rost in der Aussparung des Marmorfußbodens aber eine Art Fußbodenheizung, bei der Heizschlangen eine diffuse Wärmestrahlung verbreiten, die trotz geringer Steighöhe eine milde Wärme erzeugt.[28]

Innenräume. Ein Konzept für die Ausstattung zu finden, war nicht einfach. Einerseits ließ der Verlust der Farbe im Erd- und Obergeschoss zunächst übersehen, wieviel an Originalsubstanz – und damit auch an Farbigkeit – tatsächlich noch vorhanden war. Andererseits verbanden sich die suggestiven Innenaufnahmen von 1933, die zeitgenössischen Beschreibungen der Räume und die Ausstrahlung des Hauses sehr schnell zu einer – immer höchst subjektiven – Vision des ursprünglichen Zustandes.

Farbe. Unwiderbringlich verloren gegangen war mit den Farbträgern der Salubra-, Glanz- und Blasentapeten auf Wänden und Decken die vermutlich ebenso intensive wie eigenwillige, starke Akzente setzende Farbigkeit, die Scharoun den offiziellen Räumen gegeben hatte.[29] Einen Schimmer dieser Farbenqualität vermittelt noch der Bodenbelag, der im Flur des Obergeschosses unter dem PVC-Boden aufgedeckt werden konnte – ein leuchtend blauer, leicht ins Violett tendierender Gummifußboden, der leider spröde geworden und heillos verklebt ist. Er wurde vor Ort belassen und schützend lose mit Linoleum überdeckt.

Nicht verloren gegangen waren dagegen die unterschiedlichen, sehr qualitätvollen Hölzer, Natur- und Kunststeine, der Terrazzo, das leuchtende Rot der Lüftungsflügel, der Glanz der vernickelten Messingbeschläge, das Aluminium-Wellblech, mit dem Scharoun die Stützen zwischen den Fenstern verkleidete, der matte Schimmer der geätzten Fensterscheiben, das Tischlinoleum, das im offenen Wandschrank der Küche noch vorhanden war und gereinigt werden konnte, die Gestaltung und entschiedene Farbigkeit der Lichtdecke im Wintergarten. Dies, und damit die Architektur, galt es zu Wort kommen zu lassen – nicht eine Vision oder Annäherung, auch keine Neuinterpretation. Wir haben deshalb von jedem Versuch, etwas nachzuempfinden, Abstand genommen – nicht zuletzt, weil auch der Verlust zur Geschichte des Hauses gehört, ebenso wie die Alterung des Putzes.

Böden. Zur Instandsetzung des Marmorfußbodens im Wintergarten, dessen

Fußboden im Wintergarten, Gitterrost über Heizschlangen und Marmor 'Ulrichstein', Aufnahme September 1998

Platten zur Hälfte gebrochen waren, zum Teil auch Fehlstellen aufwiesen, wurden die im Mörtelbett verlegten Platten kartiert, nummeriert und behutsam aufgenommen, aus größeren Bruchstücken kleinere Platten geschnitten, die verwendbaren Platten mittels Schleifen und Polieren aufgearbeitet und im sanierten Unterbau neu verlegt. Fehlende Platten konnten aus Restbeständen des ursprünglichen Steinbruchs in Polen ergänzt werden.

Zur Aufarbeitung der bauzeitlichen Terrazzoböden und der ebenfalls noch aus der Bauzeit stammenden 10 Zentimeter hohen Terrazzo-Sockelleisten in den Wirtschafts- und teilweise in den Sanitärräumen wurden die Risse aufgetrennt und nach Reinigen der Fugenflanken auf Harzbasis verschlossen, Überstände abgeschliffen und abschließend sämtliche Terrazzoflächen geschliffen und poliert. Da der Terrazzoboden im heutigen Behinderten-WC (Raum 2/3) nur noch in einem kleinen Bruchstück überkommen war, wurde ein neuer Terrazzoboden eingebracht.

Natur- und Kunststein. Diffizil war die Reparatur der Fenster- und Heizungsabdeckplatten aus Natur- und Kunststein, die bis auf eine verloren gegangene Platte im großen Wohnraum original erhalten waren, jedoch teilweise starke Schäden durch Sprünge, Risse, Flecken und Fehlstellen zeigten.[30] Dank einer sehr differenzierten Aufarbeitung, die Schadstellen reparierte, aber Gebrauchsspuren beließ, konnte der gesamte Bestand entgegen ursprünglicher Einschätzung gerettet werden.

Die Aufarbeitung erfolgte wie bei den Fenstern vor Ort im eingebauten Zustand, um möglichst viel Substanz und die originale Anbindung an benachbarte Bauteile zu erhalten: Ausgebrochene Teilstücke wurden angearbeitet, verklebt und wo nötig durch unterseitige Gewebeeinlagen stabilisiert, Fehlstellen wurden durch eingefärbten Steinersatz ergänzt, tiefer liegende Löcher mit entsprechendem Material ausgespachtelt und abgetönt, sämtliche Flächen gesäubert, geschliffen und mit Schlämmkreide poliert. Die fehlende Platte der Heizungsabdeckung konnte durch das gleiche Material – Schuppach schwarz – ergänzt werden.

Fliesen. Durch die akribische Arbeit des Archäologischen Landesamtes in Dresden war es möglich, auch die bauzeitlichen Wandfliesen im Format 15 mal 15 Zentimeter in der Küche und im kleinen Wirtschaftskeller zu erhalten. In minutiöser Kleinstarbeit wurden Fugen gesäubert, Risse, Löcher und Abplatzungen geschlossen. Die Fehlstellen konnten aus geringen Restbeständen und durch fast gleichwertige Platten aus dem Handel ergänzt werden.

Türen und Einbauschränke. Mit gleichem Erfolg konnten die Hölzer der ausnahmslos original erhaltenen Türen und Schränke, die ein ganz wesentliches Element der Raumausstattung sind, vorbildlich aufgearbeitet werden. Durch Kratzer, kleinere Absplitterungen an den Kanten, Schäden vor allem im Schlossbereich, falsche oder fehlende Beschläge und mehrfaches Überschleifen und Lackieren waren die mit Makoré furnierten Innentüren und die mit Birke und Ahorn furnierten Schränke sehr in Mitleidenschaft gezogen; desgleichen die Außentüren, deren Deckfurnier Mooreiche am Kücheneingang beispielsweise bis auf das Absperrfurnier verwittert war. Im Zuge der Restaurierungsmaßnahmen wurde der Lack abgenommen und wieder ein Nitrocelluloselack aufgetragen, Furnierabplatzungen wurden ergänzt, defekte Schlösser gewechselt beziehungsweise repariert, originale Beschläge gereinigt, fehlende Beschläge in Messing gegossen, poliert, vernickelt und anschließend mattiert. Einbauschrank und Holzverkleidung im ehemaligen Elternschlafzimmer erhielten wieder ihre Schellackpolitur, die küchenseitige Außentür wurde neu mit Mooreiche furniert.

Hölzer, Natursteine und Beschläge verbinden sich mit der wiedergewonnenen Farbigkeit der Stahlfenster samt Lüftungsflügel, Glasleisten und Messing-Linsenkopfschrauben, der farbigen Fassung des Treppengeländers[31] in der Halle, der Einbauschränke in Spielzimmer und Küche zu einer Raumfassung, die die Kraft und dennoch Leichtigkeit der Architektur eindrucksvoll unterstreicht. Dies nicht zu stören, war das Ziel der Instandsetzung. Deshalb halten sich neue Zutaten wie Fußbodenbeläge – Eichenparkett[32] in der Halle, Linoleum[33] in allen anderen Räumen – oder Wandfarben[34], Vorhänge und neues Mobiliar[35] völlig zurück. Das Überzeugende und Besondere dabei ist, dass das Haus nichts von seiner Modernität eingebüßt hat, die Architektur vielmehr mit einer großen Ausstrahlung überzeugt.

Haus Schminke ist ein exzellentes Beispiel dafür, dass man davon Abstand nehmen sollte, ein Gebäude der Moderne vorwiegend nach der vermeintlich weißen Hülle zu beurteilen oder ihm eine Reproduzierbarkeit zu unterstellen. Wie zu jedem anderen Baudenkmal gehört auch zu den Bauten der Moderne der Ort, der Grundriss, der Aufriss, die Raumfolge, die Geschichte, gehören die Baustoffe und die Gestaltungselemente. Nur so behalten die Bauten ihren Zeugniswert, ohne den sie nicht Denkmal wären.

Charlotte Schminke im Wintergarten

Der Garten
Geschichte und Erhaltungskonzept

Annette Haufe

Anlässlich der Eröffnung des restaurierten Hauses Schminke erinnerte sich Frau Zumpfe, eine Tochter der Schminkes, an ihre glückliche Kindheit im Haus in Löbau. Es berührte mich als Gartenarchitektin sehr, dass sie vor allem Gartenbilder beschrieb, die sich ihr unvergessen eingeprägt hatten. An diesem dunklen Wintertag im Dezember 2000 erstrahlte das Gebäude im doppelten Sinne in Glanz und Licht; der Garten trat der Jahreszeit entsprechend als stille Kulisse zurück.

Seit meinem ersten Besuch war genau ein Jahr vergangen und die Bauarbeiten im Gartengrundstück waren nach einem halben Jahr Arbeit gerade beendet. Obwohl Wege und Mauern präzise repariert, zufällige Pflanzungen entfernt waren sowie behutsam nachgepflanzt worden war, ist die Diskrepanz zwischen der leichten und heiteren Architektur des Hauses mit seiner freien Formensprache und der starren Geometrie des Gartens, der durch die wuchtigen Zyklopenmauern bestimmt wird, immer noch offenbar.

Die Annäherung von Haus und Garten wird mit der natürlichen Entwicklung der Pflanzung geschehen. Die wirkliche Verbindung zur Einheit kann nur intensive Nutzung bewirken.

Zur Geschichte des Gartens

Der befremdliche Eindruck, der durch den formalen Widerspruch von Haus und Garten entsteht, bedarf der Erklärung: Während das berühmte Haus von der Planung bis zur Fertigstellung in einem Zeitraum von nur drei Jahren entstand, ist der Garten Ergebnis mehrfach unterbrochener Planungen und deren teilweise spontaner Umsetzung.

1. Bauphase

Die Entstehungsgeschichte des Gartens beginnt bereits 1910.[1] Der Familienbesitz der Schminkes umfasste in unmittelbarem Anschluss an das Fabrikgelände am Stadtrand von Löbau umfangreiche Gartengrundstücke. 1910 stellte der Fabrikant Schminke senior einen Bauantrag zur Errichtung einer Villa nördlich der Fabrik (Architekten Schilling und Gräbner, Dresden).

Der Baubeginn wurde zunächst aufgeschoben, um wichtige Investitionen in der Nudelfabrik durchführen zu können. Bald darauf verhinderte der Ausbruch des Ersten Weltkrieges die Realisierung der Pläne. Als in der Nachkriegszeit die Nudelfabrikation zeitweise zum Erliegen kam, sollte mit den freien Arbeitskräften der Bau des Hauses zumindest begonnen werden.

Das nach Norden abfallende Gelände wurde durch eine massive Stützmauer aus Granit vom Löbauer Berg abgefangen, gartenseitig mit den Aushubmassen der Baugrube hinterfüllt, um nach Süden wieder terrassenartig abzufallen. In der Diagonale des so entstandenen Gevierts wurde eine wuchtige kreisrunde Bastion eingefügt, die ihren Spiegel gleichsam in einem ebenerdigen runden Wasserbecken hat. Zumindest diese Gartenteile in einfachen geometrischen Formen, im Zeitgeschmack der Vorkriegsepoche, scheinen auf die Vorstellungen Wilhelm Röhnicks, der als Gartenarchitekt der ersten Planung genannt wird, zurückzugehen.

Inwieweit die veränderte Formensprache mit den landschaftlichen, freieren Formen und Materialien (lockere Findlingsgruppen, 'natürlicher Wasserlauf') an dem die Mittelachse bildenden erhöhten Weg auch auf dieser Planung basiert, oder den Ideen des garteninteressierten Bauherren entspricht, bleibt offen. Mit Sicherheit dieser Bauphase zuzuordnen sind die heute teilweise zu mächtigen Bäumen entwickelten Pflanzungen wie Blutbuche, Sil-

Sommer 1933

Circa 1935

berlinde und Koniferengruppe im so genannten Wäldchen, Kastanienkarre, Lärchenwiese und Trauerweide sowie die umlaufende Ribeshecke.

Die Vervollständigung der Anlage geschah mit Einfahrtstor und Brückengeländer aus einfachen, weiß gestrichenen, senkrecht angeordneten Brettern sowie dem ebenfalls hölzernen Gartenpavillon.

Mit dem plötzlichen Tod von Fritz Schminke senior im Jahr 1920 ist die erste Phase der Gartengestaltung abgeschlossen. Mit dem scheinbar zufälligen Nebeneinander unterschiedlichster Gartenmotive und geometrischen Formen ist die Anlage aus heutiger Sicht nicht zu den herausragenden Schöpfungen der Zeit zu rechnen.

2. Bauphase 1930 bis 1945

Die notwendige Übernahme der Fabrik durch Fritz Schminke erlaubte eine weitere Verwirklichung der Baupläne in den nächsten Jahren nicht. Endlich erfolgte von 1930 bis 1933 in enger Zusammenarbeit von Bauherr und Architekt der Bau der neuen Fabrikantenvilla. Da das entstehende Gebäude die vorhandene Baugrube nutzte, dürften die baubedingten Veränderungen im 'alten Garten' gering gewesen sein. Dennoch gingen mit dem Bau der Villa in deren unmittelbarem Umfeld einige Veränderungen einher, die eine deutlich eigenständige Formensprache zeigen. Es sind dies die durch Hans Scharoun neu gestaltete Eingangssituation mit den Klinkermauerscheiben, die die Toreinfahrt und Pforte aus eisernen Lamellen rahmen und die Beziehung zur Architektur des Gebäudes herstellen, sowie die im Zusammenhang mit der Villa zu errichtende Zufahrt. Dieser Weg tangiert in schön geschwungener Linie den auskragenden Eingangsbereich. Zur Begrenzung der wassergebundenen Decke in dunkler Farbe wurden helle, natürlich gebrochene Kalksteine verwendet. Als drittes Element sind die bewusst ausgeführten Terrainmodellierungen zu nennen, die vor allem im Bereich der Terrassen rings um das Haus zu finden sind. Da bezeichnenderweise diese Flächen nur mit Wiese bewachsen waren, entsteht hier der charakteristische dünenartige Eindruck. Alle drei Elemente sind noch vor dem Bezug des Hauses, in direkter Verbindung mit dem Bau entstanden und sind professionell ausgeführt.

Eine zweite Phase intensiven Planens

Gartenansicht mit Brücke

und Gestaltens beginnt nach dem Einzug der Familie Schminke in die Villa. Der Aufgeschlossenheit der Bauherren für moderne Architektur entspricht das Interesse und die Liebe für die Gartengestaltung.

Zu den führenden Vertretern der Zeit auf diesem Fachgebiet gehörte der so genannte 'Bornimer Kreis' um den Staudenzüchter und Gartenschriftsteller Karl Förster und die Gartenarchitekten Hermann Mattern und Herta Hammerbacher. Es ist die Zeit der intensiven Beschäftigung mit der Staude, deren artgerechter und gestalterisch wirksamer Verwendung als Ausdruck der Wende vom architektonisch bestimmten Garten der Vorkriegszeit zum so genannten 'freien landschaftlichen Garten'.

Auf Einladung der Familie Schminke weilte das Ehepaar Hammerbacher/Mattern zusammen mit Hans Scharoun, der ein Jahr später das Haus der beiden Gartengestalter in Bornim vollendete, im gerade fertiggestellten Neubau in Löbau. Ob infolge dieses Beisammenseins eine Planung auf dem Papier entstand, oder ob der Einfluss nur inspirierend und beratend geschah, ist zum gegenwärtigen Zeitpunkt, da das Hammerbacherarchiv nicht zugänglich ist, nicht zu klären. Im Werkverzeichnis von Herta Hammerbacher wird jedoch der Garten der Schminkes erwähnt.

Die Arbeit im Ziergarten wie auch in den inzwischen angelegten angrenzenden Nutz- und Obstgärten, in denen auch Tiere gehalten wurden, war vor allem für Charlotte Schminke Lebensbedürfnis. Aus diesem Grund halte ich es für wahrscheinlich, dass sich die Mitwirkung von Herta Hammerbacher bei der Bepflanzung des Gartens auf Fachgespräche und Anregungen belief, die von der Hausherrin aufgegriffen und kreativ umgesetzt wurden.

Vor allem im nördlichen Teil war der Garten das Refugium der Familie, das Resultat der fast täglichen Nutzung, weniger Ergebnis eines Planungsprozesses. Thematisch geordnet, war fast der gesamte rückwärtige Gartenbereich flächig bepflanzt. Auf engstem Raum befanden sich hier Heideterrasse, bunte Staudenterrasse und Wassergarten mit den entsprechenden ufersäumenden Großstauden. Abgerundet wurde das Bild durch den Teppich schattenliebender Arten im Wäldchen.[2]

Die Nachpflanzung von größeren Gehölzen in der Zeit bis 1945 scheint sich auf die heute bestimmend wirkenden Wacholder und auf wenige Solitäre in der Nähe des Hauseingangs beschränkt zu haben. Das ist nicht verwunderlich, denn in dieser Zeit war die Kulisse der vor dem Bau gepflanzten Bäume bereits schön entwickelt. Der malerische Hahnendorn, der in der Familiengeschichte der Schminkes öfter erwähnt wird, wurde in dieser Zeit freigestellt.

Zum Garten gehörte weiterhin das Gartenhaus mit Erdkeller, der auf der Bastion schon vorhandene Pavillon, der ein neues Strohdach erhalten hatte, und die aus Klinkern gemauerte Loribahn für die Kinder an der Zufahrt zur Fabrik.

Nach nur sechs Jahren beendete der Ausbruch des Zweiten Weltkrieges die Zeit unbeschwerten Gartenlebens. Fritz Schminke wurde eingezogen und kehrte praktisch nicht mehr in sein Haus zurück. 1951 folgte ihm die Familie in den Westteil Deutschlands.

Im Gegensatz zur einprägsamen Form des Wohnhauses erscheint noch immer der Garten weit weniger definiert. Das Nebeneinander verschiedener Formensprachen, das bereits die erste Bauetappe kennzeichnet, wird durch die charakteristisch-schwungvollen Ergänzungen der dreißiger Jahre weiter verstärkt und lediglich durch die ungewöhnlich üppige Bepflanzung mit Stauden vermittelt. So liegt die Bedeutung des Gartens eher in seiner Funktion als Abbild der Lebensphilosopie der Familie Schminke, die in ihrer Eigenart

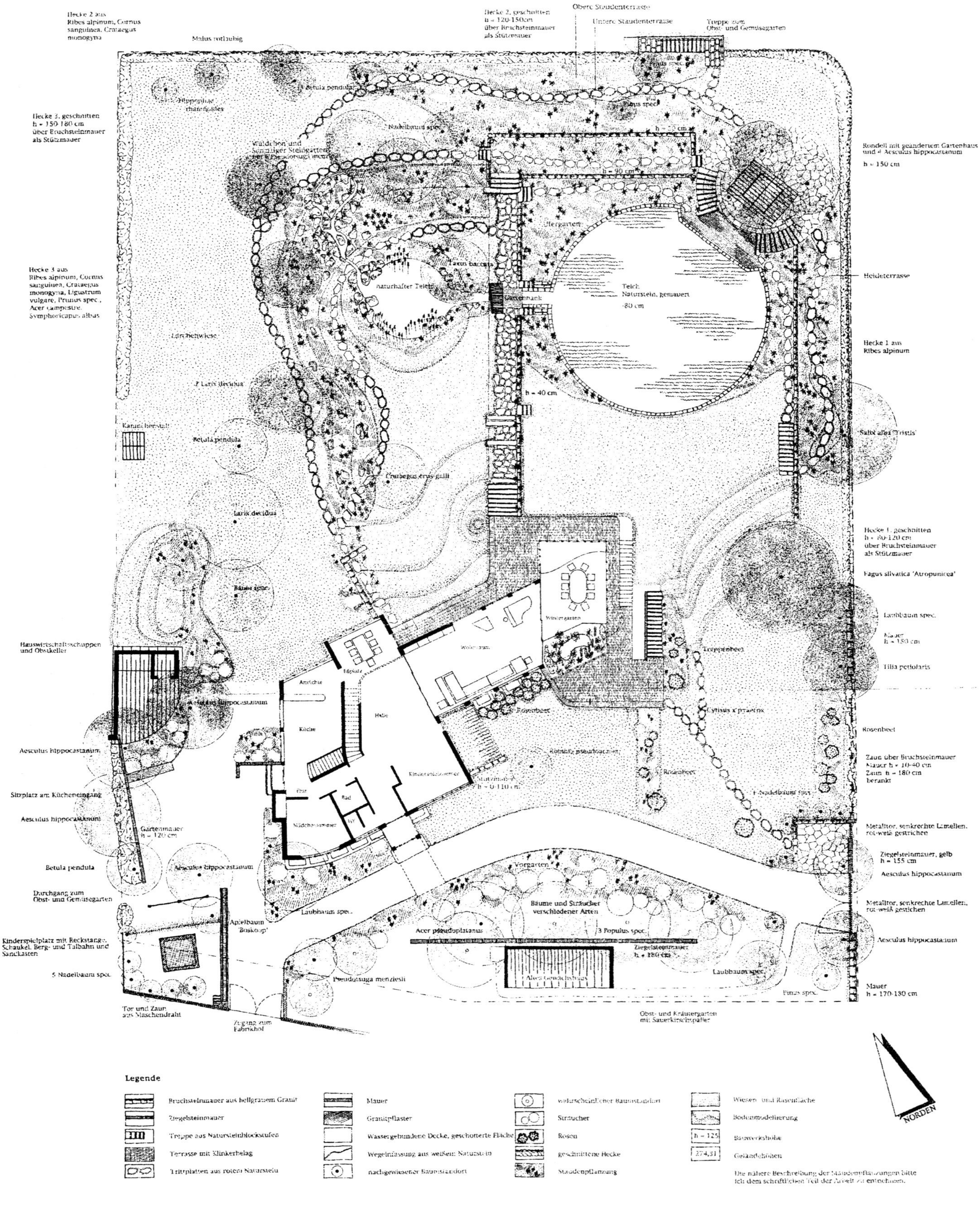
Hecke 2 aus Ribes alpinum, Cornus sanguinea, Crataegus monogyna
Malus rotlaubig
Hecke 2, geschnitten h = 120-150 cm über Bruchsteinmauer als Stützmauer
Obere Staudenterrasse
Untere Staudenterrasse
Treppe zum Obst- und Gemüsegarten
Hecke 3, geschnitten h = 150-180 cm über Bruchsteinmauer als Stützmauer
Betula pendula
Hippophae rhamnoides
Nadelbaum spec.
Pinus spec.
h = 25 cm
h = 90 cm
Rondell mit geändertem Gartenhaus und 4 Aesculus hippocastanum
h = 150 cm
Taxus baccata
naturhafter Teich
Ufergarten
Teich Naturstein, gemauert -80 cm
Heideterrasse
Hecke 3 aus Ribes alpinum, Cornus sanguinea, Crataegus monogyna, Ligustrum vulgare, Prunus spec., Acer campestre, Symphoricarpus albus
Lärchenwiese
Hecke 1 aus Ribes alpinum
2 Larix decidua
h = 40 cm
Salix alba 'Tristis'
Kaninchenstall
Betula pendula
Crataegus crus galli
Larix decidua
Hecke 1, geschnitten h = 80-120 cm über Bruchsteinmauer als Stützmauer
Fagus silvatica 'Atropunicea'
Wintergarten
Laubbaum spec.
Mauer h = 150 cm
Tilia petiolaris
Wohnraum
Treppenbeet
Hauswirtschaftsschuppen und Obstkeller
Aesculus hippocastanum
Anrichte
Küche
Halle
Rosenbeet
Cytisus x praecox
Rosenbeet
Aesculus hippocastanum
Kinderspielzimmer
Robinia pseudoacacia
Rosenbeet
Zaun über Bruchsteinmauer Mauer h = 10-40 cm Zaun h = 180 cm berankt
Stützmauer h = 0-110 cm
Nadelbaum spec.
Sitzplatz am Kücheneingang
Flur
Bad
Aesculus hippocastanum
Gartenmauer h = 120 cm
Mädchenzimmer
Metalltor, senkrechte Lamellen, rot-weiß gestrichen
Ziegelsteinmauer, gelb h = 155 cm
Betula pendula
Aesculus hippocastanum
Vorgarten
Aesculus hippocastanum
Durchgang zum Obst- und Gemüsegarten
Laubbaum spec.
Bäume und Sträucher verschiedener Arten
Metalltor, senkrechte Lamellen, rot-weiß gestrichen
Apfelbaum 'Boskoop'
Acer pseudoplatanus
3 Populus spec.
Aesculus hippocastanum
Kinderspielplatz mit Reckstange, Schaukel, Berg- und Talbahn und Sandkasten
Ziegelsteinmauer h = 180 cm
5 Nadelbaum spec.
Pseudotsuga menziesii
Altes Gewächshaus
Laubbaum spec.
Mauer h = 170-180 cm
Pinus spec.
Tor und Zaun aus Maschendraht
Zugang zum Fabrikhof
Obst- und Kräutergarten mit Sauerkirschspalier
NORDEN
Legende
Bruchsteinmauer aus hellgrauem Granit
Ziegelsteinmauer
Treppe aus Natursteinblockstufen
Terrasse mit Klinkerbelag
Trittplatten aus rotem Naturstein
Mauer
Granitpflaster
Wassergebundene Decke, geschotterte Fläche
Wegeinfassung aus weißem Naturstein
nachgewiesener Baumstandort
wahrscheinlicher Baumstandort
Sträucher
Rosen
geschnittene Hecke
Staudenpflanzung
Wiesen- und Rasenfläche
Bodenmodellierung
Bauwerkshöhe
Geländehöhen
h = 125
274,31
Die nähere Beschreibung der Staudenpflanzungen bitte ich dem schriftlichen Teil der Arbeit zu entnehmen.

Gartenseite um 1935

Rekonstruktion des Gartens Schminke, Zustand zwischen 1934 und 1945. Erstellt von Claudia Feltrup, 1992

gleichfalls maßgeblich den Bau des Hauses bestimmt hatte. In diesem Sinne ist die inselhafte Einheit von Haus und Garten vielschichtiges Zeitdokument bürgerlichen Lebens in einer unheilvollen Zeit. Es steht für den am Ende fehlgeschlagenen Versuch, im Rückzug auf die private Sphäre, auf tätige Hingabe an die Schönheit der Natur im Jahreslauf einem menschenverachtenden System zu widerstehen.

Entwicklung nach 1945 bis 2000

Da die weitere Entwicklung des Gartens bisher nicht Gegenstand der kunstgeschichtlichen Forschung war, soll sie anhand des im Winter 1999 vorgefundenen Zustandes rekonstruiert werden. Seit 1951 ist das Gebäude in städtischer Verwaltung und diente als Klubhaus für die FDJ beziehungsweise die 'Jungen Pioniere'. Ab 1990 wird diese Funktion, nun entideologisiert, weitergeführt. Wenn man die kurze Zeitspanne der intensiven privaten Nutzung durch die Familie Schminke ins Verhältnis zum fast fünfzigjährigen Gebrauch der Nachkriegszeit setzt, ist der überkommene Erhaltungszustand als erstaunlich gut einzuschätzen.

Erhaltene Originalsubstanz

Festungsartig haben die Mauern und Bastionen fast jeder Veränderung widerstanden. Im gleichen Maße, wie die ehemals üppige Staudenpflanzung reduziert wurde, trat die grob-wuchtige Grundstruktur wieder beherrschend ins Bild.

Das wichtigste erhaltene Zeugnis der Ära Schminke/Scharoun ist die Zufahrt an der Südseite des Gebäudes. Als zweites wichtiges Element dieser Epoche ist im Bereich der Villa die sanfte Bodenmodellierung erhalten geblieben.

Das Ansprechen von Gehölzen als 'Originalsubstanz', das heißt als Pflanzung der Entstehungszeit des Gartens, bedeutet nicht zwangsläufig die gleichzeitige Einschätzung als originale Gartenstruktur.[3] Auch der Garten am Haus Schminke ist durch starke Veränderungen der räumlichen Situation gekennzeichnet. So ist

Der Garten im Jahr 1999

heute die Wirkung der Großgehölzkulisse wesentlich massiver als zur Zeit Schminkes. Die dadurch entstandene Vergröberung der Raumproportion des Gartens wird selbst durch den Abgang ehemals wichtiger Einzelbäume und -gruppen nicht aufgehoben. Die inzwischen zunehmend die Altersgrenze erreichenden Koniferen des Wäldchens stehen als düstere Vertikale zur gelagerten Bauform der Villa. In ähnlicher Weise engt die schöne Gruppe von Blutbuche und Linde den Raum zum Gebäude bereits sehr ein.

Die in den dreißiger Jahren gepflanzten Wacholder haben sich zu raumbestimmenden Gehölzen entwickelt und verändern, dort wo sie am Gebäude stehen, die Blickbeziehungen stark.

Verluste

In den siebziger Jahren wurden die vier Kastanien auf der Bastion gefällt. Bereits vorher war das Gartenhäuschen entfernt worden. Damit verlor der Garten in der Diagonale ein wichtiges Motiv. Der Eingriff ist in seiner Wirkung um so gravierender, als nun die dahinter liegende Bebauung aus dieser Zeit unverstellt in den Gartenraum wirkt.

Bis auf eine Lärche sind heute alle Bäume der Lärchenwiese, die sich von der Westseite des Grundstücks bis in den Fabrikhof zog, verschwunden. Erst in jüngster Zeit scheint die Trauerweide gefallen zu sein und mit ihr die Erinnerung an den ehemaligen Teich. Es ist verwunderlich, warum gerade diejenigen Gehölze, die offensichtlich mit dem Bau des Hauses in Zusammenhang zu setzen sind, nicht mehr existieren. Der Hahnendorn an der Böschung nördlich der Villa und ein weiterer Kleinbaum in der Nähe des Eingangs fehlen. In keinem Fall wurde nach der Beseitigung der Bäume auf dem ursprünglichen Standort in gleicher Art nachgepflanzt. Die veränderte öffentliche Nutzung mit einhergehender eingeschränkter 'Pflegekapazität' bedeutete den Verzicht auf alle intensiv zu betreuenden Pflanzungen und Anlagen.

Empfindlichster Verlust ist die Zuschüttung des runden Wasserbassins und seines 'natürlichen' Zulaufs zugunsten einer variabel zu nutzenden Rasenfläche. Damit ist dem Garten ein bestimmendes Motiv verloren gegangen, das die Beziehung zum Gebäude hergestellt und auf das der Architekt bei der Konzeption des Hauses Bezug genommen hatte. Nicht zufällig sind die relingartigen Balkongeländer der Nordost-Fassade dieser Gartenseite zugewandt. Mit dem Bassin ging auch der naturhaft gestaltete Zufluss von der 'Quelle' im Geröllfeld des Wäldchens, der den Dammweg unter einer hölzernen Brücke (1920) querte, verloren.

Der Verlust der Staudenpflanzung im Garten war radikal: Alle bepflanzten Terrassenflächen wurden eingesät, ebenso wie das gesamte Umfeld des nunmehr eingeebneten Teiches. Die Trockenmauern wiesen 1999 keinerlei Mauerfugenpflanzen mehr auf. Im Gegensatz dazu war die Bastion – als einziges Bauwerk aus Zyklopenmauerwerk im Garten, verfugt ausgeführt – vollständig mit Efeu überwuchert, so dass der desolate Zustand noch zu Baubeginn nicht offensichtlich war.

Lediglich die Zwiebelpflanzen in den Rasenflächen haben sich massenhaft ausgebreitet, so dass der Garten im Frühjahr von blasslila Wildkrokus und leuchtend blauem Schneeglanz bestimmt wird.

Veränderungen und Einbauten
Ein historischer Garten ist selten allein Dokument seiner Entstehungszeit. Zusätzlich zur natürlichen Entwicklung der Vegetation ist in den folgenden Etappen Substanz verloren gegangen und auch wieder ergänzt worden. Die Frage nach einer möglichen schöpferischen Weiterentwicklung der Gartenanlage wird durch die Qualität der Ergänzung entschieden. Die Aufgabe der Bewertung als Voraussetzung für alle Arbeiten im Garten ist um so subjektiver desto geringer der zeitliche Abstand zur verändernden Gestaltung ist.

Wenn im Falle des Hausgartens der Familie Schminke Verluste noch toleriert und durch kraftvolle Formen abgefangen werden, so können die Ergänzungen der letzten dreißig Jahre von der Gartenarchitektin nicht als positiv beurteilt werden. Durchweg handelt es sich um spontane Eingriffe, den Erfordernissen des Klubbetriebes folgend, ohne Rücksicht auf Zusammenhänge und wertvolle Strukturen der vorhandenen Gartenanlage.

Den problematischsten Eingriff stellt der Bau des Appellplatzes direkt gegenüber dem Eingang der Villa dar, der den Schwung des Zufahrtsweges an wichtigster Stelle massiv unterbricht. Zur Beurteilung dieser Veränderung zählt jedoch neben der genannten ästhetischen Fragwürdigkeit dessen geschichtliche Dimension, nämlich die Darstellung der Lebensumstände einer ganzen Generation von 'Nachkriegspionieren'.

Ein weiterer Einbau aus dieser Zeit ist die Garage in der nordwestlichen Gartenecke. In der Entfernung vom Haus wirkt sie an diesem Platz wenig störend, wohl aber die notwendige bekieste Zufahrt bis in den hintersten Teil der Gartenanlage hinein. Inwieweit diesem Weg auch Lärchen der hier befindlichen Lärchenwiese zum Opfer fielen, ist nicht bekannt.

Entlang der rückwärtigen Stützmauer des Grundstücks wurden verschiedene Koniferen gepflanzt, die nicht nur in ihrer sturen Reihung den Prinzipien der Pflanzung im Garten widersprechen, sondern auch in ihrer Nähe zur Außenmauer diese durch Wurzeldruck gefährden. Letzteres gilt auch für die als Ersatz für das Kastanienkarre gepflanzte eine Kastanie.

Auf der Eingangsseite der Villa wurde die östlich vorgelagerte großzügige Wiesenfläche durch eine Ansammlung verschiedenster Sträucher und Zwerggehölze in ihrer Wirkung stark beeinträchtigt.

Der vereinfachten Pflege geschuldet wurden die Trittplattenwege, die ursprünglich die Staudenpflanzungen gliederten und in Splittstreifen gebettet deutlich die Rasenflächen durchschnitten.

In dem Maße, wie der Garten sich veränderte, blieb auch die Umgebung des Denkmals nicht die gleiche: An der Kirschallee wurden in den siebziger Jahren die Kirschbäume durch Einfamilienhäuser mit den obligaten Koniferenpflanzungen ersetzt. Damit ist der Bezug über Wiesen zur westlichen Industrie/Stadtsilhouette mit Löbauer Berg kaum noch vorhanden. Im Gegensatz dazu ist es ein Glücksumstand, dass die das Villengrundstück ergänzenden Nutz- und Obstgärten in ihrer Eigenart immer noch vorhanden sind.

Erhaltungszustand

Auch wenn die Struktur der Gartenanlage prinzipiell gut erhalten war, bedeutet das nicht, dass der bauliche Zustand 1999 ohne Mängel war. Sämtliche Treppen, ohne Gründung ausgeführt, waren in sich zusammengebrochen, die Trockenmauern zum großen Teil nachträglich in unschöner, falsch verstandener Weise verfugt worden, die Bastion geborsten, die Zufahrt verschlissen und die Natursteinplattenflächen aus dem Niveau getrieben und überwuchert. Die nördliche Stützmauer war zu weiten Teilen eingestürzt und unter Aufwuchs und Erdmassen verbarg sich eine zum Obstgarten führende Treppe.

Die Einschätzung der Vitalität der Großgehölze ergab einen zunehmend kritischen Zustand bei den Koniferen im Gegensatz zum prinzipiell befriedigenden Zustand bei den Laubgehölzen (Verkahlung im Kronenbereich bei Abies concolor, Pseudotsuga menziesii und Picea omorika). Die robusten Gehölze der Strauchschicht mit Corylus, Taxus, Juniperus Euonymus usw. sind gesund. Der letzte noch annähernd als Staudenfläche zu bezeichnende Bereich zwischen den Findlingen war massiv von Aufwuchs (Prunussämlinge) und Unkraut überwuchert.

Resümee

Das 1933 von Hans Scharoun für die Fabrikantenfamilie Schminke erbaute Haus vermittelt nach wie vor den Geist von Freiheit, Individualität und Offenheit; trotz wechselvoller Geschichtsläufe bewahrte es bis in die letzte Gegenwart, da dringende Sanierungsmaßnahmen anstanden, diese Ausstrahlung. Die Natur des Gartens reagiert jedoch verletzlicher auf Jahrzehnte der Vernachlässigung. Fast siebzig Jahre nach der Entstehungszeit stellt sich der – von jeher hauptsächlich über die bereits vor dem Hausbau vorhandene wuchtige Gartenstruktur mit einem Teppich blühender Stauden hergestellte – Zusammenhang von Villa und Freiraum nicht mehr dar. Die Proportionen und Blickbeziehungen zwischen Haus und Garten sind sowohl durch Größenzunahme wie auch durch planlose Ergänzungen verändert. Mauern und Wege bedürfen der Reparatur, und schließlich ist das gesamte Umfeld des Gebäudes durch die Bauarbeiten in Mitleidenschaft gezogen.

Zielstellung

Anliegen der Planung ist es, in Respekt vor den entstandenen Veränderungen der Natur die erneute Annäherung von Haus und Garten in einer ersten Bauetappe zu initiieren. Von vornherein musste ein auf die 'Idealzeit' des Gartens ausgerichteter rekonstruierender Planungsansatz ausgeschlossen werden. Die Zeugnisse der wechselvollen Geschichte der Anlage sollten in ihrem mehr oder weniger qualitätvollen Nebeneinander weitgehend toleriert werden. Die Aufgabe des Gartens wurde nicht museal, sondern eindeutig nutzungsorientiert als Freiraum eines lebendigen Kulturzentrums der Region definiert. Zusätzlich zu diesem Standpunkt bestanden von vornherein starke Beschränkungen für den Umfang der laufenden Unterhaltung und Pflege der Anlage.

Es ist wünschenswert, nach einigen

Gartenseite, Aufnahme 2001

Jahren der Erfahrung im Gebrauch der Anlage sowie in Abhängigkeit von der Entwicklung der Pflanzung die Frage nach weiteren möglichen Ergänzungen zu stellen und diese in einem zweiten Bauabschnitt zu realisieren.

Wiederherstellung

Die Sanierung der Gartenanlage geschah von Juli bis Dezember 2000 und wurde von der in der Region ansässigen Firma Kaßner ausgeführt. Die Baukosten verteilten sich auf zwei Lose (Landschaftsbauarbeiten, Natursteinarbeiten) und beliefen sich auf circa 60 000 Euro.

Die Maßnahmen wurden von drei Arbeitsschwerpunkten bestimmt: Entfernung störender Substanz (Einbauten, Gehölze), Reparatur von Originalsubstanz, Ergänzung fehlender Bepflanzung.

Der radikalen Entfernung aller störenden Einbauten stand die Haltung entgegen, den Gartenraum nutzungsorientiert und als Abbild des Geschichtslaufes zu erhalten. Aus diesem Grund standen der Abriss der hinteren Garage und der Rückbau des Appellplatzes nicht zur Disposition. Entfernt wurden lediglich eine zweite Garage in der Nachbarschaft der Villa, die wahllos gepflanzten Koniferen an der nördlichen Stützmauer und eine einseitig verkahlte Fichte am Eingang an der Kirschallee. Im unmittelbaren Umfeld der Villa wurden alle Gehölze gerodet, die die ehemals großzügige Raumwirkung behinderten, beziehungsweise die aus der Entstehungszeit stammenden Gehölze behutsam reduziert. Kaum der Erwähnung wert ist die Entsorgung von nachträglich eingefügten hölzernen und eisernen Zaunteilen, Stangen, Betonplattenwegen usw.

Die umfassendste Arbeit war die Reparatur der Stützmauern, Treppen, Trittplattenflächen und -spuren. Sämtliche Plattenbeläge wurden nach vorheriger Vermessung aufgenommen und fluchtgerecht neu verlegt. Dabei konnte vollständig mit dem vorhandenen Originalmaterial, einem natürlich gebrochenen roten Sandstein in schöner farblicher Abstufung, gearbeitet werden. Die Fugen der Plattenflächen wurden mit Splitt ausgefüllt und partiell mit polsterbildenden Stauden bepflanzt. Die Trittplattenspuren liegen jetzt wieder im Rasen. Standsichere Mauern wurden prinzipiell erhalten, auch wenn durch vorangegangene Reparaturen teilweise unschöne Fugenbilder entstanden waren. Lediglich unsachgemäß mit Mörtel verschlossene Fugen der Trockenmauern wurden wieder geöffnet. Die nördliche Stützmauer wurde komplett neu errichtet und die verschüttete Treppe freigelegt. Diese war unter den Erdmassen vollständig intakt verborgen und musste nur geringfügig gerichtet werden.

Nicht als Trockenmauern ausgeführt waren lediglich die freistehenden Eingangsmauern und die Bastion. Letztere musste nahezu vollständig abgetragen werden, da die Standfestigkeit nicht mehr gewährleistet war. In diesem Zusammenhang wurden Drainage und Wurzelschutz nachgerüstet, um die Entstehung ähnlicher Schäden in Zukunft zu vermeiden.

Bis auf einen Treppenlauf an der Bastion mussten sämtliche Treppenstufen niveaugerecht neu gesetzt werden. Auch hier konnte prinzipiell immer mit dem vorhandenen Material gearbeitet werden; lediglich fünf Abdeckplatten einer Treppenwange sind ergänzt worden.

In das Aufgabenfeld der Reparatur fällt auch der Neubau der wassergebundenen Vorfahrt an der Südseite der Villa. Farbton und Material der Deckschicht waren anhand des Befundes nicht zweifelsfrei auszumachen. Historische Fotos ließen einen dunklen Farbton vermuten, so dass die Decke in Steinsplitt aus Basalt der Region ausgeführt wurde. In Verbindung mit den fast weißen Kalksteinkanten und der hellen Fassade mit den kräftigen roten Akzenten entsteht eine einprägsame Farbkombination.

Bei der Ergänzung der Bepflanzung gilt es zwei Kategorien zu unterscheiden: Nachpflanzungen, die nach Art und Standort entsprechend den historischen Fotos möglichst originalgetreu nachvollzogen werden konnten – dazu zählen der viel erwähnte Hahnendorn an der nördlichen Böschung, der kleinkronige Baum an der Ostseite des Eingangs und ein berberitzenartiger Strauch an der Westseite; alle Gehölze haben eine wichtige Funktion für den kulissenhaften Aufbau des Gartenbildes aus dem Innenraum –, und Nachpflanzungen prinzipieller Art wie die Lärchenwiese (ohne Kenntnis der genauen Pflanzstandorte). Die räumliche Wirkung der Lärchenwiese wird in dem Maße wichtiger, in dem sich der natürliche Abgang der Altkoniferen einstellen wird.

Nach längerer Überlegungsphase aller an der Planung Beteiligten wurde vorerst auf die Nachpflanzung des Kastanienkarres zugunsten des dort befindlichen dreißigjährigen Baumes verzichtet. Die vorhandene Kastanie erfüllt zwar die Bedingung der Gleichartigkeit des historischen Standortes, kann jedoch nicht der symbolträchtigen Bildhaftigkeit des historischen Karres entsprechen.

Da die Verwendung von Stauden im Garten von vornherein nur eingeschränkt vorgesehen war, wurde auch kein Versuch unternommen, den Charakter der Schminkeschen Pflanzung zu kopieren. Dieser war bestimmt von der kleinflächigen, außerordentlich artenreichen Pflanzenverwendung mit breiter Standortamplitude, vom sonnigen Heidegartentyp über den schattigen Waldgarten bis zum Wassergarten neben der farbenfrohen Staudenterrasse mit allen traditionellen Gartenblumen.

Die heutige sparsame Pflanzenverwendung gilt gleichsam als Erinnerung an die ehemalige Üppigkeit. Farben sind verhal-

Blick in den Garten, Aufnahme 2001

ten eingesetzt, die Pflanzung ist flächiger und großzügiger entsprechend heutigen Gestaltungsvorstellungen. Dennoch wurde darauf Wert gelegt, dass ganzjährig 'durchgeblüht' wird. Der Jahreslauf beginnt im zeitigen Frühjahr mit den vorhandenen Zwiebelpflanzen, und setzt sich mit der Blüte der polsterbildenden Bepflanzung der Mauer bis in den Mai fort (Aubrieta Iberis). Im Frühsommer folgen im Wäldchen Geranium und Hosta, an sonnigen Stellen Lavendel, Iris und Schleierkraut (letztere oft auf Fotos der Schminkes festgehalten). Im Spätsommer entfalten Astern in verschiedenen Schattierungen und Herbstsedum ihr Farbenspiel, begleitet von der intensiven Laubfärbung der vorhandenen Azaleen.

Es ist gesichert, dass die ausführende Landschaftsbaufirma über weitere fünf Jahre die Pflege der Anlage fachgerecht übernimmt; damit sind gute Voraussetzungen zur Entwicklung der Pflanzung geschaffen.

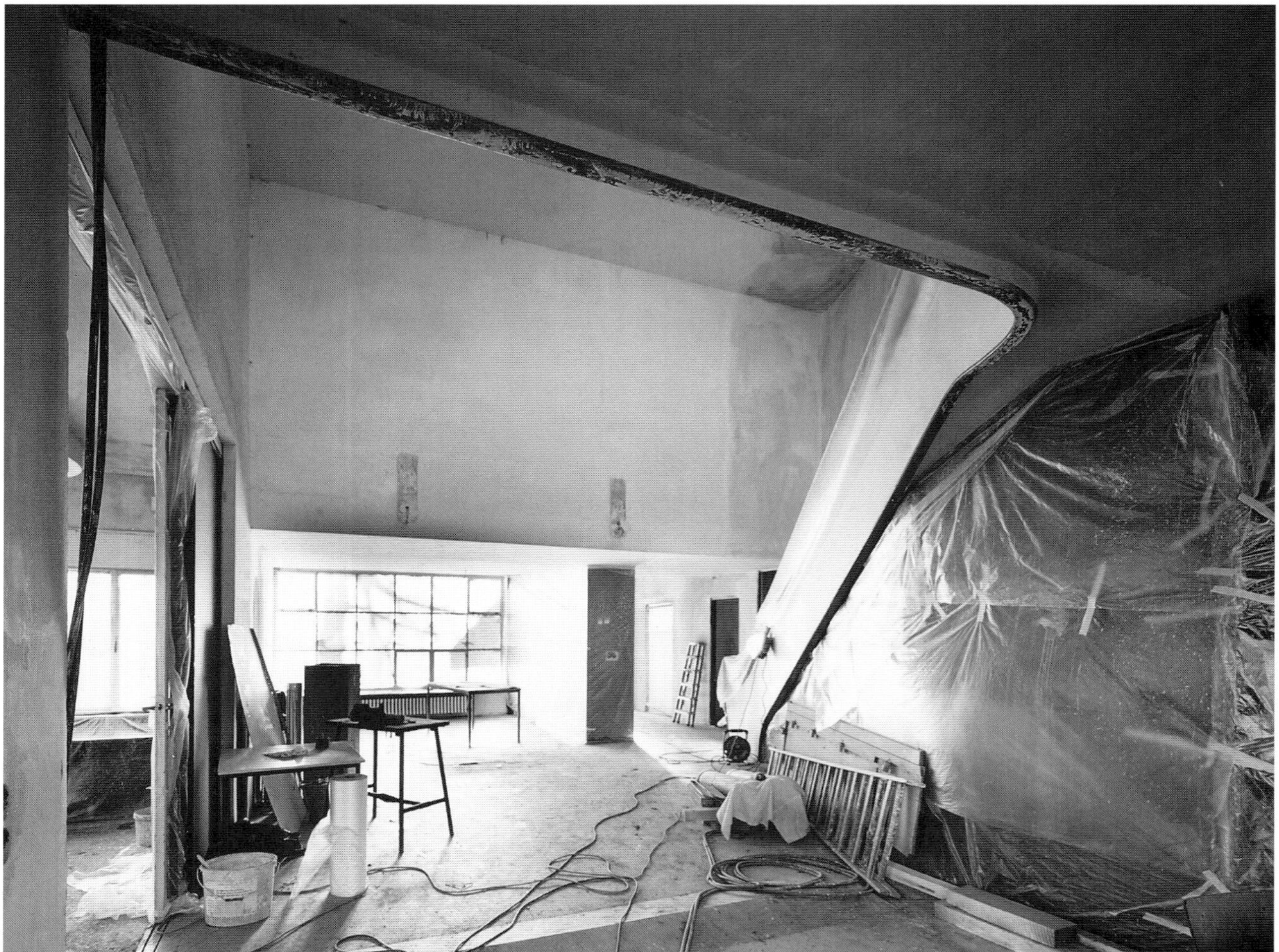

In die Jahre gekommen – die Erhaltungsstrategie

Sabine Schmidt-Rösel

Ein Gebäude, das Haus Schminke in Löbau, soll instandgesetzt werden. Hans Scharoun, sein Architekt, hat es in den Jahren 1930 bis 1933 für das Industriellen-Ehepaar Schminke geplant und gebaut. Das Haus war in die Jahre gekommen; Altersspuren und teilweiser Verfall kennzeichneten seinen Zustand. Es war bekannt, was prinzipiell zu tun ist: Man musste reparieren, also vorhandene Bausubstanz wieder in funktionale Ordnung bringen, soviel wie möglich von der alten Substanz – sofern noch tauglich – erhalten, eventuelle Fehlstellen ergänzen, und dies soweit möglich und sinnvoll mit den ursprünglich verwendeten Materialien, für deren Verarbeitung die Rezepturen zu rekonstruieren waren und das Handwerkszeug wieder aufgetrieben werden musste. Vielerlei gealterte und verbrauchte Teile waren wieder in einen ansehnlichen und funktionalen Zustand zu versetzen, wie beispielsweise die stark verrosteten Fenster, die zu entrosten, zu streichen und wieder mit den Ursprungs- und Originalbeschlägen gangbar zu machen waren. Einbaumöbel, teilweise recht ramponiert, mussten aufgearbeitet werden. Die Heizkörper waren zu reinigen, auf Verwendbarkeit – insbesondere Dichtigkeit – zu prüfen und wieder in einen funktionsfähigen Zustand zu versetzen.

All dies klingt völlig selbstverständlich und ist in vereinfachter Form das tägliche Brot eines Hausbesitzers. Bei diesem berühmten 'Patienten', Haus Schminke, liegen die Dinge jedoch anders. Das Bauwerk ist von hohem architektonischem Rang, und es stellt in all seinen Bestandteilen ein Zeitdokument dar, das in seiner Substanz erhalten werden muss. So kann man nicht, wie sonst bei Neubauten und Bauwerkserhaltungen üblich, Neues planen und Handwerker beauftragen, die dann mit ihren heutzutage üblichen Methoden, Werkzeugen und Materialien die Tauglichkeit des Gebäudes im Sinne unserer Zeit wieder herstellen. Vielmehr steht am Anfang die Anamnese, die eingehende Voruntersuchung des Gebäudes; gemeint sind seine tragende Konstruktion, die Veredelung, Oberflächen mit Putz und Farbe, die Witterungshülle, die Abdichtung im Erdreich, alle Einbauten und die technische Ausrüstung mit Heizung, sanitären und elektrischen Anlagen.

Man beginnt mit umfangreichen Untersuchungen des vorgefundenen Zustandes, die sorgfältig dokumentiert werden. Dabei zeigen sich zahlreiche Schäden, deren Ursache zu ergründen ist, damit man diese beheben und das Entstehen neuer Beeinträchtigungen vermeiden kann. Es folgt die Iteration unterschiedlicher Möglichkeiten von Reparaturmaßnahmen an den betroffenen Teilen. Die Voruntersuchung kann jedoch nur einen ersten Überblick liefern, denn manche Befunde erschließen sich erst im Zuge genauerer Untersuchungen, die man als Diagnose charakterisieren kann. Hier folgt nach der Feststellung der Schäden ihre Bewertung und die Erforschung der Ursachen. Man stellt fest, dass manches Material für den gedachten Zweck als ungeeignet angesehen werden muss, und es deshalb zum Versagen kam. Andere Schäden gehen auf mangelnde Wartung und Pflege zurück. Schließlich waren es auch Planungsfehler, die teilweise auf das in der Entstehungszeit des Gebäudes herrschende Verständnis physikalischer und chemischer Vorgänge an Bauwerken zurückzuführen sind.

Damit ergibt sich eine zeitliche Parallelität, eine Überlagerung der verschiedenen Vorgänge des Untersuchens und des Handelns am Bauwerk selbst und der dafür einzuleitenden Planungsschritte. Unsere arbeitsteilige Arbeitsweise verlangt nach Architekten und Ingenieuren, die für Bauaufgaben dieser Art qualifiziert sind. Sie werden von Gutachtern unterstützt, welche sich in die Einzelheiten der Konstruktion, der chemischen und physikalischen Vorgänge hineindenken und ihren Rat beisteuern, sowie Restauratoren, die im Umgang mit historischer Substanz erfahren sind und ihre spezifischen Kenntnisse und Fertigkeiten einbringen. Alles geschieht in enger Abstimmung mit der Denkmalschutzbehörde. Auf Bauherrenseite begleiten als Beirat drei erfahrene und ausgewiesene Experten für Architektur und Baukonstruktion, Denkmalpflege und Baugeschichte mit kritischem Blick das Planungs- und Baugeschehen.

Manche maroden Bauteile lassen sich jedoch nicht entsprechend ihrem technischen Urzustand wieder herstellen, weil die derzeitige Technik einen weiter fortgeschrittenen Stand erreicht hat, gesetzliche Regelungen dem Tradierten entgegenstehen oder die Anforderungen der Nutzung neue Konzepte verlangen.

Beispiel Heizzentrale: Die ursprüngliche Koksheizung war auf Gas umzustellen, so dass eine neue Kesselanlage eingebaut werden musste. Allerdings ließen sich die alten Rohrleitungen und Heizkörper teilweise wieder verwenden, so dass man sie beließ und mit den neuen Anlagenteilen verband.

Beispiel Dachabdichtung: Die seit der Bauzeit von Haus Schminke erreichten Fortschritte in der Abdichtungstechnik des flachen Daches und die gegenwärtigen Anforderungen an den Wärmeschutz führten zwangsläufig zu einer wesentlich größeren Höhe des Dachaufbaus mit der Folge gestalterischer Probleme an den

Dachrändern. Hier galt es zur Wahrung der architektonischen Eigenart des Gebäudes schmale Dachrandausbildungen zu erreichen. Dies gelang schließlich auch, nachdem mehrere Versuchsstrecken im Detail vor Ort ausgeführt worden waren.

Sofern man kleinere bauzeitliche Planungs- oder Ausführungsfehler während den Sanierungsarbeiten entdeckte, wurden diese so unauffällig wie möglich korrigiert.

Theorie und Realität der Ausführung
Nicht alles, was man zur Lösung der vorgefundenen Probleme planerisch ausgedacht hatte, ließ sich ohne weiteres ausführen. Die Durchführbarkeit war in jedem Einzelfall zu prüfen, weil, wie im Fall des Daches, eine Symbiose zwischen technischen Anforderungen und architektonischem Abbild erreicht werden musste. Es bedurfte eingehender Ergebniskontrollen, auch während der Ausführung, um die Erhaltung der Scharounschen Architektur zu gewährleisten. Architekten, Handwerker und Spezialfirmen mussten gelegentlich umdenken, und Restauratoren fanden sich mit Aufgaben konfrontiert, denen sie zuvor so nicht begegnet waren. Die Zusammenarbeit war außerordentlich kooperativ. Der Disput um das Was und Wie unter allen am Sanierungsprozess beteiligten Planern, Gutachtern und Handwerkern führte schließlich unter Anhörung des Beirats zur gemeinsamen Entscheidung über die Ausführung.

Die Leistungsbeschreibungen für die Verdingung der einzelnen Gewerke wurden auf der Grundlage der Voruntersuchungen (Anamnese) und der eingehenden, darauf aufbauenden Planung (Diagnose und Therapie) erarbeitet. Glücklicherweise fanden sich Firmen, die in der Lage waren, die für die heutige Zeit teils ungewöhnlichen Arbeiten auszuführen, und so gab es keine Schwierigkeiten, die Aufträge größtenteils unter Handwerkern des näheren Umlandes zu vergeben.

Es versteht sich von selbst, dass alle Handwerker ständig sehr eingehend zu betreuen und zu beraten waren. Sofern sich Zweifel an der Zweckmäßigkeit der durchzuführenden Leistungen ergaben, neue Überlegungen als sinnvoll angesehen und Alternativen erarbeitet wurden, musste man die Arbeiten unterbrechen und gegebenenfalls in variierter Form fortsetzen. Diese sehr komplexen Vorgänge, die zwar jeweils für sich im Einzelnen eine technologische Zwangsfolge von Erkenntnissen, Beschlüssen und Ausführungen darstellten, beeinflussten sich teils gegenseitig, so dass auch auf diese Einwirkungen Rücksicht zu nehmen war.

Wenn sich die an Planung und Ausführung Beteiligten das sanierte Haus Schminke heute ansehen, so wissen sie, dass sie als große Koalition verschiedener Leistungsträger ihr jeweils Bestes gegeben und ein Architekturdenkmal in einen zeitgemäßen Zustand versetzt haben, der eine sinnvolle Nutzung wieder erlaubt. Darauf können alle zu Recht stolz sein.

Das Problem Bauzeit
Man ist daran gewöhnt, dass Bauherren ungeduldig die Fertigstellung und Inbetriebnahme ihrer Bauprojekte herbeisehnen. Doch heute übliches Tempo ist bei der Instandsetzung von 'Architektur-Patienten' unangebracht und darüber hinaus sogar schädlich. Allein die mit Sorgfalt geführte richtige Auswahl der qualifizierten Architekten, Ingenieure und Gutachter braucht seine Zeit. Dies gilt um so mehr, als sie sich nicht wie auf dem üblichen Baumarkt zu allerlei Architektenleistungen von sich aus bewerben, sondern man muss sie finden. Ihre Auswahl erfolgt unter vielen Kriterien, von denen das wichtigste ihre nachweisbare Erfahrung mit Sanierungsaufgaben vergleichbarer Projekte ist. Auch die bauhistorische Bestandsaufnahme, die Schadensermittlung

und -beurteilung sowie die Entwicklung des ersten Sanierungskonzeptes bedürfen eines zeitlichen Rahmens, welcher der Aufgabe angemessen ist. Es hat sich gezeigt, dass auch Wiederholungen von Entscheidungsgängen unvermeidbar sind, wenn sich der zunächst eingeschlagene Weg als ungeeignet erwiesen hatte.

Was unter denkmalpflegerischen Aspekten wünschenswert erscheint, führt häufig zu Konflikten mit den heutigen technischen Anforderungen, vor allem wenn es sich um die Normen handelt. Diese gelten als 'Allgemein anerkannte Regeln der Technik', und sie sind von Rechts wegen von allen am Planen und Bauen Beteiligten einzuhalten. Hinzu tritt der Kostenaspekt. Die hierzu geführten Diskussionen brauchten ihre Zeit, um das Reifen der Gedanken bis zur Entscheidung überhaupt zu ermöglichen. Für die Handwerker war es nicht einfach, dass es gelegentlich zur Unterbrechung ihrer Arbeiten kam – was jedoch zuvor vertraglich vereinbart war –, wenn es darum ging, die Ergebnisse zu überprüfen und bei Feststellung unerwünschter Resultate neue Planungsansätze zu formulieren, neue Alternativen auszuprobieren und diese schließlich wiederum der Diskussion zu unterwerfen, bis endlich die Entscheidung einvernehmlich gefunden war.

Chronologie
Die Dauer der gesamten Maßnahme betrug nahezu vier Jahre. Eine lange Zeit für den Nutzer, der in ein Ausweichquartier umziehen musste beziehungsweise seine Tätigkeiten weitgehend eingestellt hatte. Die Fachbeteiligten, das heißt Planer, Denkmalschützer und Gutachter hätten sich dagegen in vielen Fällen noch mehr Zeit für weitergehende Überlegungen gewünscht. Die Untersuchungs- und Überlegungsphase nahm etwa 50 Prozent der Gesamtdauer für sich in Anspruch, wie die nachstehende Kurz-Chronologie zeigt. Es hat dem Bauvorhaben gut getan.

1997: Vertrag zwischen der Stadt Löbau und der Wüstenrot Stiftung zur Sanierung der Villa Schminke. Es wird eine Bauherrengemeinschaft gebildet.

1998: Bauhistorische Bestandsaufnahme, Schadensermittlung und Entwicklung des Sanierungskonzeptes.

April 1999: Denkmalschutzrechtliche Genehmigung erfolgt als 'Grundlagen-Genehmigung' mit der Auflage, Einzelentscheidungen laufend nachzureichen. Dies führt zu mehreren 'baubegleitenden denkmalschutzrechtlichen Genehmigungen'.

2./3. Quartal 1999: Verdingung der Hauptgewerke.

Juli 1999: Beginn der Bauarbeiten.

14. Dezember 2000: Fertigstellung der Sanierung und Rückübergabe der Villa Schminke an die Stadt Löbau.

Die Stadt Löbau hat das Gebäude übernommen und im Januar 2001 an die Nutzer weitergegeben. Damit ist jedoch die Arbeit der am Bau Beteiligten noch nicht abgeschlossen. Neben der bei jedem Bauvorhaben über einen gewissen Zeitraum nachlaufenden Abrechnung der Leistungen erfolgt noch die umfangreiche Dokumentation der ausgeführten Arbeiten. Damit wird eine Auflage der denkmalschutzrechtlichen Genehmigung eingelöst, die darauf abzielt, der Nachwelt die durchgeführten Maßnahmen genau zu beschreiben und spätere Beurteilungen der jetzt erfolgten Instandsetzung zu ermöglichen.

Nutzer-Regularien
Seit etwa 50 Jahren als ein Haus der Begegnung für Kinder und Jugendliche genutzt, behält das Haus Schminke diese bewährte Nutzung (ergänzt durch überregionale kulturelle Nutzung) auch nach Fertigstellung der Instandsetzung.

Um den Zustand der jetzt erfolgreich abgeschlossenen Sanierung von Haus und Garten langfristig zu sichern, müssen im Umgang mit dem nicht unbedingt pflegeleichten Objekt eine Reihe von Dingen beachtet werden. Zu diesem Zweck wurde dem Nutzer eine Art Gebrauchsanweisung oder Handbuch zusammengestellt. Es enthält nicht nur eine Auflistung aller verwendeten Materialien und Verfahrensweisen für den Fall notwendiger Reparaturen, sondern auch Checklisten für die regelmäßig durchzuführenden Wartungsarbeiten. Auf eine raumklimatische Gebrauchsanweisung für den energiesparenden Einsatz von Heizung, Rollläden, Vorhängen und Lüftungsflügeln wurde besonderer Wert gelegt.

Die Kosten
Die Bauherrengemeinschaft Stadt Löbau und Wüstenrot Stiftung teilte sich die Kosten in Höhe von 2,8 Mio. DM (ca. 1 431 600 Euro) je zur Hälfte. Die Stadt wurde wiederum mit der Hälfte ihres Anteils, 700 000 DM (ca. 357 904 Euro), von der Bundesrepublik Deutschland unterstützt, die andere Hälfte bestand neben einem relativ kleinen Eigenanteil der Stadt aus Fördermitteln des Freistaates Sachsen.

Die Bewilligung der hier eingebrachten Fördermittel ist ein Vorgang mit vielen Tücken. Die entsprechenden Vorschriften setzen nämlich voraus, dass bestimmte Verfahrenswege bei Beantragung und Bewilligung einzuhalten sind. Die vorher beschriebene Entwicklung der Instandsetzungsmaßnahmen in mehreren Schritten steht dem hier geforderten Verfahren völlig entgegen. Die fördernden Stellen der öffentlichen Hand verlangen ganz zu Anfang bereits die Vorlage von Ausführungsangeboten der Handwerker, zu einem Zeitpunkt also, zu dem die Ausführungsart noch gar nicht feststehen kann. Zu ihrer Festlegung sind erst Leistungen vorab durchzuführen, die ihrerseits wiederum von den bewilligten Mitteln abhängen. 'Da beißt sich die Katze in den Schwanz.' Dies sahen auch die maßgebenden Vertreter bei Land und Bund und gingen auf das nicht 'regelgerechte' Verfahren ein.

Als Lehre aus diesen Vorgängen kann man ableiten, dass eine Änderung der Bewilligungspraxis sinnvoll wäre. Die Bewilligung von Zuschüssen für einzelne historisch bedeutsame Bauteile, wie beispielsweise Fenstersprossen oder historische Dachziegel, ist derzeitige Praxis. Der Verfasserin erscheint es aufgrund der gesammelten Erfahrungen mit diesem und ähnlichen Projekten jedoch viel sinnvoller, zunächst eine pauschalierte Mittelzusage zu erteilen und später, nach genauer Prüfung der Notwendigkeiten und Bewertung durch die Denkmalschutzbehörden, die grundsätzlich pauschal zugesprochenen Mittel bereitzustellen. Die sonst übliche Art der Finanzierung nach dem Haushaltsrecht beeinträchtigt auch die Möglichkeiten der Wüstenrot Stiftung in ihrer effizienten Mittelbewirtschaftung. Es kann im Einzelfall sinnvoll sein, freihändig an Spezialfirmen zu vergeben, die Verdingung schnell durchzuführen, Verhandlungen auch über Preise zu führen, weil damit die Kosten und Ausführungsdauer positiv beeinflusst werden. Schließlich sei darauf hingewiesen, dass sich die Regelungen der DIN 276, alt wie neu, generell nicht für Sanierungsprojekte dieser Art eignen. Setzt man sie ein, kommt es zu einer völlig unsinnigen Zersplitterung der Kosten und zu einer wesentlichen Beeinträchtigung der Übersichtlichkeit der Kostenstruktur.

Fazit
Die Instandsetzung eines so 'prominenten Patienten' kann als gut gelungen bezeichnet werden. Die hier praktizierten Methoden haben sich für das Gesamtprojekt wie auch für die Bauherrschaft sehr förderlich ausgewirkt.

Es wäre wünschenswert, die hier gewonnenen Erfahrungen auf Projekte ähnlicher Art zu übertragen. Dies gilt nicht zuletzt für die bürokratische Seite der Projektdurchführung.

Anhang

Lebenslauf von Hans Scharoun*

1893
am 20. September in Bremen geboren

1912–1914
Studium an der Fakultät für Architektur der Technischen Hochschule, Berlin-Charlottenburg

1915–1918
Militärdienst als stellvertretender Leiter eines Bauberatungsamtes für den Wiederaufbau Ostpreußens

1919–1925
Freier Architekt in Insterburg/Ostpreußen

1925–1932
Ordentlicher Professor an der Staatlichen Akademie für Kunst und Kunstgewerbe, Breslau

1926
Mitglied der Architektenvereinigung 'Der Ring'
Architekturbüro mit Kruchen und Rading in Berlin

1932
Freier Architekt in Berlin

1945–1946
Stadtrat und Leiter der Abteilung Bau- und Wohnungswesen des Magistrats von Groß-Berlin

1946–1958
Ordentlicher Professor an der Fakultät für Architektur der Technischen Universität Berlin, Lehrstuhl und Institut für Städtebau

1947–1950
Leiter des Instituts für Bauwesen der Deutschen Akademie der Wissenschaften zu Berlin

1954
Fritz-Schumacher-Preis in Hamburg
Ehrendoktor der Technischen Hochschule Stuttgart
Berliner Kunstpreis

1955
Mitglied der Akademie der Künste, Berlin

1955–1968
Präsident der Akademie der Künste, Berlin

1956
Mitglied des Planungsbeirates beim Senator für Bau- und Wohnungswesen, Berlin

1959
Großes Bundesverdienstkreuz
Plakette der Freien Akademie der Künste Hamburg

1962
Ehrensenator der Technischen Universität Berlin

1964
Großer Preis des Bundes Deutscher Architekten

1965
Auguste-Perret-Preis der Union Internationale des Architectes, Paris
Ehrendoktor der Universität Rom

1968
Ehrenpräsident der Akademie der Künste, Berlin
Großer Preis des Landes Nordrhein-Westfalen für Baukunst

1969
Ehrenbürger von Berlin

1970
Praemium Erasmianum

1971
Korrespondierendes Mitglied der Académie d'Architecture, Paris
Ehrenmitglied des Colegio de Arquitectos del Peru

1972
am 25. November in Berlin gestorben

*) Quelle: Hans Scharoun, Pfankuch (Hrsg.)
in der Schriftenreihe der Akademie der Künste Bd. 10, Berlin 1993

**Hans Scharoun im Jahr
1933**

Werkverzeichnis ausgeführter Bauten*

1913
Sanatorium Freymuth bei Neubabelsberg
im Büro Paul Kruchen

1914
Krankenhaus Mariendorf, Mariendorf bei Berlin
im Büro Paul Kruchen

1917
Notkirche (Umbau einer Reithalle), Walterkehmen/
Ostpreußen

1917
Gemeindehaus, Kattenau/Ostpreußen

1917/18
Gutshaus Thierfeldt bei Gumbinnen/Ostpreußen

1918
Siedlungshäuser bei Insterburg/Ostpreußen

1921/22
Wohnhäuser für Angestellte der Spinnerei-AG,
Insterburg/Ostpreußen

1922
Gutshof Zimmermann, Kuinen/Ostpreußen

1920
Doppelwohnhaus, Insterburg/Ostpreußen

1920
Haus Gutzeit, Umbau, bei Gumbinnen/Ostpreußen

1920/21
Siedlung Kamswyken bei Insterburg/Ostpreußen

1921/22
Gutshaus Albat, Umbau, Santilten/Ostpreußen

1922
Kornspeicher Pluquet, Wertheim/Ostpreußen

um 1923
Wohn- und Geschäftshaus Voss, Umbau, Insterburg/
Ostpreußen

1923/24
Mietshäuser am Parkring, Insterburg/Ostpreußen

1924/25
Zweifamilienhaus Gobert, Sodehnen/Ostpreußen

1924
Albrechtshof, Sudan/Ostpreußen

1926/27
Mittelstandshaus, Liegnitz/Niederschlesien

1926/27
Einfamilienhaus, Stuttgart, Weißenhofsiedlung

1928/29
Appartementhäuser am Kaiserdamm, Berlin-Charlottenburg

1928/29
Wohnheim für Ledige und kinderlose Ehepaare, Breslau-
Grüneiche

1929/30
Wohnblock Fichtestraße, Bremerhaven

1929/30
Appartementhäuser am Hohenzollerndamm, Berlin-
Wilmersdorf

1929–1931
Groß-Siedlung Siemensstadt, Berlin-Charlottenburg und
-Spandau
mit Adolf Rading

1930–1932
Wohnbebauung Zweibrücker Straße, Berlin-Spandau
mit Adolf Rading

1930–1933
Landhaus Schminke, Löbau/Sachsen

1931
Wohnhaus am Flinsberger Platz, Berlin-Wilmersdorf

1932
Das wachsende Haus, Berlin-Charlottenburg, Messegelände

1931/32
Haus Schuldenfrey, Berlin-Dahlem

1932–1934
Haus Mattern, Bornim bei Potsdam

1933–1940
Wohnbebauung Falkenhagener Chaussee, Berlin-Spandau

*Ausführliches Werkverzeichnis mit Entwürfen und Bauten
siehe: Peter Pfankuch (Hrsg.), Hans Scharoun – Bauten, Entwürfe, Texte, Schriftenreihe der Akademie der Künste Band
10, Berlin 1993

1933
Wohnung Joachim Schminke, Löbau/Sachsen

1933
Ausstellungsgelände der Anker-Teigwarenfabrik Loeser & Richter, Löbau/Sachsen

1934–1937
Haus Wenzeck, Berlin-Frohnau

1934
Laden der Mosaikwerkstätten Müller-Oerlinghausen, Berlin-Charlottenburg

1934/35
Haus Baensch, Berlin-Spandau (Weinmeisterhöhe)

1934
Haus Noack, Nedlitz bei Potsdam

1934
Haus Benkhof, Nedlitz bei Potsdam

1935
Haus Hoffmeyer, Bremerhaven

1935
Haus Pflaum, Falkensee bei Berlin

1935/36
Wohnbebauung im Hottengrund, Berlin-Kladow-Hottengrund

1936/37
Haus Strauss, Berlin-Dahlem

1936
Wohnbauten Kaiserstraße, Bremerhaven

1936–1938
Wohnbebauung im Eichengrund, Berlin-Reinickendorf, Heiligensee

1936/37
Haus Moll, Berlin-Grunewald

1936/37
Reihenhäuser Elbestraße, Bremerhaven

1936–1938
Haus Scharf, Berlin-Schmargendorf

1937–1941
Anker-Teigwarenfabrik Loeser & Richter, An- und Umbauten, Löbau/Sachsen

1937–1939
Haus Möller, Zermützelsee bei Altruppin/Brandenburg

1937/38
Einfamilienhäuser Bleßmannstraße, Bremerhaven

1937
Gartenbadehaus Silbermann, Brandenburg/Havel

1938
Haus Krüger, Berlin-Nikolassee

1938–1940
Wohnbauten Kaiserstraße, Bremerhaven

1939/40
Haus Endell, Berlin-Wannsee

1942
Haus Weigand, Borgsdorf bei Berlin

1943
Haus Müller-Oerlinghausen, Umbau, Kreßbronn/Bodensee

1943/44
Haus Möller, Anbau, Zermützelsee bei Altruppin/Brandenburg

1948
Amerika-Haus Bremerhaven, Umbau und Inneneinrichtung, Bremerhaven

1949
Institut für Bauwesen der Deutschen Akademie der Wissenschaften zu Berlin, Dachausbau zum Ateliergeschoss

1954–1959
Wohnhochhäuser 'Romeo und Julia', Stuttgart-Zuffenhausen
mit Wilhelm Frank

1954–1961
Siedlung Charlottenburg-Nord, Berlin-Charlottenburg
mit Gerd G. Biermann

1954
Galerie Bremer, Innenausbau, Berlin-Wilmersdorf

1955/56
Laubenganghaus Goebelstraße, Berlin-Charlottenburg
mit Otto Bartning und Gerd G. Biermann

1955–1962
Geschwister-Scholl-Gymnasium, Lünen/Westfalen

1957
Einkaufszentrum, Berlin-Charlottenburg

1957–1963
Konzerthaus des Berliner Philharmonischen Orchesters, Berlin-Tiergarten
mit Werner Weber

1959–1963
Wohnhochhaus 'Salute', Stuttgart-Fasanenhof
mit Kurt Storm

1959–1968
Haus Köpke, Berlin-Dahlem

1960–1971
Haupt- und Grundschule Marl-Drewer Süd, Marl/Westfalen

1962–1970
Institute der Fakultät für Architektur der Technischen Universität Berlin

1963–1966
Wohnquartier 'Rauher Kapf', Böblingen
mit Philipp Plötz

1964–1969
Autohof Rot, Stuttgart-Zuffenhausen

1964–1971
Botschaftsgebäude der Bundesrepublik Deutschland, Brasilia/Brasilien

1965
Haus Tormann, Bad Homburg

1966
Johannes-Kapelle der Christengemeinschaft, Bochum
mit Gundolf Bockemühl

1966–1978
Staatsbibliothek Preußischer Kulturbesitz, Berlin-Tiergarten
mit Edgar Wisniewski

1966–1970
Kindergarten der evangelischen Stephanus-Gemeinde, Wolfsburg-Detmerode

1966–1970
Wohnhochhaus am Zabel-Krüger-Damm, Berlin-Reinickendorf

1966–1971
Wohnhochhaus 'Orplid', Böblingen-Steidach
mit Kurt Storm

1966–1973
Theater der Stadt Wolfsburg

1967–1970
AOK-Hauptverwaltung, Berlin-Kreuzberg
mit Bodo Fleischer

1968
Kammermusiksaal des Berliner Philharmonischen Orchesters, Berlin-Tiergarten

1969–1975
Deutsches Schifffahrtsmuseum, Bremerhaven
mit Helmut Bohnsack

1969–1984
Staatliches Institut für Musikforschung Preußischer Kulturbesitz mit Musikinstrumentenmuseum, Berlin-Tiergarten
mit Edgar Wisniewski

Literatur

Achtelik, Christoph, Bauhaus-Licht. In: Form und Zweck, Heft 1, Berlin 1988

Arndt, Adolf, Philharmonie Berlin. Mit Beiträgen von Lothar Cremer, Hans Scharoun und Wolfgang Stresemann, Berlin o. J. (1963)

Behne, Adolf, Haus Schminke in Löbau. In: Innendekoration, 14, 1934, S. 82-91

Behne, Adolf, Der moderne Zweckbau (1923), Berlin u.a. 1964

Berckenhagen, Ekhart, Neuerworbene Scharoun-Entwürfe. In: Jahrbuch Preußischer Kulturbesitz, 1973, Bd. XI. Berlin 1974

Bürkle, J.Christoph, Hans Scharoun und die Moderne. Ideen, Projekte, Theaterbau, Frankfurt a. M. 1986

Conrads, Ulrich, Zum Tode von Hans Scharoun. In: Jahrbuch Preußischer Kulturbesitz, 1972, Bd. X. Berlin 1973

Conrads, Ulrich (Hrsg.), Programme und Manifeste zur Architektur des 20.Jahrhunderts, 2. Aufl., Braunschweig 1984

Die Gläserne Kette, Visionäre Architekturen aus dem Kreis um Bruno Taut 1919-1920, Ausstellungskatalog, Leverkusen 1963

Durth, Werner, Deutsche Architekten. Biographische Verflechtungen 1900-1970, 3. Aufl., Stuttgart 2001

Elwenspoek, C., Neues deutsches Baugefühl? Gedanken zum Haus Schminke in Löbau. In: Innendekoration, 45, 1934, S. 84-91

Feltrup, Claudia, Gartenleben – Der Garten des Hauses Schminke, Entstehungsgeschichte und Nutzung, Unveröffentlichte Diplomarbeit FB 7. Universität Paderborn/Höxter, 1992

Funktionalismus 1927-1961, Verlag Niggli AG (Hrsg.), Sulgen 1997

Giedion, Sigfried, Befreites Wohnen, 1929

Glass in Architecture and Decoration. In: The Architectural Press, 1937

Gropius, Walter, Das flache Dach. Internationale Umfrage über die technische Durchführbarkeit horizontal abgedeckter Dächer und Balkone. In: Bauwelt, Berlin 1926

Grundsky, Eberhard, Ist die Moderne konservierbar? Über den Umgang mit den Zeugnissen der Architekturgeschichte des 20. Jahrhunderts. In: ICOMOS, Hefte des Deutschen Nationalkomitees XXIV, München 1998

Hegemann, Werner, Martin Wagner gewinnt Scharoun. In: Wasmuths Monatshefte für Baukunst, 13, 1929, 84

Hermann Mattern 1902-1971, Gärten, Gartenlandschaften, Häuser, Ausstellungskatalog, Akademie der Künste, Berlin 1982

*Hoh-Slodczyk, Christine, Huse, Norbert, Günther Kühne, Andreas Tönnesmann, Hans Scharoun, Architekt in Deutschland 1893-1972, München 1992

Huse, Norbert (Hrsg.), Denkmalpflege. Deutsche Texte aus 3 Jahrhunderten, 2. durchges. Aufl. München 1996

Huse, Norbert, Unbequeme Baudenkmale, München 1997

Huse, Norbert, Neues Bauen 1918 bis 1933. Moderne Architektur in der Weimarer Republik, 1. Aufl. München 1975, 2. überarb. und erw. Aufl. Berlin 1985

*Janofske, Eckehard, Architektur-Räume. Idee und Gestalt bei Hans Scharoun, Braunschweig u.a. 1984

*Jones, Peter Blundell, Hans Scharoun. A Monograph. London 1978. Deutsche Ausgabe Haus Scharoun. Eine Monographie, Stuttgart 1980

Junghanns, Kurt, Das Haus für Alle, Berlin 1998

Krajewski, Max Sinowjewitsch, Meine Lehr- und Arbeitsjahre am Bauhaus. In: Wiss. Zeitschrift der HAB Weimar 1976

Kühne, Günther, Hans Scharoun. Ausstellung in der Akademie der Künste, März bis April 1967. In: Jahresring 66/67, Stuttgart 1967, S. 400 ff

*Kürvers, Klaus, Entschlüsselung eines Bildes – Das Landhaus Schminke von Hans Scharoun, Dissertation HdK Berlin 1996

L´architecture d`aujord hui, Boulogne 1935

Muthesius, Hermann, Landhaus und Garten, München 1917

Pehnt, Wolfgang, Die Architektur des Expressionismus, Stuttgart 1973

Pehnt, Wolfgang, Architektur. In: Erich Steingräber (Hrsg): Deutsche Kunst der 20er und 30er Jahre, München 1979, S. 13-114

*Pfankuch, Peter (Hrsg.), Hans Scharoun. Bauten, Entwürfe, Texte; Schriftenreihe der Akademie der Künste, Berlin Bd. 10, Berlin 1974, 2. Auflage 1993

Pfankuch, Peter (Hrsg.), Hans Scharoun, Katalog zur Ausstellung in der Akademie der Künste Berlin, Berlin 1967

Posener, Julius und Burkhard Bergius, Die Wohngebäude. In: Berlin und seine Bauten. Hrsg. vom Architekten- und Ingenieur-Verein zu Berlin, Teil IV: Wohnungsbau. Bd. C: Die Wohngebäude Einfamilienhäuser, Berlin u. a. 1975

Rasch, Bodo und Heinz, Wie bauen?, Stuttgart 1927

Rüegg, Arthur, Die Doldertalhäuser 1932-1936. Ein Hauptwerk des neuen Bauens in Zürich, Zürich 1996

Scharoun, Hans, Struktur in Raum und Zeit. In: Handbuch moderner Architektur, Berlin 1957, S. 13-21

Scharoun, Hans, Bauen und Leben. In: Bauwelt, 6/7, 1967, S. 154-157

*Scharoun, Hans, Ausstellungskatalog, Hamburg 1973

Schirren, Matthias, Was ist deutsche Baukunst? Zur Auseinandersetzung um das Neue Bauen, 1933/34. In: bauhaus berlin, Eine Dokumentation, zusammengestellt vom Bauhaus-Archiv, Berlin 1985, S. 253-286

Taut, Bruno, Die neue Baukunst in Europa und Amerika, Stuttgart 1929

Tegethoff, Wolf, Mies van der Rohe. Die Villen und Landhaus-Projekte, Essen 1981

Andreas K. Vetter, Die Befreiung des Wohnens, Ein Architekturphänomen der 20er und 30er Jahre, Tübingen-Berlin 2000

* Vor allem die gekennzeichneten Literaturangaben beinhalten umfangreiche Hinweise zu Hans Scharoun und seinem Werk

Anmerkungen

Public Privacy: Privatsphäre und Öffentlichkeit in der Entwicklungsgeschichte des modernen Wohnhauses

1 Shigeru Bans Curtain Wall House nahm in der von Terence Riley initiierten Ausstellung „The Un-Private House" des New Yorker Museum of Modern Art (1999, Frontispiz u. S. 72-75) eine prominente Stellung ein. Ausstellung und Kat. berühren jedoch die hier angeschnittene Problematik nur insofern, als sie sich vor allem der aktuellen Situation in der Wohnhausarchitektur widmen.
2 Tadao Ando, New Relations between the Space and the Person, The Japan Architect 247, 10/11, Oct./Nov. 1977, S.44 (Übers. W.T.).
3 Eine frühe Belegstelle für diese These findet sich z. B. bei John B. Papworth, Rural Residences, consisting of a Series of Designs for Cottages, Decorated Cottages, Small Villas and other Ornamental Buildings, accompanied by hints on Situation, Construction, Arrrangement and Decoration, in the Theory & Practice of Rural Architecture; interspersed with Some Observations on Landscape Gardening, London 1818, S. vf: „There is much reason to believe that architecture in this country has failed to receive its proportion of public patronage, because the public has not distinguished it as a fine art, subject to the laws of fitness, and founded on a combination of brilliant fancy and sound judgement; but have [sic] rather considered it as a mechanical operation, in which the mere builder is fully competent to all its duties: – thus the villas that surround London, the country residences of the most wealthy of its inhabitants, not being designed by the architect, are little more than mere cases of brick, in which a certain number of apartments are injuciously arranged, presenting to the eye a continuity of ill bestowed expense and tasteless absurdities, disgraceful to the proprietors and offensive to true taste."
4 [Johann Michael] Voit, Die Land-Baukunst in allen ihren Haupttheilen, oder Unterricht in der Materialien-Kunde und Anleitung zur Entwerfung der Pläne vorzüglicher öffentlicher und Privat-Gebäude, Bd. IV, Augsburg u. Leipzig 1829, Zit. S. 265 u. S. 291.
5 Wenzel Herzig, Die angewandte oder praktische Aesthetik oder die Theorie der dekorativen Architektur, Leipzig o. J. [1873], S. 227.
6 Ebd.
7 Ebd., S. 227f.
8 Ebd., S. 229.
9 W. Fred, Die Wohnung und ihre Ausstattung, Bielefeld und Leipzig 1903 (Sammlung Illustrierter Monographien, hrsg. v. Hanns von Zobeltitz, Bd. 11), Zitate S. 72 u. S. 90.
10 Hermann Muthesius, Kunstgewerbe und Architektur, Jena 1907, S. 68f u. S. 108.
11 [William Mitford], Principles of Design in Architecture, Traced in Observations on Buildings, London 1809, S. 271 und S. 291.
12 Papworth (Anm.3), S. 21.
13 Francis Goodwin, Rural Architecture: First & Second Series of Designs for Rustic, Peasants', and Ornamental Cottages, Lodges, and Villas, in various Styles of Architecture, Bd. I, 2.Aufl., London 1935, nicht pag. (Kommentar zu Design No. 1).
14 Ebd., Bd. II (Kommentar zu Design No. 18).
15 Ebd.
16 Papworth (Anm. 3), S. 25 (Übersetzung W.T.).
17 Goodwin (Anm. 13), Bd. II, nicht pag.; Hinweise zur Definition des „Cottage Style" finden sich vor allem in den Kommentaren zu den Entwürfen Nr. 8 u. 16.
18 Ebd., Bd. II, Tafel 12 u. 6.
19 John Ruskin, The Poetry of Architecture: or, The Architecture of the Nations of Europe Considered in its Association with Natural Scenery and National Character, Sunnyside u. London 1893 (ursprüngl. unter dem Pseudonym Kata Phusin 1837/38 im Architectural Magazine ersch.), Reprint: New York 1971.
20 Als Schlüsselwerk für das „Picturesque Movement" gilt: Uvedale Price, An Essay on the Picturesque, as Compared with the Sublime and the Beautiful; and, on the Use of Studying Pictures for the Purpose of Improving Real Landscape, London 1794; vgl. auch die Abbildungen in J[ohn] C[laudius] Loudon, (Encyclopaedia of) Cottage, Farm and Villa Architecture and Furniture, Neuaufl. v. Encyclopaedia of Rural Architecture (1833), hrsg. v. J. W. Loudon, London u. New York 1846, S. 776, die Details aus Gemälden von Tizian, Breemberg und Giulio Romano wiedergeben.
21 Goodwin (Anm. 13), Bd. II, nicht pag. (Kommentar zu Design Nr. 17).
22 Robert Kerr, The Gentleman's House; or, How to Plan English Residences, From the Parsonage to the Palace, 1. Aufl. London 1864, zit. nach dem Reprint der 3. Londoner Aufl. 1871, New York u. London 1972, S. 356f u. S. 359 (Übers. W. T.).
23 Goodwin (Anm. 13), Bd. II, nicht pag. (Kommentar zu Design Nr. 8).
24 Loudon (Anm. 20), S. 926.
25 Ebd., S. 5 (Übers. W.T.).
26 Kerr (Anm. 22), S. 351 (Übers. W. T.).
27 Papworth (Anm. 3), S. 61.
28 Ebd., S. 73.
29 Loudon (Anm. 20), S. 763.
30 Ebd., S. 782 u. 791.
31 Ruskin (Anm. 19), S. 151.
32 Kerr (Anm. 22), S. 26f.
33 Ebd., S. 64.
34 Ebd., S. 66f, Zitat S. 68.
35 Ebd., S. 199 u. S. 250.
36 Ebd., S. 100 (Fußnote).
37 Loudon (Anm. 20), S. 4f.
38 Ebd., S. 5.
39 Jill Franklin, The Gentleman's Country House and its plan,

1835-1914, London, Boston u. Henley 1981, wie auch Wolfgang Brönner, Die bürgerliche Villa in Deutschland, 1830–1890, unter besonderer Berücksichtigung des Rheinlands (Beiträge zu den Bau- und Kunstdenkmälern im Rheinland, Bd. 29), Düsseldorf 1987, bilden hier eine rühmliche Ausnahme.
40 Frank Lloyd Wright, Ausgeführte Bauten und Enwürfe von Frank Lloyd Wright – Studies and Executed Buildings by Frank Lloyd Wright, Berlin 1910, S. 16. Wright steht mit dieser Aussage in einer langen amerikanischen Tradition. Ganz ähnlich äußerte sich bereits Mitte des 19. Jahrhunderts sein Landsmann Andrew Jackson Downing (The Architecture of Country Houses; including Designs for Cottages, Farm-houses, and Villas, with remarks on interiors, furniture, and the best modes of warming and ventilating, New York 1853, S. v): „… the individual home has a great social value for a people. Whatever new systems may be needed for the regeneration of an old and enfeebled nation, we are persuaded that, in America, not only is the distinct family the best social form, but those elementary forces which give rise to the highest genius and the finest character may, for the most part, be traced back to the farm-house and the rural cottage. It is the solitude and freedom of the family home in the country which constantly preserves the purity of the nation, and invigorates its intellectual powers."
41 Frank Lloyd Wright, „A Home in a Prairie Town", Ladies' Home Journal, Februar 1901, zit. N. Bruce Brooks Pfeiffer (Hrsg.), Frank Lloyd Wright: Collected Writings, Bd. I: 1894-1930, New York 1992, S. 74.
42 Für eine analytische Untersuchung der Wohnbauten Frank Lloyd Wrights unter den genannten Aspekten siehe: Grant Hildebrand, The Wright Space: Pattern and Meaning in Frank Lloyd Wright's Houses, Seattle, WA 1991.
43 S. H. Allen Brooks, „Frank Lloyd Wright and the Destruction of the Box", Journal of the Society of Architectural Historians 38, 1979, S. 7-14.
44 Gwendolyn Wright, „Frank Lloyd Wright and the Domestic Landscape", in: Terence Riley, Peter Reed (Hrsg.), Frank Lloyd Wright, Architect, Ausstellungskatalog, New York (Museum of Modern Art) 1994, S. 80-95, Zitat S. 82.
45 Ebd.
46 Die Rezeption seiner Bauten durch die europäischen Architekten fußte nur in Ausnahmefällen auf persönlicher Anschauung und erfolgte weitgehend auf dem Weg über publizierte Ansichten und Pläne, wobei der großen Wasmuth-Ausgabe von 1910 (Anm. 40) eine Schlüsselrolle zufiel.
47 Bezeichnend hierfür ist, dass in den frühen Entwürfen zum Haus Tugendhat die einzelnen Bereiche noch mit Begriffen wie „Empfangsraum" und „Herrenzimmer" bezeichnet sind.
48 Der notorische Personalmangel in den Vereinigten Staaten war dabei keineswegs eine neue Erscheinung. Schon Mitte des 19. Jahrhunderts betonte Calvert Vaux (Villas and Cottages, New York 1857) die Notwendigkeit zu möglichst kompakten Grundrisslösungen, unabhängig von der Größe des Hauses, da es bekanntermaßen schwierig sei, tüchtige Hausangestellte zu finden und man daher in jeder Hinsicht auf Arbeitsersparnis bedacht sein müsse (S. 34).
49 S. Wolf Tegethoff, „Die 'Villa' Tugendhat: Ein Wohnhaus der Moderne im Spannungsfeld seiner Zeit", in: Daniela Hammer-Tugendhat, W. Tegethoff (Hrsg.), Ludwig Mies van der Rohe: Das Haus Tugendhat, Wien und New York 1998, S. 43-97.
50 Ludwig Mies van der Rohe, „Die Wohnung unserer Zeit", Der Deutsche Tischlermeister 37, 23. Juni 1931, S. 1038.
51 B. [Justus Bier], „Kann man im Haus Tugendhat wohnen?" Die Form 6, Okt. 1931, S. 392f; zur Diskussion im einzelnen vgl. Tegethoff (Anm. 49), S. 84ff.
52 Nach den Bevölkerungsstatistiken für Großbritannien zwischen 1891 und 1931 entfielen zu Beginn der Erfassung auf jeden britischen Haushalt im Durchschnitt noch 0,24 Bedienstete. Innerhalb der nächsten zwanzig Jahre schrumpfte diese Zahl um ein gutes Drittel, um schließlich 1931 auf die Hälfte des ursprünglichen Prozentsatzes zu sinken. Dabei sind nicht einmal die Veränderungen in der Sozialpyramide berücksichtigt, die sich mittlerweile gerade im oberen Mittelfeld erheblich verbreitet hatte, wodurch sich der Anteil der Haushalte mit ein oder zwei Dienstboten – die nicht zuletzt ein Statussymbol der Mittelschicht darstellten – im gleichen Zeitraum beträchtlich erhöhte; vgl.: Adrian Forty, Objects of Desire: Design and Society 1750-1980, London 1986, S. 213.

Der Entwurf zum Landhaus Schminke

1 Hans Scharoun, Katalog zur Ausstellung in der Akademie der Künste vom 5.3. bis 30.4.1967. Berlin (West) 1967, S. 13f.
2 StAAdK/SB, Scharounarchiv Wv-124 (Fritz Schminke, Brief an Hans Scharoun vom 3.6.1961).
3 Hans Scharoun, Katalog zur Ausstellung in der Akademie der Künste vom 5.3. bis 30.4.1967. Berlin (West) 1967, S. 14.
4 StAAdK/SB, Scharounarchiv Wv-124 (Fritz Schminke, Brief an Hans Scharoun vom 3.6.1961).
5 Ebd. (Hans Scharoun, Brief an Fritz Schminke vom 15.4.1930).
6 Ebd. (Fritz Schminke, Brief an Hans Scharoun vom 22.4.1930).
7 Ebd. (Hans Scharoun, Brief an Hans Nadler vom 25.7.1961).
8 Ebd.
9 Baugilde, Berlin 1928, Heft 18; zit. nach: Schriftenreihe der Akademie der Künste, Bd. 10: Hans Scharoun – Bauten, Entwürfe, Texte (Hrsg. Peter Pfankuch). Berlin, 2. Auflage 1993, S. 74.
10 Velhagen & Klasings Monatshefte, 43. Jahrgang, Februar 1929, Heft 6, S. 601.
11 Schriftenreihe der Akademie der Künste, Bd. 10: Hans Scharoun – Bauten, Entwürfe, Texte (Hrsg. Peter Pfankuch). Berlin, 2. Auflage 1993, S. 75.
12 Hans Scharoun: Bauen (Schöpfung und Betrachtung). In: Melos 7. Jahrgang, Heft 11/ 1928, S. 527-529.
13 Hermann Muthesius, Landhaus und Garten, München 1907.
14 Hermann Muthesius, Wie baue ich mein Haus?, München 1919, 3. weitergeführte Auflage.

Die Moderne zwischen Handwerk und Industrialisierung

1 Die zeitgenössische Fachliteratur und Bauzeitschriften informierten und diskutierten über neue Baustoffe und Firmenprodukte. In den Büchern „Wie Bauen" von Heinz und Bodo Rasch, Stuttgart 1927 und 1928 und in „Die Lehre vom neuen Bauen" von Wolf Jobst Siedler, Berlin 1932 finden sich vor allem Produktbeispiele und Herstellerverfahren zu Baukonstruktion und Tragwerk.

2 Die Reichsforschungsgesellschaft für Wirtschaftlichkeit im Bau- und Wohnungswesen, Berlin unterstützte Versuchssiedlungen finanziell, übernahm aber auch die Dokumentation und nachfolgende Überwachung und Bewertung. Berichte erschienen u. a. über die Versuchssiedlungen in Frankfurt a. M.-Praunheim (Sonderheft 4,1929), Dessau-Törten (Sonderheft 7, 1929), Stuttgart-Weißenhof (Sonderheft 6, 1929).

3 Berthold Burkhardt, Denkmalpflege der Moderne. In: Margret Kentgens-Craig, Das Bauhausgebäude in Dessau, 1926-1999, Seite 187, Berlin, Basel, Boston 1998.

4 Der Bauhausgründer Walter Gropius setzt sich in seinen Schriften und in seiner Lehrkonzeption am stärksten mit der Neuorientierung von Handwerk und Industrie auseinander. Eine kurze Zusammenfassung findet sich in: Giulio Carlo Argan, Gropius und das Bauhaus, S. 18ff., 1962 Hamburg, s. a.: Winfried Nerdinger, Der Architekt Walter Gropius, Seite 9ff, Berlin 1996.

5 Andreas Schwarting, Die Siedlung Dessau-Törten, bauhistorische Aspekte und Folgerungen für den Umgang mit einem Baudenkmal der klassischen Moderne. In: architectura Band 31, 2001, Seite 27-48.

6 Klaus Kürvers, Entschlüsselung eines Bildes, das Landhaus Schminke von Hans Scharoun, Berlin 1997.

7 Bau und Wohnung (Hrsg. Deutscher Werkbund), Stuttgart 1927, Seite 111.

8 Adolf Behne in seinem Vorwort zu „Wie Bauen" von Heinz und Bodo Rasch, Stuttgart 1927, der Begleitpublikation zur Entstehung der Weißenhofsiedlung in Stuttgart.

9 Hagen Biesantz, Arne Klingborg, Das Goetheanum, Der Bauimpuls Rudolf Steiners, Dornach 1978; Hans Erlwein, Stadtbaurat in Dresden 1905-1914, Dresden 1997; David P. Billington, Robert Maillart und die Kunst des Stahlbetonbaus, Zürich, München 1990; Walter Gropius, Die Bauhausbauten in Dessau, 1930.

10 Günter Günschel, Große Konstrukteure 1 – Freyssinet, Maillart, Dischinger, Finsterwalder, Ullstein Bauwelt Fundamente, Berlin 1966; und Antoine Picon, L'art de l'ingénieur constructeur, entrepreneur, inventeur, Ausstellung im Centre Georges Pompidou, Paris 1997.

11 Gerhard Mensch, Die Konstruktion des Verwaltungsgebäudes der Rhenania-Ossag (Shell-Haus). In: Zentralblatt der Bauverwaltung 52 (1932), S. 548-552; und H. de Fries, Hans Poelzig und sein Verwaltungsgebäude der IG. Farben. In: Moderne Bauformen, S. 229-234, Stuttgart 1931.

12 Alfred Pauser, Eisenbeton 1850-1950, Wien 1994.

13 Eine ausführliche Baubeschreibung mit Angabe der verwandten Materialien, Produkte und Hersteller am Landhaus Schminke, siehe Klaus Kürvers, Entschlüsselung eines Bildes, Berlin 1997.

14 Walter Gropius, Das flache Dach, Internationale Umfrage über die technische Durchführbarkeit horizontal abgedeckter Dächer und Balkone. In: Bauwelt Nr. 8 und 9, Berlin 1926.

15 Richard Klapheck, Gussglas, Düsseldorf 1938; Otto Völckers, Bauen mit Glas, Glas als Werkstoff, Glasarten und Glassorten, Glas in Bautechnik und Baukunst, Stuttgart 1948, s. S. 33 Herstellung von Mousselinglas und gebogenem Glas. Erwähnt wird auch eine Glasscheibe in der Größe 8,50 x 4 = 34 m², die auf der Pariser Weltausstellung 1900 gezeigt wurde. Parallel zur Glasherstellung wurden Fensterrahmen vorwiegend aus Eisen (z. B. Fenestra-Crittall, Düsseldorf) und Beschläge (z. B. Gretsch-Unitas, Stuttgart) für die unterschiedlichsten Fenstertypen und Öffnungsarten entwickelt.

16 Den Entwurf, die handwerkliche Herstellung und die Versuche industrieller Fertigungen von Lampen und Beleuchtungssystemen siehe: Max Sonowjewitsch Krajewski, Meine Lehr- und Arbeitsjahre am Bauhaus. In: Wissenschaftliche Zeitschrift der Hochschule für Architektur und Bauwesen Weimar, Heft 5/6, 1976[13]; und Christoph Achtelik, Bauhaus-Licht. In: Form und Zweck Heft 1 Berlin 1988.

17 Magdalena Droste, Design Klassiker. Die Bauhausleuchte von Carl Jacob Jucker und Wilhelm Wagenfeld, Frankfurt a. M. 1997, S. 12.

18 Die Farbpalette des heutigen Angebots an Linoleum hat zwar den in den zwanziger Jahren häufig verwendeten Braunton wieder aufgenommen (Bauhaus und Meisterhäuser in Dessau), nicht dagegen das Blau im Haus Schminke oder das Türkis im Meisterhaus Muche/Schlemmer in Dessau. Siehe auch: Gerhard Kaldewei, Linoleum, Geschichte, Design, Architektur 1882-2000, Stuttgart 2000.

Das Haus das mir das liebste war

1 „Das Haus, das mir das liebste war, ließ sich der Fabrikant Schminke in Löbau in Sachsen bauen", Scharoun, in: Kat. Ausst. 1967, S. 13.
Zum Haus siehe die fundierten Untersuchungen von Kürvers, o. D. (1996). Ders.,1997, S. 55–83.

2 Brief Schminke an Scharoun vom 3.6.1961, in: Akademie der Künste (AdK)/Wv-124.

3 Brief Schminke an Scharoun vom 3.6.1961, in: AdK/Wv-124.

4 Pfankuch, S. 88.

5 Ebd.

6 Pfankuch, S. 48–54, 52.

7 Scharoun 1967, S. 154–157, 156.

8 Ebd.

9 Brief Fritz Schminke an Scharoun vom 3.6.1961, in: AdK/Wv-124.

10 Brief Scharoun an Hans Nadler vom 25.7.1951, in: AdK/Wv-124.

11 Ebd.

12 Vgl. Beitrag S. 40.

13 Brief Schminke an Scharoun vom 27.6.1932, in: AdK/Wv-124. Der Kostenanschlag für einen Ziegelbau ist nicht überliefert.

14 Protokoll, in: AdK/Wv-124. – Die Firma Christoph & Unmack unterbot das eigene Angebot für die Stahlkonstruktion „nach knappster Berechnung" mit 2.010 RM um 20 %, die Firma Glöge ihr Angebot für die Treppen- und Brüstungsgeländer um 12 % (Brief Christoph & Unmack an Schminke vom 17.8.1932, in: AdK/Wv-124; Brief Glöge an Schminke vom 19.12.1932, in: AdK/Wv-124.

15 Brief Schminke an Scharoun vom 28.8.1932, in: AdK/Wv-124.

16 Korrekturen im Kostenanschlag Walter Vetter vom 11.8.1932, in: Nachlass Schminke / Rechnungen. Nicht alle genannten Positionen wurden vom Bauunternehmen Vetters erbracht. Sie gingen zum Teil an andere Firmen, so die Klempnerarbeiten.
17 Vgl. eine Handskizze in: AdK/Wv-124.
18 Brief Schminke an Scharoun vom 27.6.1932, in: AdK/Wv-124.
19 Brief Scharoun an Vetter vom 1.8.1932, in: AdK/Wv-124. Die Angaben wurden im Kostenanschlag übernommen.
20 Brief Scharoun an Vetter am 4.9.1932, in: AdK/Wv-124.
21 Brief Scharoun an Schminke vom 20.1.1933, in: AdK/Wv-124.
22 Brief Schminke an Scharoun vom 23.1.1933, in: AdK/Wv-124.
23 Brief Scharoun an Vetter vom 29.8.1932, in: AdK/Wv-124.
24 Brief Scharoun an Christoph & Unmack vom 16.9.1932, in: AdK/Wv-124.
25 Briefe Christoph & Unmack an Scharoun vom 5. und 6.10.1932, beide in: AdK/Wv-124, und Rechnungen Vetter vom 19.10. u. 2.11. 1932, in: Nachlass Schminke / Rechnungen.
26 Rechnung Vetter vom 2.11.1932, in: Nachlass Schminke / Rechnungen, sowie Kürvers o. D., S. 6.9.
27 Rechnung Vetter vom 23.11.1932, in: Nachlass Schminke / Rechnungen, sowie Kürvers o. D., S. 6.10.
28 Rechnung Vetter vom 30.9.1932, in: Nachlass Schminke / Rechnungen.
29 Rechnungen Vetter vom 3.6. und 13.6.1933, in: Nachlass Schminke / Rechnungen.
30 Rechnung Vetter vom 15.2.1933, in: Nachlass Schminke / Rechnungen.
31 Rechnung Vetter vom 24.2.1933, in: Nachlass Schminke / Rechnungen.
32 Brief Schminke an Scharoun vom 2.12.1932, in: AdK/Wv-124, und Schaorun an Schminke vom 8.12.1932, in: AdK/Wv-124.
33 Briefe Scharoun an Christoph & Unmack vom 16.9. und 19.9.1932, in: AdK/Wv-124, desgleichen Brief Christoph & Unmack an Scharoun vom 19.9.1932, in: ebd.
34 Brief Scharoun an Schminke vom 21.11.1932, in: AdK/Wv-124.
35 Brief Schminke an Scharoun vom 24.11.1932, in: AdK/Wv-124.
36 Baubeschreibung, in: AdK/Wv-124.
37 Brief Scharoun an Christoph & Unmack vom 8.10.1932, in: AdK/Wv-124; desgleichen vom 12.10.1932, in: ebd.
38 Brief Scharoun an Schminke vom 15.7.1933, nach dem Einzug der Familie in das neue Haus, in: AdK/Wv-124.
39 Brief Scharoun an Schminke vom 2.5.1933, in: AdK/Wv-124.
40 Ebd.
41 Brief Scharoun an Hans Nadler vom 25.7.1961, in: AdK/Wv-124.
42 Baubeschreibung, in: AdK/Wv-124.
43 Fehling 1963, S. X2.
44 Brief Schminke an Scharoun vom 6.4.1942, in: AdK/Wv-124.
45 Kürvers 1997, S. 55–83, 74ff.
46 Scharoun 1967, S. 154-157, 157.
47 Scharoun 1993, S. 22.
48 Ebd.
49 Behne 1934, S. 86.
50 Kalkstein Schupbach schwarz und weißer Marmor Oppach im Wohnraum, großflächig bunt ornamentierter Kalkstein Porvenir in der Kinderspielecke, gelber Kalkstein Jaune Jaspe und weißer Marmor Oppach im Elternschlafzimmer, grau-beige-braun geflammter Marmor Ulrichstein im Wintergarten. Schminke hatte die Natursteine am 7.11.1932 in den Marmor-, Travertin- und Kalksteinbrüchen der Firma J. C. W. Haehnel in Gnadenfrei in Schlesien ausgesucht; Kürvers, Entschlüsselung, S. 6.9. Das Angebot der Firma Haehnel vom 10.11.1932, in: Nachlass Schminke / Rechnungen, die Rechnung vom 12.4.1933, in: Nachlass Schminke / Rechnungen.
51 Mooreiche und Zitronenholz an den Außentüren, Makoré an den Innentüren, Ahorn in der Halle, Birke in den Flurschränken des Obergeschosses, Birke und Okumé im Elternschlafzimmer.
52 Scharoun 1993, S. 22.
53 Pläne dazu liegen in der Akademie der Künste, Berlin. Vgl. außerdem Uhde 1934, S. 265–267.
54 Vorhandene Möbel wurden verwendet, soweit sie die Atmosphäre des Hauses nicht störten, so der Flügel und die Möbel für Schlaf-, Gast-, Kinder- und Mädchenzimmer. Brief Schminke an Scharoun vom 25.7.1961, in: AdK/Wv-124.
55 Fehling 1963, S. X2.
56 Vgl. Beitrag S. 176.
57 Scharoun 1993, S. 22.
58 Behne 1934.

Haus Schminke – ein Kulturdenkmal zwischen Monument und Dokument

1 Grundlegend zur Baugeschichte: Kürvers 1996; zum Garten: Feltrup 1992.
2 Landesamt für Denkmalpflege Sachsen, Topographisches Aktenarchiv, Objektakte Löbau, Kirschallee.
3 Leider wird dieser Zusammenhang in den meisten fotografischen Abbildungen nicht deutlich.
4 Einige Angaben bei Kürvers 1996, S. 7.9 f.
5 Der konservatorische Ansatz schloss einige gezielte Rückbaumaßnahmen mit ein, die den wenigen bauphysikalisch oder gestalterisch ungenügenden Veränderungen nach 1945 galten. So wurde der nachträglich erhöhte Dachaufbau zurückgebaut. Trotz notwendiger neuer Wärmedämmung des Dachs konnten die alten Maße und Anschlüsse weitgehend wiederhergestellt werden. Auf der Nordseite wurde ein nachträglich angefügter, entstellender Anbau wieder entfernt. Einige in jüngerer Zeit kleinteilig versprosste Fenster erhielten im Sinne des Originals neue, durchgehende Verglasung.
6 Noch unlängst wurde resümiert: „Der Überblick über den Umgang mit den Bauten der Moderne zeigt einen erschreckenden Verlust an originaler Substanz. [...] In Deutschland – so hat es den Anschein – ist man mehr darauf aus, 'vergangene Schönheit' zu rekonstruieren" (Hartwig Schmidt: Der Umgang mit den Bauten der Moderne in Deutschland. Ein Überblick. In: Konservierung der Moderne? ICOMOS, Hefte des Deutschen Nationalkomitees XXIV, München 1998, S. 43).
7 Neu- und Altputzbereiche werden sich im Lauf der Jahre optisch ebenso angleichen wie die jetzt unterschiedlich hellen Bereiche des Altputzes; insofern erscheint ein abschließendes Urteil verfrüht.

8 Dazu kritisch z. B. Norbert Huse: Facetten eines Baudenkmals. In: Mendelsohn. Der Einsteinturm. Die Geschichte einer Instandsetzung. Hrsg. von Norbert Huse (Baudenkmale der Moderne). Stuttgart-Zürich 2000, S. 15 f.
9 Kürvers 1996, S. 4.1-4.42.
10 An der Schnittstelle zwischen Kante und Abrundung endete die Schiene für den Vorhang, der bei Bedarf Eingangsbereich und Kinderspielecke von der Halle trennte.
11 Von Interesse ist in diesem Zusammenhang eine Aktennotiz Prof. Dr. Hans Nadlers, des damaligen Leiters des Instituts für Denkmalpflege Dresden, vom 1. August 1980: „Herr Franz Szalek, Löbau, Breitscheidstraße 19, Malermeister: Herr Szalek ist noch voll unterrichtet über die Erstausmalung des Pionierhauses, die er als Lehrling selbst mit durchführte. Er kennt auch noch zwei beteiligte Maler und ist bereit, an der Dokumentation mitzuwirken bzw. mitzuarbeiten." (Landesamt für Denkmalpflege Sachsen, Topographisches Aktenarchiv, Objektakte Löbau, Kirschallee). An der seit 1980 durchgeführten Neuausmalung einiger Innenräume hat sich Franz Szalek aber dann doch nicht beteiligt. Die damals durch den Restaurator Matthias Schulz fehlerhaft ermittelte und entsprechend ausgeführte Farbgebung wich erheblich von der archivalisch und fotografisch überlieferten Farbigkeit ab.
12 Dazu Kürvers 1996, S. 1.7-1.25 sowie Behne 1934.
13 Vgl. zuletzt: Konservierung der Moderne? (wie Anm. 6). Einen Überblick, im Detail allerdings wenig differenziert, gibt Hartwig Schmidt: Denkmalpflege und moderne Architektur. Zwischen Pinselrenovierung und Rekonstruktion. In: Restauro 2, 1998, S. 114-119.
14 Dazu gehörte zum Beispiel die zur DDR-Zeit anspruchslos erneuerte Einfriedung in der Kirschallee, die belassen wurde.
15 Kürvers 1996, S. 7.1f.

Restauratorische Untersuchungen am und im Haus Schminke

1 H. F. Reichwald, Bericht vom 12.2.1999 und vom 8.4.2000 sowie div. Akten / Briefverkehr und Stellungnahmen. – Für ihre hilfreiche Unterstützung sowohl bei den Untersuchungen vor Ort als auch bei der späteren Auswertung schulde ich meiner Frau, Dörthe Jakobs, herzlichen Dank.
2 Vgl. den Beitrag von Christine Hoh im vorliegenden Band.
3 Zum Verlust der Strukturtapeten aufgrund technischer Mängel in der Anbringung vgl. weiter unten.
4 Korrespondenz: 30.3.1933, Kostenvoranschlag.
5 Vgl. bspw. die Bezeichnung „Tränkungslack", ein in Goldbach bei Überlingen 1905 und in Breisach 1931 auf den Schongauer-Wandmalereien angewendetes Fixiermittel, welches auch Pigmente als Fassung oder Anstrich binden kann. Das Material war ein emulgiertes Kasein.
6 Zum Beispiel Kürvers 1.14 (Scharoun) „Platzleuchte über dem Kamin zartgelb, die übrige Decke mit Blasentapete verkleidet" oder Behne 1934: „über dem Sofa angestrahlter Glanztapetenstufen", zu Details vgl. den Beitrag von Christine Hoh.
7 Ab 9.4.1951 ist ein Pachtvertrag von Haus Schminke durch Beschluss der Stadt (Stadtratssitzung) rechtswirksam geworden. Eine Auflistung geplanter und vorgenommener Reparaturen ist dort angeschlossen.
8 Vgl. Anm. 1.

Die Instandsetzung

1 Kürvers o. D. (1996).
2 Zu bauklimatischen, restauratorischen, bauphysikalischen Fragen sowie zu den Kosten siehe die Beiträge S. 120 und 194. Bausubstanz und Tragwerk wurden vom Büro Pichler Ingenieure GmbH Berlin untersucht.
3 Vgl. Baubeschreibung. Scharoun präferierte den Schwemmstein aus dem rheinischen Schwemmsteinwerk Heimbach Neuwied Rhein, stellte aber auch eine zweite Ausführungsart mit einer „Kernausmauerung durch z. B. Klein'sche Steine" und einfacher oder doppelseitiger Anbringung von Heraklithplatten anheim. Der Kostenanschlag des Bauunternehmers Vetter bestätigt mit „rheinischen Schwemmstein-Hohlblocksteinen" im eingeschossigen Bau und „Bimsbetonhohlblöcken" für die Eisenskelettausfachung die Baubeschreibung. Jegliche Verwendung von Heraklithplatten wurde aus Kostengründen aufgegeben, vgl. Beitrag S. 66.
4 StBA Löbau / Ba-856.
5 StBA Löbau / Ba-856.
6 Vgl. die Häuser Lange und Esther in Krefeld. Frdl. Hinweis von Prof. Gerhard Pichler, Berlin.
7 Vgl. Beitrag S. 68.
8 Objektbegehung im Kreispionierhaus Löbau, Protokoll vom 25.2.1972. Für die Einsichtnahme der hier und folgend zitierten Protokolle danken wir dem Kultur- und Freizeitzentrum Haus Schminke e.V.
9 Maßnahmen 1971: „Erneuerung des gesamten Daches, Anbringen neuer Dachrinnen", „Dach im Jahr 1971 in Ordnung gebracht, Dachrinnen-Abfallrohre: im Jahr 1971 in Ordnung gebracht", Aufgaben 1974: „Einlaufstelle Dach", Arbeiten 1979: „Durch die Kollegen der Einrichtung wird das Dach geteert", Festlegungen für 1980: „Teeren des Daches", 1981 realisiert: „Teeren der Dächer mit Kaltanstrich", 1983 realisiert: „Dachreparatur durch die PGH ‚Dachdecker'", Vorhaben für 1985 und später: „Notwendige Dachklebebearbeitung, dringende Reparaturen werden durch die PGH Dachdecker durchgeführt", 1985 nicht realisiert: „Dacherneuerung und Dachentwässerung", 1986 nicht realisiert: „Dachdeckerarbeiten durch VEB Bau (schriftlicher Antrag liegt vor)", dazu Festlegung: „dringende Dachreparatur 1987", 1987 realisiert: „Dachpappe auf gesamtem Dach neu verlegt, Dachrinnen und Ablaufstutzen erneuert", Rechnung 9.9.1993 der Klempnerei & Sanitärinstallation Giesbert Walther, Beiersdorf: „kastenförmige Hängedachrinne in vorhandene Rinnenträger Titanzink montieren, Rinnenwinkel kastenförmig außen Zuschnitt 550 Titanzink montieren, Wasserfangkasten halbrund mit Stutzen montieren". Siehe Protokolle Ortsbegehung im Kreispionierhaus Löbau vom 21.2.1972, 25.10.1972, 4.3.1974, 15.2.1979, 30.1.1980, und Protokolle Ortsbegehung Haus der Pioniere „Oswald Richter" vom 3.3.1982, 7.3.1984, 14.3.1985, 6.3.1986, 5.3.1987, 4.3.1988.
10 Vgl. Anm. 9.
11 Labor für naturwissenschaftliche Kunstgutuntersuchungen, Dresden, Untersuchungsbericht 134/00 vom 6.12.2000: „Die beständigere Rutilform gelangte erst 1938/39 aus Leverkusen erstmals in die Welt." Die farbigen Fassungen der Zinkblechtrichter datieren damit in eine deutlich jüngere Renovierungsphase. Frank-Ernst Nitzsche, Kurzbericht, Dezember 2000, zur Untersuchung und bauzeitlichen Einordnung der Farbfassungen.
12 Vgl. Beitrag S. 120.
13 Das Protokoll von 1972 nennt die Fenster noch „in Ord-

nung". 1981 wird die „Reparatur der Fenster im Wintergarten" erstmals in den „Maßnahmeplan über Werterhaltungsarbeiten am Kreispionierhaus Löbau im Zeitraum 1982-1984" aufgenommen, 1982 bereits die „Neuanfertigung der Fenster im Wintergarten (Profilstahlrahmen)" gefordert, 1983 „die Neuanfertigung der Fenster im Wintergarten [...] für 1984 erneut [...]" aufgenommen. 1984 verzeichnet das Protokoll unter „Geplante Maßnahmen 1984 und Festlegungen der Objektbegehung: [...] 5. Für die Neuanfertigung der Fenster des Wintergartens wurden keine Auftragnehmer gefunden [...]". Desgleichen 1985: „3. Zur Neuanfertigung der Fenster für die Veranda gibt es noch keine Bereiterklärung durch Löbauer Betriebe. Es wird über den Schmiedemeister Seel versucht (Obermeister der Schmiede) einen Betrieb dafür zu gewinnen." Laut Protokoll vom 6.3.1986 wurde erneut geprüft, inwieweit Bilanzen für „[..] die Neuanfertigung des Wintergartenfensters geplant werden können", und entschieden, „betreffs Erneuerung der Fenster im Wintergarten Verbindung mit dem VEB Stahl- und Fahrzeugbau und dem Schmiedemeister Hiecke aufzunehmen." Auch das Protokoll von 1987 vermisst die „Neuanfertigung der Fenster im Wintergarten durch fehlende Bilanz" und bekräftigt erneut die „Erneuerung des Wintergartenfensters". In die Bilanzen für 1988 wird die „Rekonstruktion und Reparatur der Fenster, besonders im Wintergarten" aufgenommen und im gleichen Jahr 1988 – so das Protokoll vom 13.2.1989 – auch realisiert: „Rekonstruktion des Wintergartenfensters durch Schmiedemeister Schwär aus Oppach und Tischlermeister Kobsch": Vgl. Protokoll Besichtigung Haus der Jungen Pioniere vom 25.10.1972, Protokolle Objektbegehung im Kreispionierhaus Löbau „Oswald Richter" vom 5.11.1981, 3.3.1982, 9.3.1983, 7.3.1984, 14.3.1985, 6.3.1986, 8.9.1986, 5.3.1987, 4.3.1988, 13.2.1989.

14 Scharoun versuchte auf Wunsch Schminkes, in Löbau Mousselinglas zu verwenden, das er auf der Bauausstellung in Berlin 1931 gesehen hatte – ein Muster „aus kleinen versetzten Kreuzen, mit geraden bzw. halbkreisrunden Kreuzenden, in der Art, wie früher Heizkörperbleche für Dampfheizungen ausgestanzt wurden": Brief Scharoun an die Glasgroßhandlung Langensiepen und Bätzel in Dresden vom 30.9.1932, in: AdK/Wv-124. Anfragen richtete Scharoun desgleichen an die Firma DETAG (Deutsche Tafelglas AG) – 3.10.1932, in: AdK/Wv-124 –, die ihm mitteilte, dass das Glas durch alle Berliner Großhandlungen zu beziehen sei – Brief vom 4.10.1932, in: AdK/Wv-124 – sowie an den Löbauer Glasermeister Julius Knoblauch – Brief vom 17.10.1932, in: Kürvers o. D. (1996), S. 6.9. Die schlechten Erfahrungen im Umgang mit Mousselinglas, z. B. im Hygienemuseum in Dreden – Brief Scharoun an Schminke vom 2.12.1932, in: AdK/Wv-124 – ließ Schminke und Scharoun offenbar von einer Verwendung Abstand nehmen, obgleich Knoblauch noch am 28.12.1932 einen Kostenanschlag für Mousselinglas lieferte, in: Nachlass Schminke / Rechnungen.

15 Zum Planen und Bauen Scharouns vgl. Beitrag S. 68.
16 Man hatte auch Stahlglasleisten in Erwägung gezogen. Vgl. Ausschreibung Fenestra-Critall vom 26.8. und 29.8.1932, in: AdK/Wv-124.
17 Die Behandlung folgte dem restauratorischen Befund. Dem Kostenanschlag des Malermeisters Georg Stettnisch vom 29.3.1933 zufolge war die „eichene Holzeinlage [...] an den Fenstern zu firnissen u. 2mal mit wasserfestem Lack zu lackieren". Eine Abrechnung dazu ist nicht überliefert. Vgl. Nachlass Schminke / Rechnungen.

18 Die Begehungsprotokolle vom 25.10.1972 und vom 5.2.1973 sehen die Erneuerung der Rolläden bzw. Jalousien vor, da die alten nicht mehr repariert werden können. Ein Vermerk über den Nachbau der Rolläden ist in den überkommenen Protokollen nicht enthalten. Vgl. Protokolle Besichtigung Haus der Jungen Pioniere vom 25.10.1972 und Objektbegehung im Kreispionierhaus Löbau vom 5.2.1973.
19 Zur Putzproblematik vgl. den Beitrag S. 136. Unter Leitung von Helmut F. Reichwald vom Baden-Württembergischen Landesamt für Denkmalpflege wurden Reinigung und Putzreparatur durchgeführt.
20 Auftragsbestätigung der Kunst- und Bauschlosserei Paul Marcus an Schminke vom 14.9.1932, in: AdK/Wv-124.
21 Angebot Vetter vom 28.4.1939, in: Nachlass Schminke / Rechnungen.
22 Protokoll Besichtigung Haus der Jungen Pioniere vom 25.10.1972.
23 Protokolle Objektbegehung im Kreispionierhaus Löbau vom 4.3.1974, 26.2.1975, 16.2.1976, Protokolle Objektbegehung Haus der Pioniere „Oswald Richter" vom 3.3.1982, 9.3.1983, 7.3.1984, 4.3.1985, 6.3.1986, 5.3.1987, 4.3.1988, 13.2.1989.
24 Der ursprünglich geplante Wäschekeller entfiel im Zuge der Sparmaßnahmen, der Wäscheabwurf wurde direkt in einen nicht mehr erhaltenen Wäscheschrank geleitet, dessen Wandnische jedoch noch vorhanden ist; Brief Schminke an Scharoun vom 28.8.1932, in: AdK/Wv-124. Die Raumnutzung ist den Plänen vom 28.7.1932 zu entnehmen, in: StBA Löbau / Ba-856.
25 Baubeschreibung.
26 Die vorhandene Horizontalisolierung war in Ordnung. Die Vertikalisolierung wurde erneuert und mit einer Permiterdämmung, 6 cm stark, versehen.
27 Die Beleuchtungskörper an den Decken von Diele, Halle, ehemaligem Esserker, Kinderspielzimmer, Wohnraum wurden nach einem Entwurf von Helge Pitz von der Fa. Wilhelm Noack Metallbau, Berlin, gefertigt.
28 Der abgängige Heizkörper an der Ostseite des Wintergartens wurde durch den aufarbeitbaren Heizkörper am Blumenbeet ersetzt. An dessen Stelle wurde ein neuer Gliederheizkörper eingebaut. Einheitliche neue Gliederheizkörper ersetzen auch in den übrigen Räumen die unterschiedlichen späteren DDR-zeitlichen Heizkörper.
29 Vgl. Beitrag S. 68.
30 Vgl. Beitrag S. 137.
31 Im Gegensatz zu den Geländern der Außentreppe wurde an der Innentreppe aufgrund der ungestörter überkommenen Farbanstriche der gesamte Schichtenaufbau erhalten. Die oberste Farbschicht wurde nur aufgeraut und anschließend dem Erstanstrich entsprechend überstrichen.
32 Das bauzeitliche Parkett der Halle – ein Eichenstabparkett, 24 mm stark, schiffsbodenmäßig verlegt – war in den achtziger Jahren durch ein Mosaikparkett ersetzt worden. Dieses war durch vielfaches Überschleifen nicht mehr aufarbeitbar. Es wurde durch ein neues Eichenparkett ersetzt, das der Verlegung des Originals folgt, von dem sich ein Rest im Bereich des Kinderspielzeugschranks erhalten hat.
33 Die bauzeitlichen Fußbodenbeläge – Gummi in den Erschließungszonen und als Treppenbelag, Stragula in den Privaträumen – waren in den letzten Jahrzehnten durch die Linoleum- und PVC-Beläge ersetzt worden. Diese wurden aufgrund ihres schlechten Zustands entfernt und durch Linoleumbeläge ersetzt.
34 Nach Abnahme der vorhandenen DDR-zeitlichen Tapeten und Ausbessern von Fehlstellen und Rissen wurde ein

Makulaturanstrich auf Decken und Wänden aufgetragen, die Flächen zur Sicherung der Befunde mit einer streichfähigen, glatten, spaltbaren Tapete tapeziert und diese mit einem Material gestrichen, das bei erneuter Renovierung überstrichen werden kann.

35 Thonet-Tische und Stühle Marke Stendal.

Zur Geschichte des Gartens

1 Die Darstellung der Entwicklung des Gartens folgt den Ausführungen der Diplomarbeit von Claudia Feltrup, Universität Gesamthochschule Paderborn, Abt. Höxter, 1992 zu diesem Thema.
2 Wäldchen: Goldnessel, Elfenblume, Geranium in Sorten, Veilchen, Farn, Schneeglöckchen, Märzenbecher.
Ufergarten: Taglilien in Sorten, Schwertlilien, Gräser, Seerosen im Teich.
Sonnige Staudenterrasse: Mohn, Rittersporn, Phlox, Astern. Margariten, Schleierkraut, Sonnenhut.
Heideterrasse: Schneeheide, Ginster, Stachelnüsschen, Gräser.
nach: Feltrup, 1992.
3 Als Originalstruktur eines Gartens wäre demnach ein Zustand einzuschätzen, in dem die Pflanzung eine Größe erreicht hat, die allen in der Planung vorgesehenen Pflanzen Lebensraum gibt; ein Zustand, der dem gezeichneten Plan entsprechen würde. Die natürliche Entwicklung der Gehölze bedeutet ständige Veränderung der Raumproportionen. Mit der damit verbundenen Veränderung der Licht- und Platzverhältnisse geht die Verdrängung sensibler Arten einher. Der Prozess kann nach dem Ausfall von Großgehölzen nach einer Baumgeneration wieder von vorn beginnen.

Abbildungsnachweis

Seite	Quelle
14	Andreas Schwarting
16	Hiroyuki Hirai
17	Yoshio Takase
23	aus: John Papworth, Rural Residences, London 1818; Zentralinstitut für Kunstgeschichte, München
25, 27	aus: Francis Goodwin, Rural Architecture, Bd. II, London 1835; Zentralinstitut für Kunstgeschichte, München
31	aus: John Claudius Loudon, Encyclopedia of Cottage, Farm and Villa Architecture, London 1846; Zentralinstitut für Kunstgeschichte, München
33	aus: Robert Kerr, The Gentleman's House, London 1871; Zentralinstitut für Kunstgeschichte, München
35	Jürgen Joedicke, aus: Raum und Form in der Architektur, Karl Krämer Verlag Stuttgart
36	Zentralinstitut für Kunstgeschichte, München
37	Zentralinstitut für Kunstgeschichte, München
38	Sächsische Landesbibliothek Dresden, Deutsche Fotothek
40	Familienbesitz
43	Archiv Kürvers, Vorlagen für die Planbearbeitung: StAAdK/SB Scharounarchiv Wv-124, Plansatz 2-22
47	StAAdK/SB Scharounarchiv Wv-124, Plan1-1.1a
48	StAAdK/SB Scharounarchiv Wv-124, Plan1-2.1
49	StAAdK/SB Scharounarchiv Wv-124, Plan1-4.2
50	Velhagen und Klasings Monatshefte 43. Jg. (1929), S. 364
51	Archiv Kürvers
55	StAAdK/SB Scharounarchiv Wv-124
56	Archiv Kürvers
60	oben Wolfgang Reuss
60	unten Andreas Schwarting
61	Andreas Schwarting
62	Archiv Kürvers
63, 64	Andreas Schwarting
65	oben Andreas Schwarting
65	unten StAAdK/SB
66	Andreas Schwarting
67	Wolfgang Reuss
68	StAAdK/SB
71	StAAdK/SB
76	aus: Peter Pfankuch (Hg.), Hans Scharoun. Bauten, Entwürfe, Texte, Schriftenreihe der Akademie der Künste, Bd. 10, Berlin 1974, 2. Auflg. 1993, S. 62
77	StAAdK/SB
79	StAAdK/SB
80–87	StAAdK/SB
88, 90, 91	Familienbesitz
92	Privatbesitz
94	Niels Gormsen
97	Peter Stache, Stadtarchiv Löbau
99–107	Wolfgang Reuss
108	Andreas Schwarting
110	Landesamt für Denkmalpflege Sachsen, Dresden, Waltraud Rabich
113, 115	Wolfgang Reuss
117, 118	Wolfgang Reuss
119	StAAdK/SB
120	Wolfgang Reuss
124, 125	Graupner/Lobers
126	StAAdK/SB
130	Graupner/Lobers
131	Wolfgang Reuss
133-135	Graupner/Lobers
136	Wolfgang Reuss
139-153	Helmut F. Reichwald
154	Wolfgang Reuss
157	Wolfgang Reuss
159	Pitz & Hoh GmbH
160, 161	Pitz & Hoh GmbH
162	Wolfgang Reuss
163	Pitz & Hoh GmbH
165-168	Pitz & Hoh GmbH
171	Wolfgang Reuss
172, 173	Pitz & Hoh GmbH
174, 175	Pitz & Hoh GmbH
176	Wolfgang Reuss
178	Familienbesitz
180, 181	Familienbesitz
182	StAAdK/SB
184	Claudia Feltrup
185	StAAdK/SB
186	Wolfgang Reuss
189	Wolfgang Reuss
191, 192	Wolfgang Reuss
201	StAAdK/SB
Umschlag	Wolfgang Reuss

StAAdK/SB = Stiftung Archiv der Akademie der Künste, Archivabteilung Baukunst, Berlin

Beteiligte Firmen und Gutachter

Eigentümerin	Stadt Löbau
Bauherrengemeinschaft	Wüstenrot Stiftung, Stadt Löbau
Ergänzende Finanzierung	Bundesrepublik Deutschland und Freistaat Sachsen
Wissenschaftlicher Beirat der Wüstenrot Stiftung	Prof. Berthold Burkhardt, Braunschweig Prof. Dr. August Gebeßler, Stuttgart Prof. Dr. Norbert Huse, München
Denkmalpflege	Landesamt für Denkmalpflege Sachsen, Dresden, Dr. Ulrich Rosner Untere Denkmalschutzbehörde, Landkreis Löbau-Zittau, Hans Geisler
Projektsteuerung	Dipl.-Ing. Sabine Schmidt-Rösel, Darmstadt
Bauhistorische Bestandsaufnahme, Planung, Objektüberwachung	Pitz & Hoh. Werkstatt für Architektur und Denkmalpflege GmbH, Berlin Planung: Christian von Hopfgarten örtliche Bauleitung: Dipl.-Ing. Christiane Kluge

Fachplaner/Gutachter

Tragwerksplanung	Pichler Ingenieure GmbH, Berlin
Putzanalyse und bauchemische Beratung	IBB Institut für Bautenschutz und Bausanierung GmbH, Welden/Augsburg
Restauratorische Untersuchungen und Beratung	H. F. Reichwald, Stuttgart
Bauklimatische Beratung	Dr.-Ing. Klaus Graupner, Dresden
Technische Ausrüstung	Ingenieurbüro Lobers & Partner, Dresden
Außenanlagen	Dr.-Ing. Annette Haufe, Büro Haufe Lohse Pätzig, Dresden
Fotografische Dokumentation	Wolfgang Reuss, Berlin

Firmen

Bauschild	Büro für Werbung & Gestaltung M. Kirchner, Kittlitz
Gerüstbau	Ebersbacher Gerüstbau GmbH; Ebersbach
Rohbauarbeiten	Schneider Bau GmbH + Co KG, Löbau
Fassadenreinigung	Hollerung Restaurierung GmbH, Reichenbach/Vogtl.
Dachdecker- und Klempnerarbeiten	Dachdecker- und Klempner GmbH Löbau, Löbau
Schlosserarbeiten	Fuchs + Girke GmbH, Ottendorf-Okrilla Manfred Narr GmbH, Berlin
Rolladenarbeiten	Sun-Service, Zittau
Tischlerarbeiten	Tischlerei Theilig & Partner, Holz-Innenausbau GmbH, Zittau
Holzrestaurierungsarbeiten	Holzrestaurierung Reinhard Sperling, Dresden
Maler- u. Lackierarbeiten	Malerfachbetrieb List GmbH, Löbau
Naturwerksteinarbeiten	Herbig, Denkmalpflege und Restaurierung GmbH, Ostritz
Betonwerksteinarbeiten	Naumann & Rickers GmbH, Ottendorf-Okrilla
Fliesenarbeiten	Fliesenlegermeister Uwe Stark, Kittlitz
Bodenbelagarbeiten	Fachbetrieb für Fußböden D. Hoffmann, Zittau
Parkettarbeiten	Daniel Parkett, Neusalza-Spremberg
Gussasphaltarbeiten	Gussasphaltestrich und Abdichtungs GmbH, Mittenwalde
Elektroinstallationen	Löbau Elektro GmbH, Löbau
Heizung, Lüftung, Sanitär	Rohrleitungs- & Heizungsbau Löbau GmbH, Löbau
Außenanlagen	Siegfried Kaßner, Ruppersdorf-Ninive
Nachbrennen der Klinker	Märkische Keramik-Manufaktur Reicho GmbH, Görzke
Formhersteller der Rotalith-Glaskörper	Modell- und Formenbau E. Krahl, Krauschwitz
Nachbau der Rotalith-Glaskörper	Farbglashütte Reichenbach GmbH, Reichenbach/ Oberlausitz
Deckenleuchten in Diele, Halle, ehem. Esserker, Kinderspielzimmer und Wohnraum	Entwurf Helge Pitz, Ausführung Fa. Wilhelm Noack Metallbau, Berlin
Vorhänge	Lars Leppin Gmbh, Berlin
Gebäudereinigung	Fa. Hoppe Dienstleistungen GmbH

Autoren

Adlbert, Georg, Dipl.-Ing., Dipl.sc.pol. — Geschäftsführer der Wüstenrot Stiftung, Luwigsburg

Burkhardt, Berthold, Prof. — Architekt und Tragwerksplaner, Technische Universität Braunschweig

Graupner, Klaus, Dr.-Ing. — Institut für Bauklimatik, Technische Universität Dresden

Haufe, Annette, Dr.-Ing. — Landschaftsarchitektin, Büro Haufe, Lohse, Pätzig, Dresden

Hesse, Peter — Leiter des Amts für Finanzen und Kultur Landkreis Löbau-Zittau

Hoh-Slodczyk, Christine, Dr. — Kunsthistorikerin, Pitz & Hoh Werkstatt für Architektur und Denkmalpflege GmbH, Berlin

Inderbiethen, Erika — Tochter von Fritz und Charlotte Schminke, Lemgo

Kluge, Christiane, Dipl.-Ing. — Architektin, Pitz & Hoh Werkstatt für Architektur und Denkmalpflege GmbH, Berlin

Kürvers, Klaus, Dr.-Ing. — Architekt, Bauhistoriker, Berlin

Lobers, Falk, Dipl.-Ing. — Ingenieurbüro Lobers + Partner, Dresden

Meyer, Hans-Joachim, Prof. Dr. — Staatsminister für Wissenschaft und Kunst im Freistaat Sachsen, Dresden

Pitz, Helge — Architekt, Pitz & Hoh Werkstatt für Architektur und Denkmalpflege GmbH, Berlin

Reichwald, Helmut F. — Oberkonservator, Leiter des Referats Restaurierung im Landesamt für Denkmalpflege Baden-Württemberg, Stuttgart

Rosner, Ulrich, Dr. — Gebietsreferent im Landesamt für Denkmalpflege Sachsen, Dresden

Schmidt-Rösel, Sabine, Dipl.-Ing. — Architektin, Projektsteuerung, Darmstadt

Schulte, Dietrich — Oberbürgermeister der Stadt Löbau/Sachsen

Sohr, Frank — Vorsitzender des Vereins Haus Schminke e.V., Kultur- und Freizeitzentrum Löbau

Tegethoff, Wolf, Prof. Dr. — Direktor des Zentralinstituts für Kunstgeschichte, München

Zumpfe, Helga — Tochter von Charlotte und Fritz Schminke, Bochum